GEHIRN
JOGGING
FÜR ERWACHSENE

Bilderrätsel 3

⭐⭐⭐ Fotopuzzle

Welche Zahlenreihe ergeben die Puzzleteile, wenn sie an der richtigen Position liegen (angefangen von links nach rechts, von oben nach unten)?

Logikrätsel

⭐⭐⭐ Im Gleichgewicht

Wie viele „Herz"-Symbole müssen an die Stelle des Fragezeichens auf die Waagschale gelegt werden, um die Waage ins Gleichgewicht zu bringen?

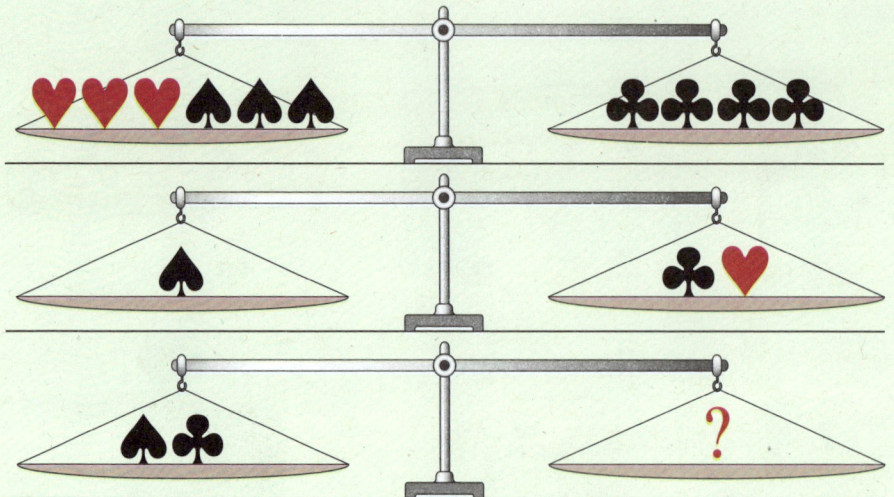

⭐⭐⭐ Pfeilschnell

Zeichnen Sie in jedes Feld am Rand einen Pfeil so ein, dass die mit Streichhölzern gelegten Zahlen in den Feldern genau die Anzahl der Pfeile angibt, die auf diese Zahl zeigt. Beachten Sie dabei auch die Pfeile, die von der anderen Seite (vom anderen „Ufer") des Diagramms auf die Zahl zeigen können. Die Pfeile müssen immer auf mindestens eine Zahl zeigen und dürfen waagerecht, senkrecht oder im 45°-Winkel eingezeichnet werden. Einen Pfeil haben wir als Starthilfe eingezeichnet.

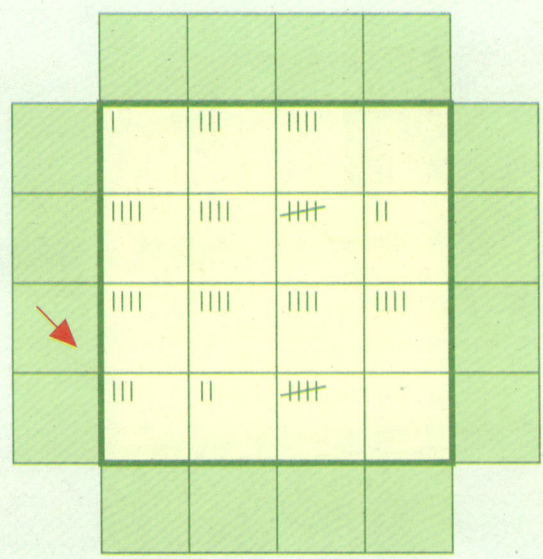

Logikrätsel 5

★★★ Magnetisch

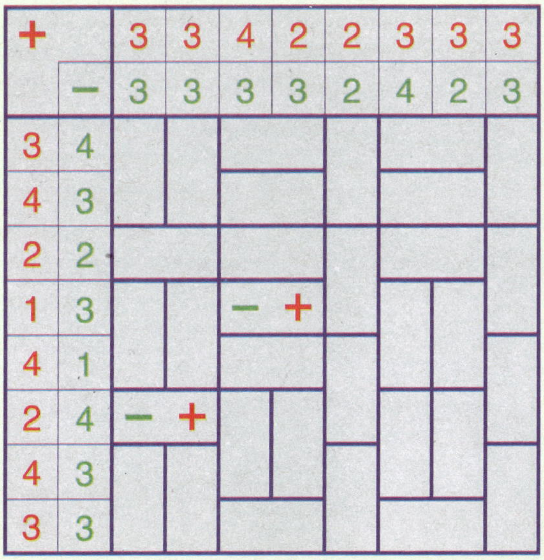

Füllen Sie das Diagramm mit neutralen (schwarzen) und magnetischen Platten. Jede Magnetplatte hat zwei Pole (+ und –). Zwei Hälften mit gleichen Polen dürfen nicht waagerecht oder senkrecht benachbart sein. Die Zahlen an den Rändern geben an, wie viele Plus- und Minuspole in der entsprechenden Zeile oder Spalte vorkommen.

★★★ Speichen

Verbinden Sie die Felder durch Speichen, die waagerecht, senkrecht oder diagonal eingezeichnet werden dürfen. Die Speichen dürfen sich aber nicht überschneiden. Die Zahlen in den Feldern geben an, wie viele Speichen von dem entsprechenden Feld ausgehen.

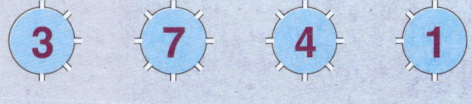

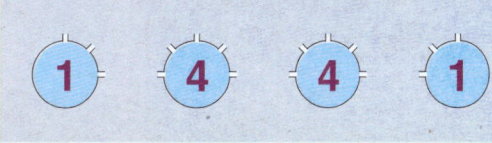

6 Bilderrätsel

⭐⭐⭐ Würfel ergänzen
Wie viele kleine Würfel müssen ergänzt werden, um den großen Würfel zu vervollständigen?

⭐⭐⭐ Faltproblem
Welcher der Würfel A bis D ist aus der Vorlage gefaltet worden?

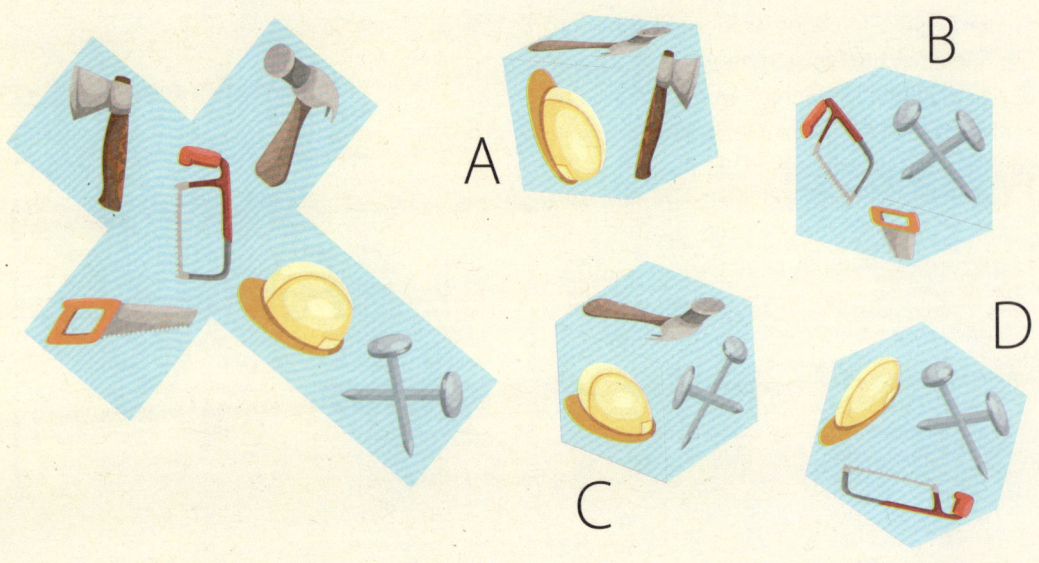

Bilderrätsel

⭐⭐⭐ Muster suchen

Eines der Symbole aus dem linken Kasten ist im rechten nicht vertreten. Welches ist es?

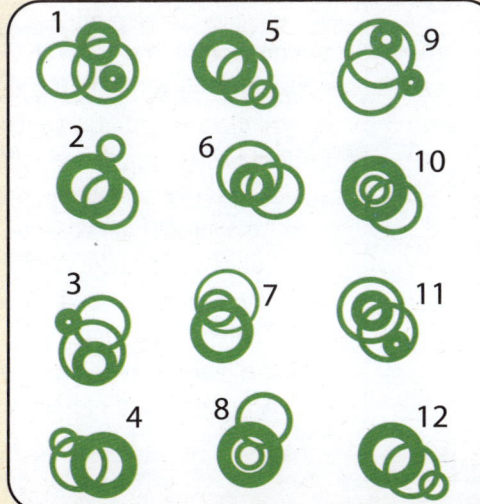

⭐⭐⭐ Richtiger Weg

Zeichnen Sie in das Rätsel einen Rundweg ein, der durch jedes Feld mit einem Kreis hindurchgeht und in den Feldern im 90°-Winkel abbiegen kann. In Feldern mit einem schwarzen Kreis muss er dabei im 90°-Winkel abbiegen und in beiden Richtungen im nächsten Feld geradeaus hindurchgehen. Durch Felder mit einem weißen Kreis muss er geradeaus hindurchgehen und in mindestens einem der beiden Nachbarfelder im 90°-Winkel abbiegen.

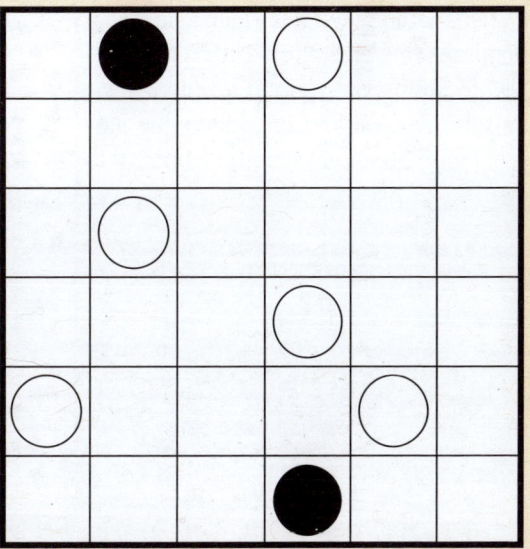

8 Logikrätsel

★★★ Fillomino

2		1	2		1			6	1			3
	4			3		6			1		1	
	2				1		6	5	5	3		4	2
		1	3	2			3			5		2	
	1				3				5	1	6		
		2		5			3	2		6			3
	3	4	3	4	1			3		3	6	2	
					5	2				6			5	2
		2	1		7				7			
			2					2			1	
	1	3	1		3	1	3		1		2	4		2

Schreiben Sie in jedes Feld des Diagramms eine Zahl. Felder mit gleichen Zahlen müssen horizontal und vertikal zusammenhängende Bereiche bilden, die aus genauso vielen Feldern bestehen, wie die Zahl angibt. Zwei verschiedene, horizontal oder vertikal zusammenstoßende Bereiche dürfen nicht die gleiche Größe haben und können flächenmäßig um die Ecke laufen. Einen Bereich haben wir als Starthilfe vorgegeben.

★★★ Domino

Im nebenstehenden Rechteck sind 21 Dominosteine enthalten. Unten finden Sie die Steine, die verbaut wurden. Bestimmen Sie ihre Lage, indem Sie die jeweiligen Steine im Rechteck umrahmen!

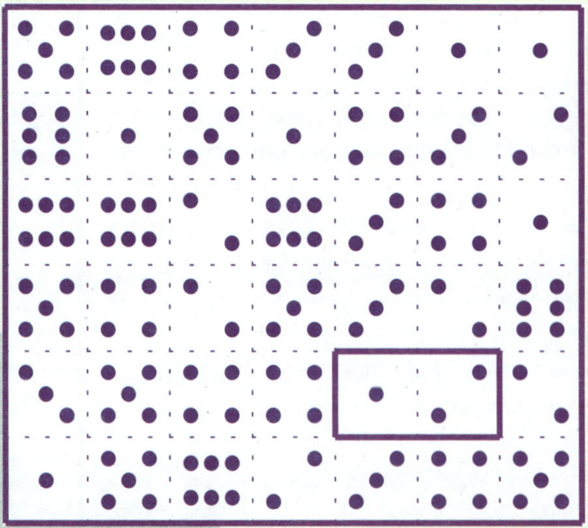

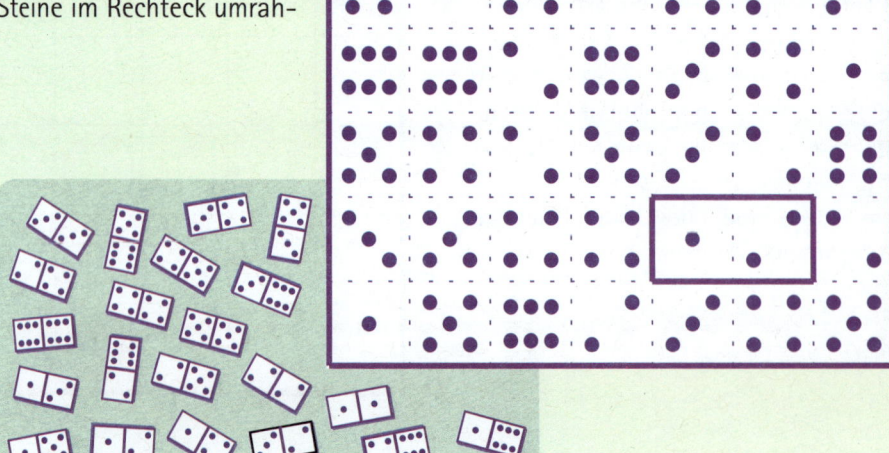

Logikrätsel

 Inseln verbinden

Bei diesem Rätsel sollen alle Inseln durch Brücken verbunden werden, wobei jede Insel von jeder anderen aus erreichbar sein muss. Die Brücken dürfen dabei nur waagerecht oder senkrecht gebaut werden und nicht über andere Brücken oder Inseln hinweggehen. Zwischen zwei Inseln dürfen sich maximal zwei Brücken befinden.
Die Zahlen in den Inseln geben an, wie viele Brücken von dieser Insel aus wegführen.

 Leuchtturm

Zeichnen Sie in einige der Felder jeweils ein Schiff so ein, dass kein Schiff ein anderes Schiff oder einen Leuchtturm berührt, auch nicht diagonal. Die Zahlen in den Leuchttürmen geben an, wie viele Schiffe von diesem aus in waagerechter oder senkrechter Richtung gesehen werden können. Dabei stört es nicht, wenn zwischen dem Schiff und dem Leuchtturm ein weiteres Schiff oder ein anderer Leuchtturm steht. Alle Schiffe werden von mindestens einem Leuchtturm gesehen.

Zahlen- und Rechenrätsel

★★★ Größer > Kleiner

Tragen Sie die Ziffern von 1 bis 5 so in das Diagramm ein, dass in jeder Zeile und jeder Spalte jede der Ziffern von 1 bis 5 genau einmal vorkommt. Die Kleiner-Zeichen zwischen zwei Feldern geben an, in welchem der beiden Felder die kleinere Zahl steht.

★★★ Kakuro

In die leeren Felder sollen Sie die Zahlen von 1 bis 9 in beliebiger Reihenfolge eintragen. Dabei sollen sich waagerecht und senkrecht die vorgegebenen Summen in den hellrosa Kästchen ergeben. In keiner Summe darf sich eine Zahl wiederholen. Viel Spaß beim Knobeln!

Zahlen- und Rechenrätsel 11

★★★ Zahlen gesucht

Wir haben 22 Zahlenkombinationen in dem Setzkasten versteckt. Die Kombinationen können in jede Richtung laufen, auch diagonal, rückwärts oder von unten nach oben.

1185 – 236 – 3122 – 327 – 347 – 405 – 423 – 4280 – 4369 – 4661 – 481 – 493 – 513 – 558 – 5692 – 672 – 7153 – 7392 – 7781 – 810 – 856 – 9195

Die vier übrig bleibenden Zahlen im Setzkasten nennen das Jahr, in dem Queen Elizabeth II. in London geboren wurde.

3	8	5	6	3	4	9	6	3	4	1	7	4	3	0	2	1	3	2	4
9	7	2	3	9	5	0	3	1	5	2	3	6	8	2	1	5	5	8	0
4	9	1	9	5	2	1	5	7	7	8	1	2	1	8	1	6	6	4	1
2	9	3	7	1	8	4	7	2	7	6	4	3	5	5	6	9	2	6	8

★★★ Gebiete

Tragen Sie Ziffern so in das Diagramm ein, dass in jeder Zeile und jeder Spalte jede der Ziffern von 1 bis 6 genau einmal vorkommt. Die kleinen Zahlen in den Gebieten geben die Summe der Ziffern in diesem Gebiet an. Beachten Sie, dass innerhalb eines Gebiets gleiche Ziffern sein können, sofern diese in unterschiedlichen Zeilen und Spalten stehen.

Logikrätsel

⭐⭐⭐ Pünktchen-Sudoku

Tragen Sie die Ziffern von 1 bis 6 so in das Diagramm ein, dass jede Ziffer in jeder Zeile und jeder Spalte genau einmal vorkommt. Befindet sich zwischen zwei Feldern ein schwarzer Kreis, so muss eine der beiden Ziffern in diesen beiden Feldern exakt das Doppelte der anderen sein. Ein weißer Kreis hingegen bedeutet, dass eine der beiden Ziffern um eins größer sein muss als die andere. Befindet sich kein Kreis zwischen zwei Ziffern, so darf auch keine der beiden Eigenschaften zutreffen.

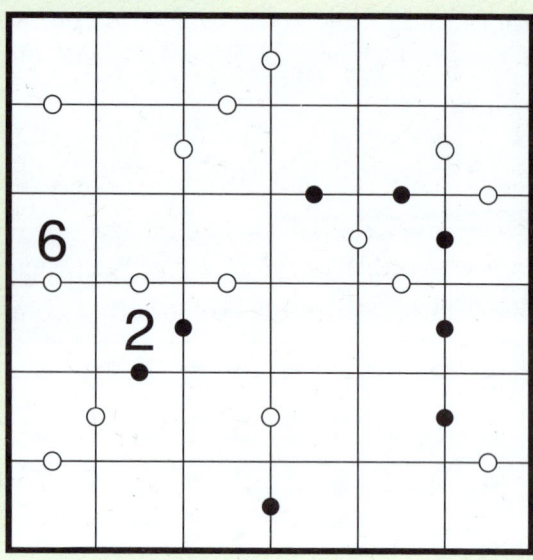

⭐⭐⭐ Verflixte Wabe

Tragen Sie in jedes weiße Feld eine der Zahlen von 1 bis 6 ein, sodass an jedem der schwarzen Felder jede der sechs Zahlen genau einmal steht. Beachten Sie dabei, dass in benachbarten Feldern keine zwei gleichen Zahlen stehen dürfen. So darf also zum Beispiel eine 1 nicht direkt neben einer weiteren 1 stehen.

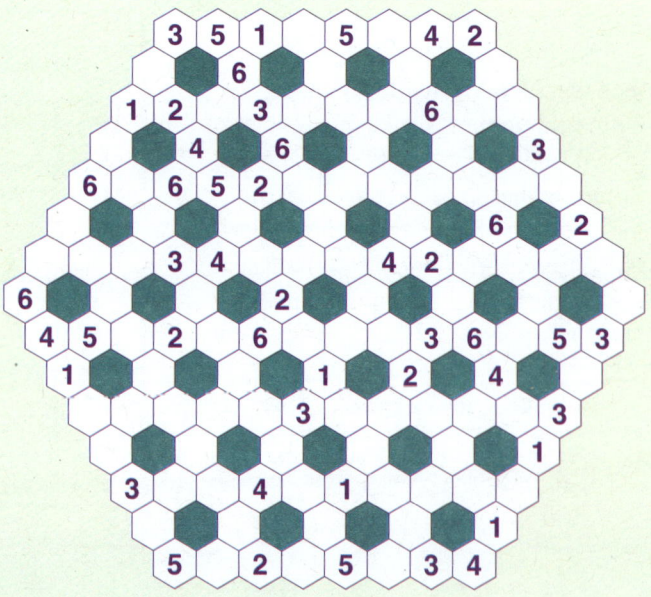

Logikrätsel 13

★★★ Hitori

2	1	8	2	12	4	14	5	7	11	13	6	9	11	6	3
7	9	14	3	5	12	10	2	5	5	11	10	9	6	4	13
9	14	6	5	7	11	3	12	2	■	12	13	4	11	1	12
4	5	14	1	11	3	7	3	6	10	4	12	6	14	8	9
11	2	10	12	12	6	4	1	1	9	3	7	7	4	9	3
5	11	11	14	13	7	11	6	12	9	6	4	10	8	3	2
4	2	3	11	8	14	6	5	11	11	5	1	11	10	14	14
2	7	5	6	5	10	8	4	6	12	9	14	11	1	14	8
12	2	10	7	3	6	9	14	10	4	3	8	6	5	13	1
3	4	1	9	9	13	2	11	4	11	6	11	8	5	2	7
12	6	13	8	3	9	14	1	9	11	13	10	2	3	2	6
6	10	4	2	14	1	9	7	9	3	10	5	13	1	12	11

Schwärzen Sie einige der Felder, sodass zwei geschwärzte Felder niemals waagerecht oder senkrecht benachbart sind und dass in jeder Zeile und jeder Spalte jede Ziffer nur maximal einmal ungeschwärzt übrig bleibt. Beachten Sie dabei, dass die weißen Felder alle zusammenhängen müssen, mit anderen Worten: Die geschwärzten Felder dürfen das Rätsel nicht in zwei oder mehr Stücke teilen. Ein geschwärztes Feld haben wir als Starthilfe vorgegeben.

★★★ Sudoku

Tragen Sie in jedes Feld eine der Ziffern von 1 bis 9 so ein, dass in jeder Zeile, jeder Spalte und jedem 3x3-Gebiet jede der Ziffern von 1 bis 9 genau einmal vorkommt.

8								4
2			3		6			9
		9	4	5	2	3		
	2		8		9		7	
6								8
	5		7		3		1	
		3	2	1	8	5		
9			6		5			1
5								3

Bilderrätsel

★★★ Lesestunde

Bei der Spiegelung des oberen Bildes sind unserem Zeichner 3 Fehler unterlaufen. Können Sie sie finden?

★★★ Fotoausschnitt

Einer der Ausschnitte aus dem Bild ist fehlerhaft. Welcher ist es?

Bilderrätsel 15

★★★ Fotopuzzle

Welche Zahlenreihe ergeben die Puzzleteile, wenn sie an der richtigen Position liegen (angefangen von links nach rechts, von oben nach unten)?

16 Logikrätsel

★★★ Rundweg

Zeichnen Sie einen Rundweg entlang der gestrichelten Linien ein. Am Ende soll der Rundweg wieder an dem Punkt ankommen, an dem er gestartet ist. Die Zahlen in den Feldern geben dabei an, wie viele Seiten dieses Feldes durch den Rundweg belegt sind. In den Feldern ohne Zahl ist ungewiss, wie viele Seiten (von keiner bis alle vier) durch den Rundweg genutzt werden. Als kleine Hilfe haben wir die „0" und ein kleines Stück Weg vorgegeben.

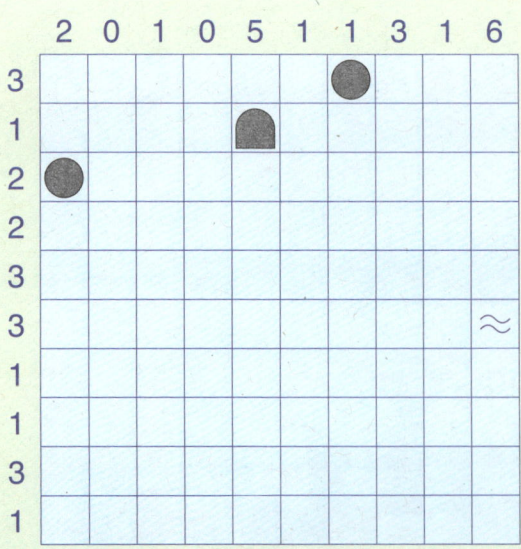

★★★ Schiffe versenken

Tragen Sie die abgebildete Flotte in das Diagramm ein. Die Schiffe sollen nur waagerecht oder senkrecht liegen und dürfen sich nicht berühren, auch nicht diagonal. Die Schiffe dürfen dabei beliebig gedreht werden. In Felder mit Wellen können keine Schiffsteile eingetragen werden. Die Zahlen am Rand geben an, wie viele Schiffsteile in der entsprechenden Zeile oder Spalte zu finden sind.

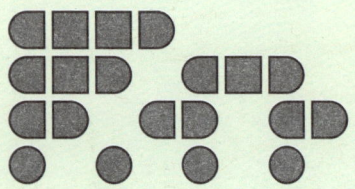

Logikrätsel 17

Zahlenlabyrinth

Finden Sie einen Weg durch das Labyrinth, der die Zahlen von 1 bis 15 in aufsteigender Reihenfolge jeweils genau einmal durchläuft. Der Weg darf sich an den Kreuzungen berühren oder auch kreuzen, jedoch darf kein Wegstück mehr als einmal durchlaufen werden.

 Camping

Tragen Sie waagerecht oder senkrecht neben jedem Baum ein Zelt ein, das zu diesem Baum gehört. Die Zelte dürfen sich dabei nicht berühren, auch nicht diagonal. Die Zahlen am Rand geben an, wie viele Zelte sich in der entsprechenden Zeile oder Spalte befinden.

Zahlen- und Rechenrätsel

★★★ Rechenproblem

Welche Zahl gehört an die Stelle des Fragezeichens?

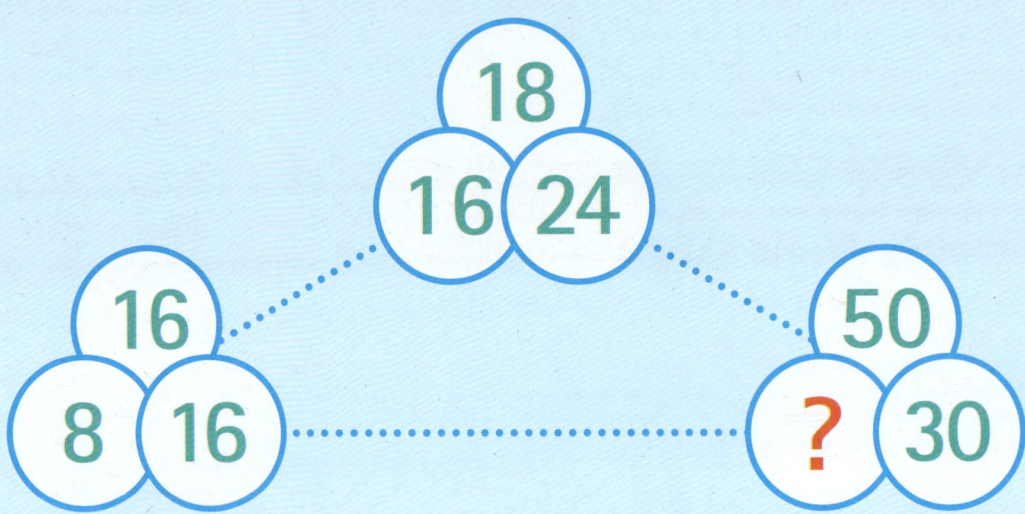

★★★ Magisches Quadrat

Die leeren Kästchen des Quadrates sind mit den fehlenden Zahlen von 1 bis 25 so zu füllen, dass sich in jeder Reihe, jeder Spalte und auch jeder Diagonalen die Summe 65 ergibt.

18			2	1
	4	14	22	
	13			
11		12	9	16
10	8	3		19

Zahlen- und Rechenrätsel

★★★ Römisches Rätsel

Tragen Sie in jedes Feld eine der römischen Ziffern von I bis IV ein. Die Zahlen am Rand geben dabei an, wie oft jede der Ziffern in der entsprechenden Zeile oder Spalte vorkommt. Zudem dürfen in waagerecht oder senkrecht benachbarten Feldern keine gleichen Ziffern stehen.

				I	1	2	1	1	1
				II	1	1	2	0	3
				III	1	1	1	2	1
I	II	III	IV		2	1	1	2	0
0	2	2	1						
3	1	0	1		I		I		I
1	1	1	2						
0	2	1	2						
2	1	2	0						

★★★ Weintraube

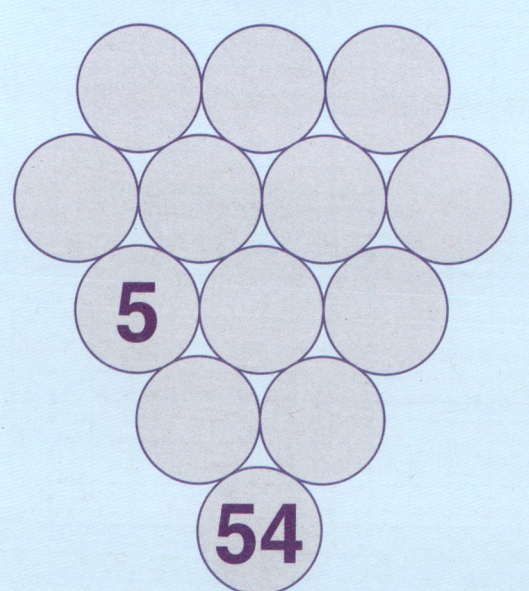

Füllen Sie die leeren Felder der Traube so auf, dass in jedem Feld die Summe der Zahlen in den beiden darüberliegenden Feldern steht und in den Feldern der obersten Reihe nur einstellige Zahlen stehen. In den beiden Feldern am linken und rechten Rand steht dabei der gleiche Wert wie im Feld schräg oberhalb.

Logikrätsel

★★★ Hanjie

Die Zahlen vor den Zeilen und Spalten geben an, wie viele aufeinanderfolgende Kästchen ausgemalt werden müssen. Zwischen diesen zusammenhängenden Kästchen bleibt mindestens eines frei.

Wenn alles richtig ausgemalt wurde, ergibt sich ein Bild.

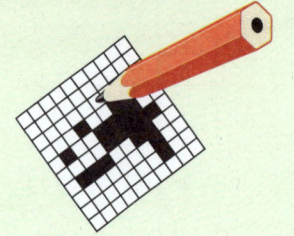

★★★ Sikaku

Ziel ist, das Rätselfeld vollständig in Rechtecke und Quadrate zu zerlegen, die sich nicht überschneiden dürfen. In jedem dieser Rechtecke und Quadrate darf nur eine der vorgegebenen Zahlen stehen. Diese Zahl gibt an, wie viele Kästchen das Rechteck oder Quadrat umfasst. Ein Rechteck haben wir als Starthilfe vorgegeben.

Logikrätsel 21

★★★ Doppel-Sudoku

Die Doppelpackung in Sachen Sudoku basiert auf den gleichen Regeln wie das klassische Sudoku. Der Unterschied besteht darin, dass hier zwei Diagramme zu einem verschmelzen. Dabei haben die beiden Teile je zwei 3x3-Quadrate mit dem Schlüsselelement gemeinsam. Dies erscheint zunächst schwieriger, ist aber zugleich eine versteckte Hilfe, da sich mit einem gewissen Überblick über beide Rätselteile zusätzliche Zahlen ausschließen, welche im „Nachbardiagramm" schon vorhanden sind. Stellen Sie sich diesem japanischen Zahlenwerk!

22 Bilderrätsel

★★★ Labyrinth

Finden Sie den Weg durch dieses Labyrinth?

★★★ Fehlersuche

Welche zwei Bilder sind identisch?

Bilderrätsel 23

⭐⭐⭐ Guten Fang!

Einen Fisch hat unser Angler schon gefangen. Wie viele Fische schwimmen noch im Teich?

24 Logikrätsel

⭐⭐⭐ Schlüsselfrage

Welcher der Zylinder 1-9 passt zu dem abgebildeten Schlüssel?

⭐⭐⭐ Pfeilschnell

Zeichnen Sie in jedes Feld am Rand einen Pfeil so ein, dass die mit Streichhölzern gelegten Zahlen in den Feldern genau die Anzahl der Pfeile angibt, die auf diese Zahl zeigt. Beachten Sie dabei auch die Pfeile, die von der anderen Seite (vom anderen „Ufer") des Diagramms auf die Zahl zeigen können. Die Pfeile müssen immer auf mindestens eine Zahl zeigen und dürfen waagerecht, senkrecht oder im 45°-Winkel eingezeichnet werden. Einen Pfeil haben wir als Starthilfe eingezeichnet.

Logikrätsel 25

★★★ Magnetisch

+		3	2	3	2	3	1	2	2
	−	2	4	2	1	4	0	3	2
2	2								
2	3								
2	2								
3	2					+	−		
2	1								
0	2								
4	3								
3	3								

Füllen Sie das Diagramm mit neutralen (schwarzen) und magnetischen Platten. Jede Magnetplatte hat zwei Pole (+ und −). Zwei Hälften mit gleichen Polen dürfen nicht waagerecht oder senkrecht benachbart sein. Die Zahlen an den Rändern geben an, wie viele Plus- und Minuspole in der entsprechenden Zeile oder Spalte vorkommen.

★★★ Speichen

Verbinden Sie die Felder durch Speichen, die waagerecht, senkrecht oder diagonal eingezeichnet werden dürfen. Die Speichen dürfen sich aber nicht überschneiden. Die Zahlen in den Feldern geben an, wie viele Speichen von dem entsprechenden Feld ausgehen.

Bilderrätsel

★★★ Figurproblem

Welche der Figuren A bis D entspricht der Figur im Kreis?

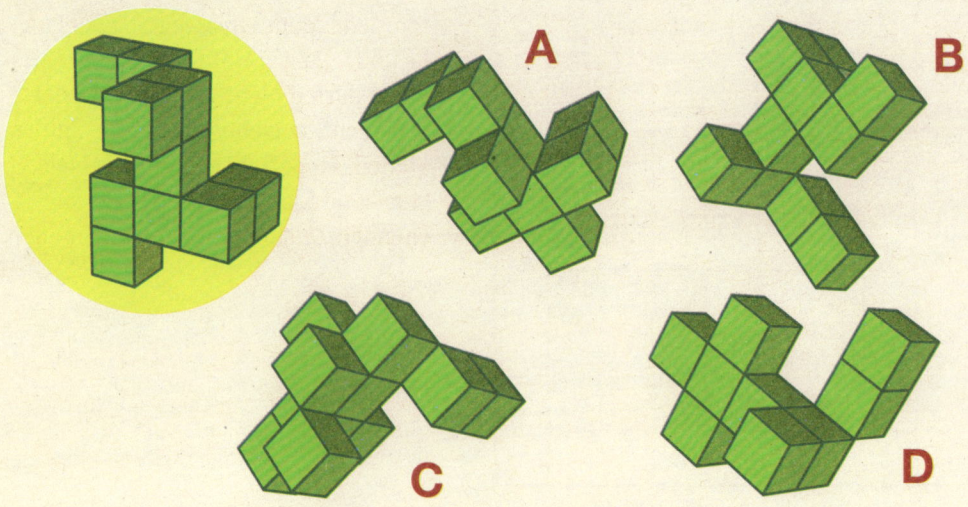

★★★ Faltproblem

Welcher der Würfel A bis D ist aus der Vorlage gefaltet worden?

Bilderrätsel

⭐⭐⭐ Erdbeere gesucht

Gesucht wird eine Erdbeere, die sich rechts von einer Melone, links von einer Kiwi, über einer Birne und unter einem Apfel befindet. Können Sie sie finden?

⭐⭐⭐ Richtiger Weg

Zeichnen Sie in das Rätsel einen Rundweg ein, der durch jedes Feld mit einem Kreis hindurchgeht und in den Feldern im 90°-Winkel abbiegen kann. In Feldern mit einem schwarzen Kreis muss er dabei im 90°-Winkel abbiegen und in beiden Richtungen im nächsten Feld geradeaus hindurchgehen. Durch Felder mit einem weißen Kreis muss er geradeaus hindurchgehen und in mindestens einem der beiden Nachbarfelder im 90°-Winkel abbiegen.

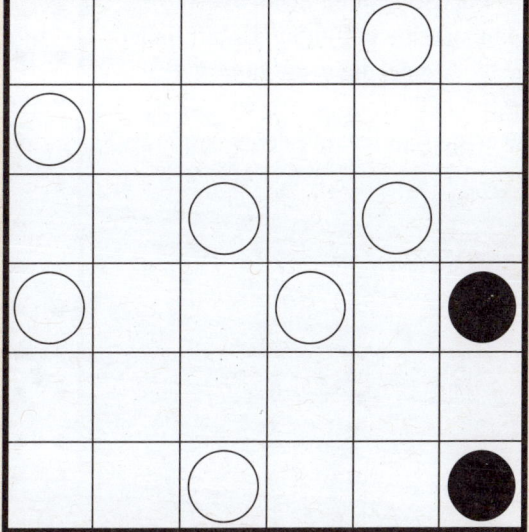

Logikrätsel

★★★ Fillomino

2	4			5			4	1	3		1		
		1		3	1		1			5		2	2
1	2			2				1					
				6		1			5	4	3	3	4	2
1	4			2	6				1				3
	2	2					1	3	2			2	4	3
				2	6					1			2
	4		1		2		1	3		2	1	5		1
2	1	2				8		1		3		
5			8		1		2				3	2	5
1		1			1	8		4			3	

Schreiben Sie in jedes Feld des Diagramms eine Zahl. Felder mit gleichen Zahlen müssen horizontal und vertikal zusammenhängende Bereiche bilden, die aus genauso vielen Feldern bestehen, wie die Zahl angibt. Zwei verschiedene, horizontal oder vertikal zusammenstoßende Bereiche dürfen nicht die gleiche Größe haben und können flächenmäßig um die Ecke laufen. Einen Bereich haben wir als Starthilfe vorgegeben.

★★★ Domino

Im nebenstehenden Rechteck sind 21 Dominosteine enthalten. Unten finden Sie die Steine, die verbaut wurden. Bestimmen Sie ihre Lage, indem Sie die jeweiligen Steine im Rechteck umrahmen!

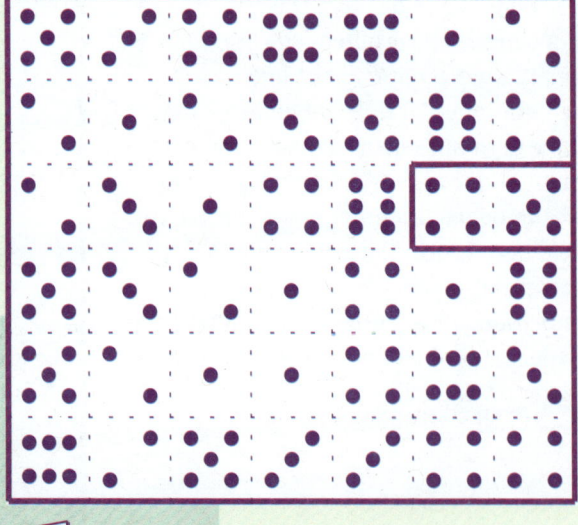

Logikrätsel 29

⭐⭐⭐ Inseln verbinden

Bei diesem Rätsel sollen alle Inseln durch Brücken verbunden werden, wobei jede Insel von jeder anderen aus erreichbar sein muss. Die Brücken dürfen dabei nur waagerecht oder senkrecht gebaut werden und nicht über andere Brücken oder Inseln hinweggehen. Zwischen zwei Inseln dürfen sich maximal zwei Brücken befinden.
Die Zahlen in den Inseln geben an, wie viele Brücken von dieser Insel aus wegführen.

⭐⭐⭐ Leuchtturm

Zeichnen Sie in einige der Felder jeweils ein Schiff so ein, dass kein Schiff ein anderes Schiff oder einen Leuchtturm berührt, auch nicht diagonal. Die Zahlen in den Leuchttürmen geben an, wie viele Schiffe von diesem aus in waagerechter oder senkrechter Richtung gesehen werden können. Dabei stört es nicht, wenn zwischen dem Schiff und dem Leuchtturm ein weiteres Schiff oder ein anderer Leuchtturm steht. Alle Schiffe werden von mindestens einem Leuchtturm gesehen.

Zahlen- und Rechenrätsel

★★★ Größer > Kleiner

Tragen Sie die Ziffern von 1 bis 5 so in das Diagramm ein, dass in jeder Zeile und jeder Spalte jede der Ziffern von 1 bis 5 genau einmal vorkommt. Die Kleiner-Zeichen zwischen zwei Feldern geben an, in welchem der beiden Felder die kleinere Zahl steht.

★★★ Kakuro

In die leeren Felder sollen Sie die Zahlen von 1 bis 9 in beliebiger Reihenfolge eintragen. Dabei sollen sich waagerecht und senkrecht die vorgegebenen Summen in den hellrosa Kästchen ergeben. In keiner Summe darf sich eine Zahl wiederholen. Viel Spaß beim Knobeln!

Zahlen- und Rechenrätsel

★★★ Zahlen gesucht

Wir haben 22 Zahlenkombinationen in dem Setzkasten versteckt. Die Kombinationen können in jede Richtung laufen, auch diagonal, rückwärts oder von unten nach oben.

0184 – 0684 – 113 – 133 – 136 – 1842 – 2106 – 235 – 2855 – 308 – 351 – 39855 – 4418 – 451 – 457 – 706 – 710 – 7185 – 741 – 827 – 922 – 9902

Die vier übrig bleibenden Zahlen im Setzkasten nennen das Jahr, in dem Robert Bunsen den Bunsenbrenner entwickelte.

4	8	1	0	1	3	6	9	1	3	1	1	7	8	1	5	5	8	2	6
8	0	6	8	4	7	9	5	5	5	8	9	3	1	0	4	4	1	8	0
2	4	8	1	4	0	3	7	2	8	5	9	2	2	8	3	3	3	1	7
4	5	7	1	2	4	5	1	2	3	5	0	1	7	5	5	2	1	0	6

★★★ Gebiete

Tragen Sie Ziffern so in das Diagramm ein, dass in jeder Zeile und jeder Spalte jede der Ziffern von 1 bis 6 genau einmal vorkommt. Die kleinen Zahlen in den Gebieten geben die Summe der Ziffern in diesem Gebiet an. Beachten Sie, dass innerhalb eines Gebiets gleiche Ziffern sein können, sofern diese in unterschiedlichen Zeilen und Spalten stehen.

Logikrätsel

⭐⭐⭐ Pünktchen-Sudoku

Tragen Sie die Ziffern von 1 bis 6 so in das Diagramm ein, dass jede Ziffer in jeder Zeile und jeder Spalte genau einmal vorkommt. Befindet sich zwischen zwei Feldern ein schwarzer Kreis, so muss eine der beiden Ziffern in diesen beiden Feldern exakt das Doppelte der anderen sein. Ein weißer Kreis hingegen bedeutet, dass eine der beiden Ziffern um eins größer sein muss als die andere. Befindet sich kein Kreis zwischen zwei Ziffern, so darf auch keine der beiden Eigenschaften zutreffen.

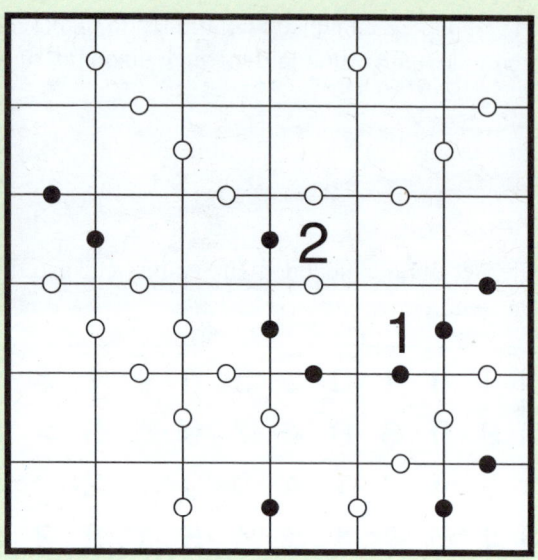

⭐⭐⭐ Verflixte Wabe

Tragen Sie in jedes weiße Feld eine der Zahlen von 1 bis 6 ein, sodass an jedem der schwarzen Felder jede der sechs Zahlen genau einmal steht. Beachten Sie dabei, dass in benachbarten Feldern keine zwei gleichen Zahlen stehen dürfen. So darf also zum Beispiel eine 1 nicht direkt neben einer weiteren 1 stehen.

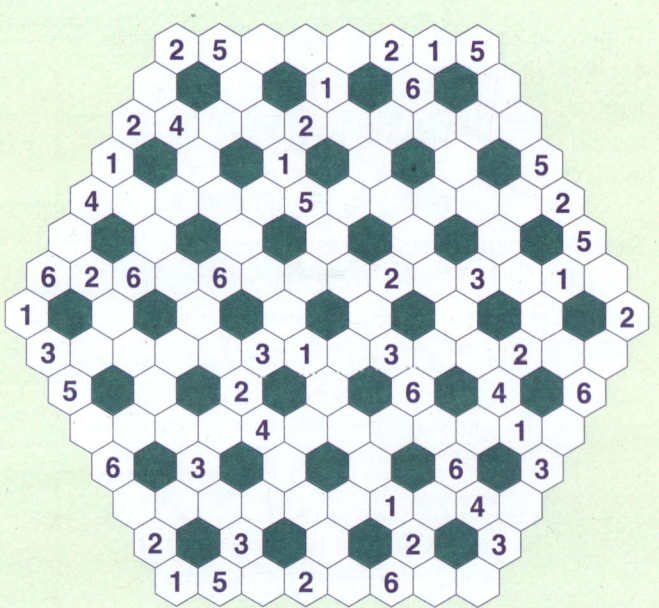

Logikrätsel 33

★★★ Hitori

13	9	11	6	11	7	12	10	4	5	9	3	2	8	1	14
5	4	3	3	13	4	9	11	8	1	8	7	9	14	2	7
6	4	8	14	12	9	1	3	1	6	13	5	12	13	10	11
4	3	11	11	9	3	13	12	8	1	14	6	1	6	14	5
14	7	10	12	4	2	11	4	6	8	2	4	8	9	3	4
5	2	1	5	8	13	14	13	9	4	11	9	10	14	12	3
9	12	7	8	11	13	9	7	10	2	6	12	14	4	11	6
13	14	12	8	4	6	1	1	11	7	2	8	8	5	9	7
3	7	14	4	14	5	2	10	5	12	9	10	8	1	6	10
13	1	13	9	7	3	4	2	1	10	7	14	1	11	5	8
8	5	■	1	11	13	6	9	7	9	3	12	13	10	7	4
13	11	7	9	3	8	5	9	2	8	5	12	8	13	4	12

Schwärzen Sie einige der Felder, sodass zwei geschwärzte Felder niemals waagerecht oder senkrecht benachbart sind und dass in jeder Zeile und jeder Spalte jede Ziffer nur maximal einmal ungeschwärzt übrig bleibt. Beachten Sie dabei, dass die weißen Felder alle zusammenhängen müssen, mit anderen Worten: Die geschwärzten Felder dürfen das Rätsel nicht in zwei oder mehr Stücke teilen. Ein geschwärztes Feld haben wir als Starthilfe vorgegeben.

★★★ Sudoku

Tragen Sie in jedes Feld eine der Ziffern von 1 bis 9 so ein, dass in jeder Zeile, jeder Spalte und jedem 3x3-Gebiet jede der Ziffern von 1 bis 9 genau einmal vorkommt.

2								3
	5			1			8	
7			6	5	2			9
	8	7				1	3	
	4	6				8	9	
4			5	2	1			8
	7			3			5	
6								4

34 Bilderrätsel

★★★ Bücher

Bei der Spiegelung des Bücherregals sind unserem Zeichner 3 Fehler unterlaufen. Können Sie sie finden?

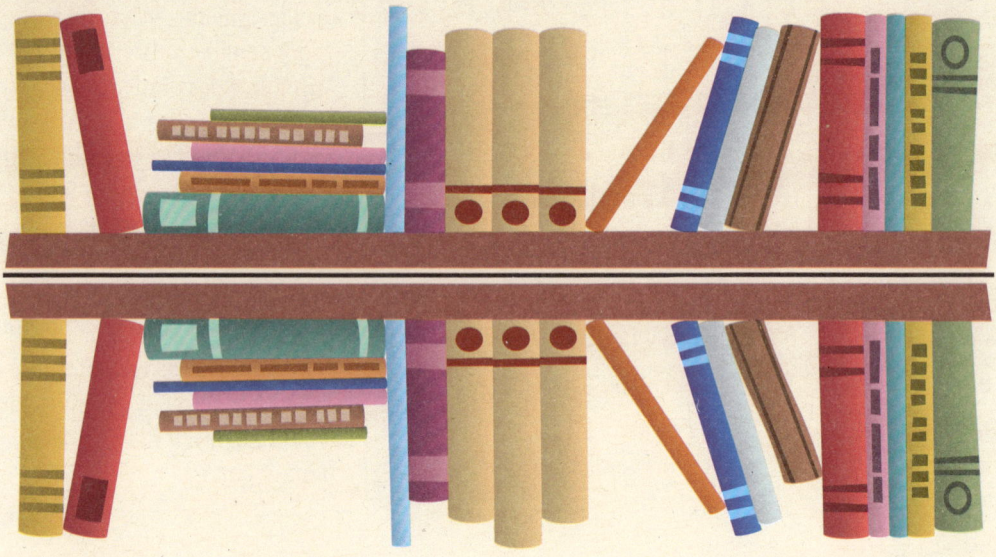

★★★ Fotoausschnitt

Einer der Ausschnitte aus dem Bild ist fehlerhaft. Welcher ist es?

Bilderrätsel

⭐⭐⭐ Fotopuzzle

Welche Zahlenreihe ergeben die Puzzleteile, wenn sie an der richtigen Position liegen (angefangen von links nach rechts, von oben nach unten)?

Logikrätsel

⭐⭐⭐ Rundweg

Zeichnen Sie einen Rundweg entlang der gestrichelten Linien ein. Am Ende soll der Rundweg wieder an dem Punkt ankommen, an dem er gestartet ist. Die Zahlen in den Feldern geben dabei an, wie viele Seiten dieses Feldes durch den Rundweg belegt sind. In den Feldern ohne Zahl ist ungewiss, wie viele Seiten (von keiner bis alle vier) durch den Rundweg genutzt werden. Als kleine Hilfe haben wir die „0" und ein kleines Stück Weg vorgegeben.

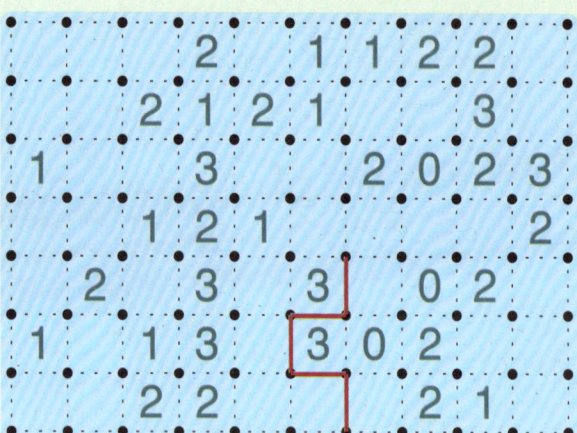

⭐⭐⭐ Schiffe versenken

Tragen Sie die abgebildete Flotte in das Diagramm ein. Die Schiffe sollen nur waagerecht oder senkrecht liegen und dürfen sich nicht berühren, auch nicht diagonal. Die Schiffe dürfen dabei beliebig gedreht werden. In Felder mit Wellen können keine Schiffsteile eingetragen werden. Die Zahlen am Rand geben an, wie viele Schiffsteile in der entsprechenden Zeile oder Spalte zu finden sind.

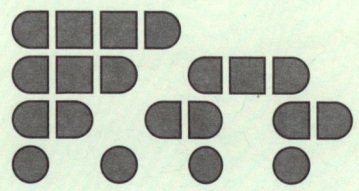

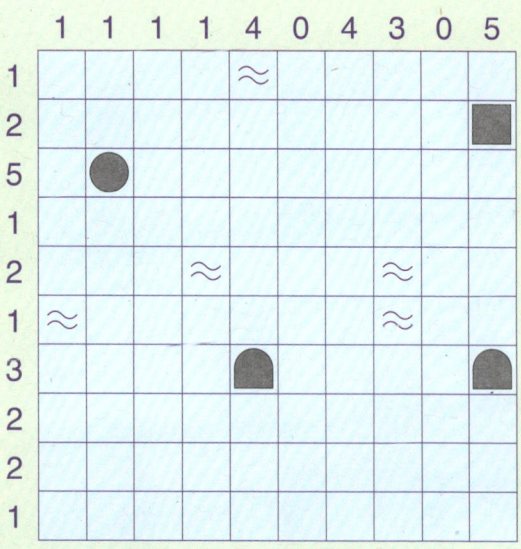

Logikrätsel 37

★★★ Zahlenlabyrinth

Finden Sie einen Weg durch das Labyrinth, der die Zahlen von 1 bis 15 in aufsteigender Reihenfolge jeweils genau einmal durchläuft. Der Weg darf sich an den Kreuzungen berühren oder auch kreuzen, jedoch darf kein Wegstück mehr als einmal durchlaufen werden.

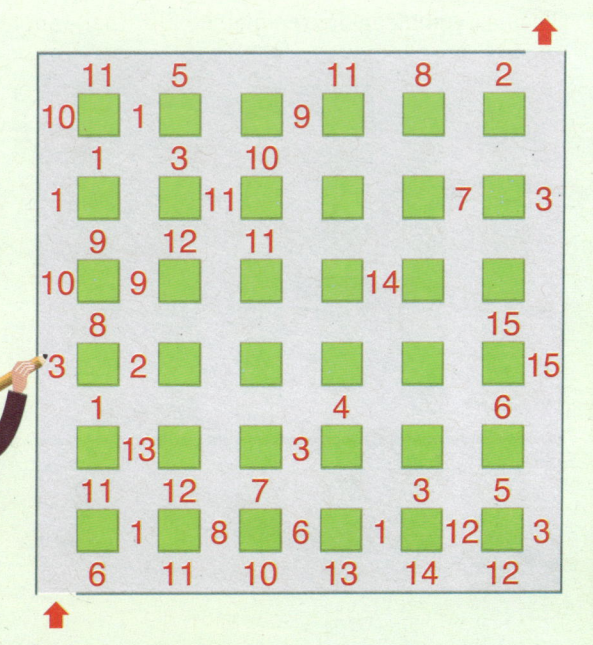

★★★ Camping

Tragen Sie waagerecht oder senkrecht neben jedem Baum ein Zelt ein, das zu diesem Baum gehört. Die Zelte dürfen sich dabei nicht berühren, auch nicht diagonal. Die Zahlen am Rand geben an, wie viele Zelte sich in der entsprechenden Zeile oder Spalte befinden.

Zahlen- und Rechenrätsel

★★★ Rechnen und Raten

Gleiche Symbole bedeuten gleiche Ziffern. Können Sie die Rechnung lösen?

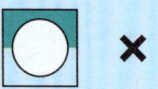

★★★ Magisches Quadrat

Die leeren Kästchen des Quadrates sind mit den fehlenden Zahlen von 1 bis 25 so zu füllen, dass sich in jeder Reihe, jeder Spalte und auch jeder Diagonalen die Summe 65 ergibt.

20			2	
6		15	13	22
24		8	10	
4		25	23	1
	18			5

Zahlen- und Rechenrätsel

★★★ Römisches Rätsel

Tragen Sie in jedes Feld eine der römischen Ziffern von I bis IV ein. Die Zahlen am Rand geben dabei an, wie oft jede der Ziffern in der entsprechenden Zeile oder Spalte vorkommt. Zudem dürfen in waagerecht oder senkrecht benachbarten Feldern keine gleichen Ziffern stehen.

				I	1	0	1	2	1
				II	1	3	1	1	1
				III	3	2	3	2	0
I	II	III	IV		0	0	0	0	3
0	2	2	1					III	
0	3	2	0						
1	1	2	1					III	
3	0	2	0						
1	1	2	1					III	

★★★ Weintraube

Füllen Sie die leeren Felder der Traube so auf, dass in jedem Feld die Summe der Zahlen in den beiden darüberliegenden Feldern steht und in den Feldern der obersten Reihe nur einstellige Zahlen stehen. In den beiden Feldern am linken und rechten Rand steht dabei der gleiche Wert wie im Feld schräg oberhalb.

18 13

40 Logikrätsel

★★★ Hanjie

Die Zahlen vor den Zeilen und Spalten geben an, wie viele aufeinanderfolgende Kästchen ausgemalt werden müssen. Zwischen diesen zusammenhängenden Kästchen bleibt mindestens eines frei.

Wenn alles richtig ausgemalt wurde, ergibt sich ein Bild.

★★★ Sikaku

Ziel ist, das Rätselfeld vollständig in Rechtecke und Quadrate zu zerlegen, die sich nicht überschneiden dürfen. In jedem dieser Rechtecke und Quadrate darf nur eine der vorgegebenen Zahlen stehen. Diese Zahl gibt an, wie viele Kästchen das Rechteck oder Quadrat umfasst. Ein Rechteck haben wir als Starthilfe vorgegeben.

Logikrätsel 41

★★★ Doppel-Sudoku

Die Doppelpackung in Sachen Sudoku basiert auf den gleichen Regeln wie das klassische Sudoku. Der Unterschied besteht darin, dass hier zwei Diagramme zu einem verschmelzen. Dabei haben die beiden Teile je zwei 3x3-Quadrate mit dem Schlüsselelement gemeinsam. Dies erscheint zunächst schwieriger, ist aber zugleich eine versteckte Hilfe, da sich mit einem gewissen Überblick über beide Rätselteile zusätzliche Zahlen ausschließen, welche im „Nachbardiagramm" schon vorhanden sind. Stellen Sie sich diesem japanischen Zahlenwerk!

Bilderrätsel

★★★ Labyrinth

Finden Sie den Weg durch dieses Labyrinth?

★★★ Fehlersuche

Welche zwei Bilder sind identisch?

Bilderrätsel 43

⭐⭐⭐ Farbenfrohes Kunstwerk

Wie viele Handabdrücke sind auf dem Bild zu sehen?

Flächenmaß

Werden in den abgebildeten Flächen A und B die vier Teile anders angeordnet, entsteht eine Lücke. Ist die Gesamtfläche aller farbigen Flächen bei B kleiner geworden?

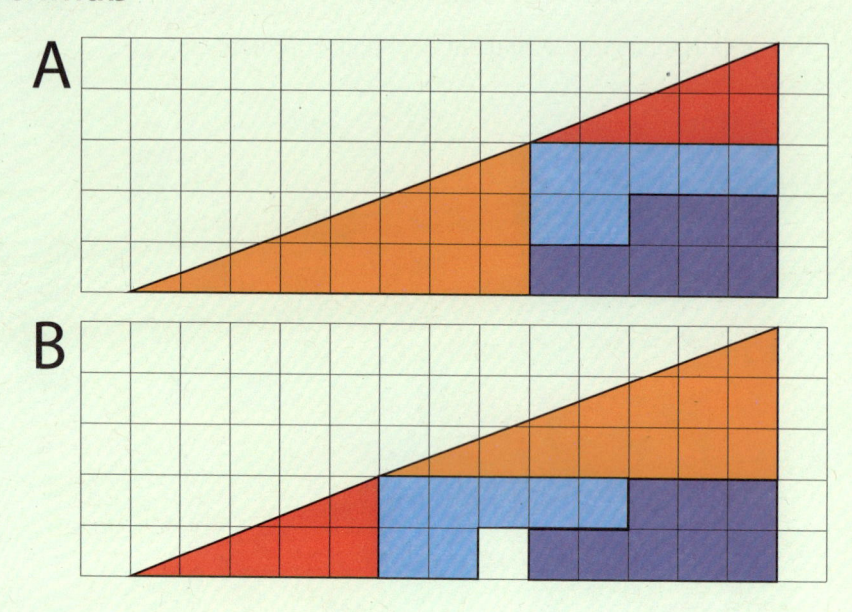

Pfeilschnell

Zeichnen Sie in jedes Feld am Rand einen Pfeil so ein, dass die mit Streichhölzern gelegten Zahlen in den Feldern genau die Anzahl der Pfeile angibt, die auf diese Zahl zeigt. Beachten Sie dabei auch die Pfeile, die von der anderen Seite (vom anderen „Ufer") des Diagramms auf die Zahl zeigen können. Die Pfeile müssen immer auf mindestens eine Zahl zeigen und dürfen waagerecht, senkrecht oder im 45°-Winkel eingezeichnet werden. Einen Pfeil haben wir als Starthilfe eingezeichnet.

Logikrätsel (45)

★★★ Magnetisch

		4	2	2	2	3	2	3	3
		2	4	2	2	3	3	2	3
4	3								
1	3								
2	2			−					
2	2			+					
2	2								
4	3	+	−						
4	3								
2	3								

Füllen Sie das Diagramm mit neutralen (schwarzen) und magnetischen Platten. Jede Magnetplatte hat zwei Pole (+ und −). Zwei Hälften mit gleichen Polen dürfen nicht waagerecht oder senkrecht benachbart sein. Die Zahlen an den Rändern geben an, wie viele Plus- und Minuspole in der entsprechenden Zeile oder Spalte vorkommen.

★★★ Speichen

Verbinden Sie die Felder durch Speichen, die waagerecht, senkrecht oder diagonal eingezeichnet werden dürfen. Die Speichen dürfen sich aber nicht überschneiden. Die Zahlen in den Feldern geben an, wie viele Speichen von dem entsprechenden Feld ausgehen.

2	3	1	2
4	6	5	3
2	3	4	5
1	4	4	1

46 Bilderrätsel

★★★ Würfel ergänzen

Welche der Figuren A bis D vervollständigt den großen Würfel?

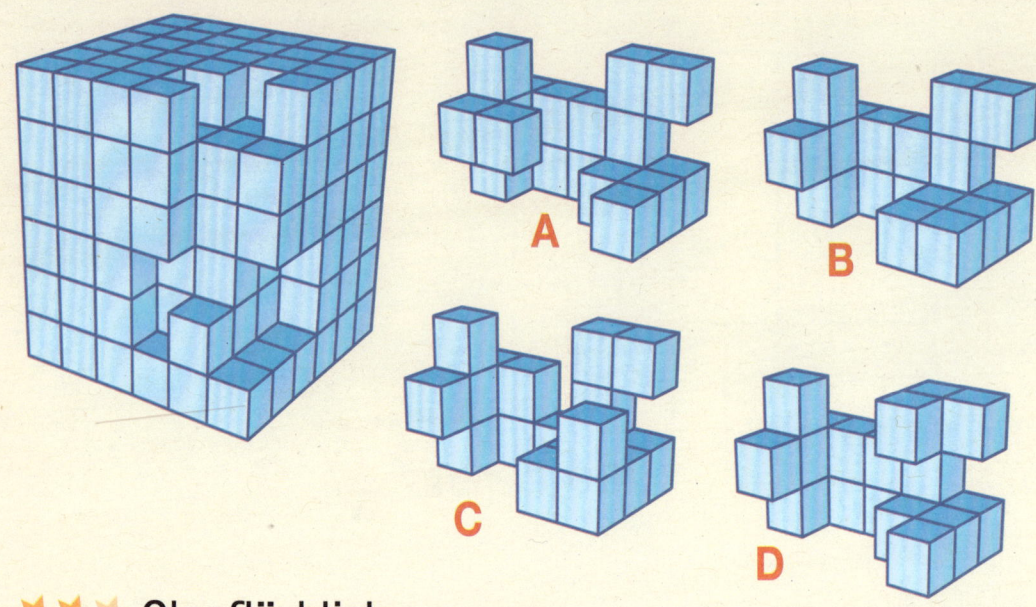

★★★ Oberflächlich

Wie viele Flächen haben die einzelnen Körper 1 bis 5 jeweils?

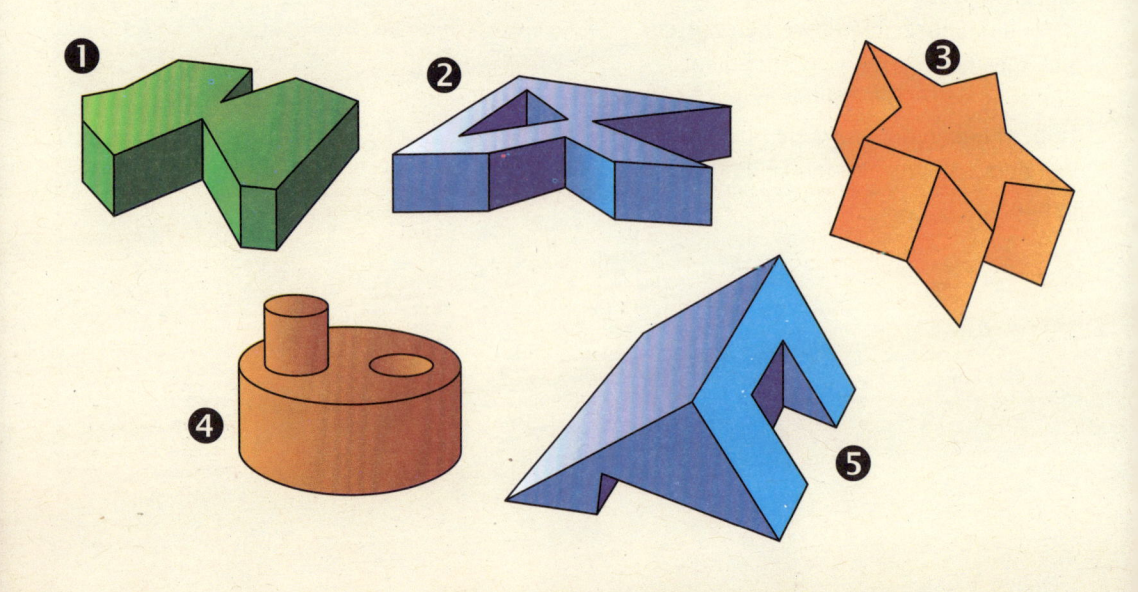

Bilderrätsel

✦✦✦ Unordnung

Die Werkzeuge im linken Bild sind auch im rechten Bild vorhanden. Nur ein Werkzeug fehlt. Welches?

✦✦✦ Richtiger Weg

Zeichnen Sie in das Rätsel einen Rundweg ein, der durch jedes Feld mit einem Kreis hindurchgeht und in den Feldern im 90°-Winkel abbiegen kann. In Feldern mit einem schwarzen Kreis muss er dabei im 90°-Winkel abbiegen und in beiden Richtungen im nächsten Feld geradeaus hindurchgehen. Durch Felder mit einem weißen Kreis muss er geradeaus hindurchgehen und in mindestens einem der beiden Nachbarfelder im 90°-Winkel abbiegen.

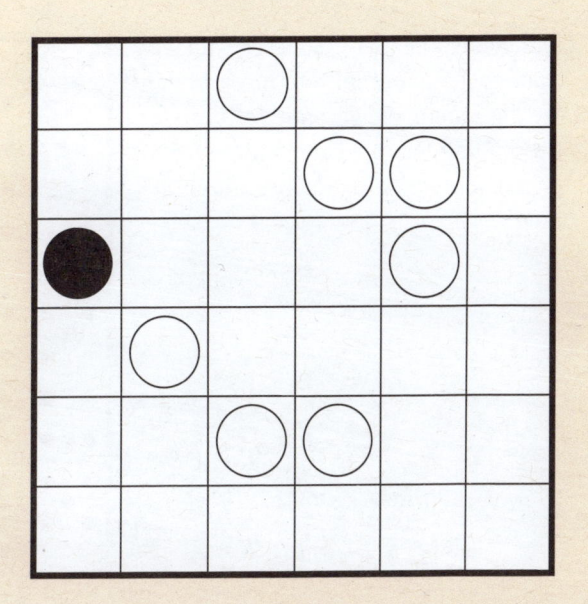

Logikrätsel

★★★ Fillomino

4		1	3	2	4		3		1	3	
						3	1	3	2		1
4			4			1	2			1	4
4		1		9				9		1	2
	1	3		7		2				5	3
1		3			7		1		5		3
		2	1	7	2			3	1		3
		4		3				3		1	2	1
1		5		5	1		2		6	3	2
		2	5	5				3	4		1	2
2					4	1	4		4		3	1

Schreiben Sie in jedes Feld des Diagramms eine Zahl. Felder mit gleichen Zahlen müssen horizontal und vertikal zusammenhängende Bereiche bilden, die aus genauso vielen Feldern bestehen, wie die Zahl angibt. Zwei verschiedene, horizontal oder vertikal zusammenstoßende Bereiche dürfen nicht die gleiche Größe haben und können flächenmäßig um die Ecke laufen. Einen Bereich haben wir als Starthilfe vorgegeben.

★★★ Domino

Im nebenstehenden Rechteck sind 21 Dominosteine enthalten. Unten finden Sie die Steine, die verbaut wurden. Bestimmen Sie ihre Lage, indem Sie die jeweiligen Steine im Rechteck umrahmen!

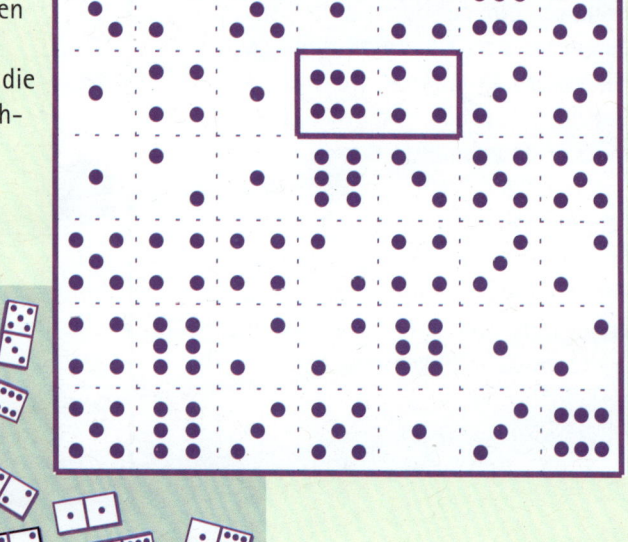

Logikrätsel 49

⭐⭐⭐ Inseln verbinden

Bei diesem Rätsel sollen alle Inseln durch Brücken verbunden werden, wobei jede Insel von jeder anderen aus erreichbar sein muss. Die Brücken dürfen dabei nur waagerecht oder senkrecht gebaut werden und nicht über andere Brücken oder Inseln hinweggehen. Zwischen zwei Inseln dürfen sich maximal zwei Brücken befinden.
Die Zahlen in den Inseln geben an, wie viele Brücken von dieser Insel aus wegführen.

⭐⭐⭐ Leuchtturm

Zeichnen Sie in einige der Felder jeweils ein Schiff so ein, dass kein Schiff ein anderes Schiff oder einen Leuchtturm berührt, auch nicht diagonal. Die Zahlen in den Leuchttürmen geben an, wie viele Schiffe von diesem aus in waagerechter oder senkrechter Richtung gesehen werden können. Dabei stört es nicht, wenn zwischen dem Schiff und dem Leuchtturm ein weiteres Schiff oder ein anderer Leuchtturm steht. Alle Schiffe werden von mindestens einem Leuchtturm gesehen.

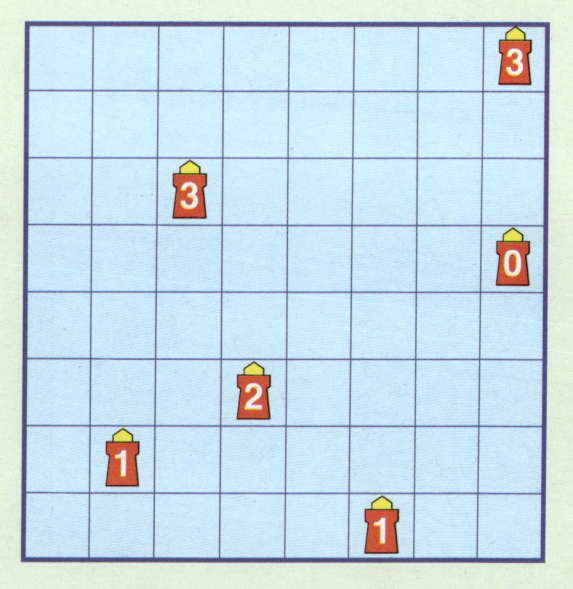

50 Zahlen- und Rechenrätsel

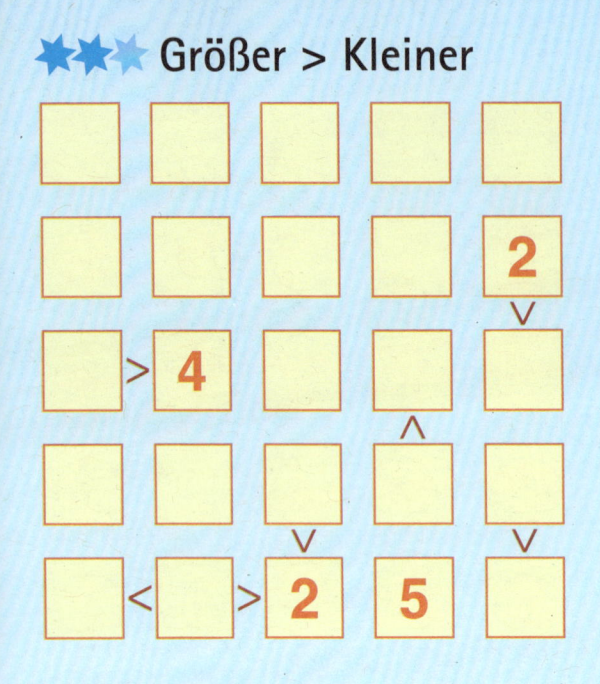

★★★ Größer > Kleiner

Tragen Sie die Ziffern von 1 bis 5 so in das Diagramm ein, dass in jeder Zeile und jeder Spalte jede der Ziffern von 1 bis 5 genau einmal vorkommt. Die Kleiner-Zeichen zwischen zwei Feldern geben an, in welchem der beiden Felder die kleinere Zahl steht.

★★★ Kakuro

In die leeren Felder sollen Sie die Zahlen von 1 bis 9 in beliebiger Reihenfolge eintragen. Dabei sollen sich waagerecht und senkrecht die vorgegebenen Summen in den hellrosa Kästchen ergeben. In keiner Summe darf sich eine Zahl wiederholen. Viel Spaß beim Knobeln!

Zahlen- und Rechenrätsel

⭐⭐⭐ Zahlen gesucht

Wir haben 22 Zahlenkombinationen in dem Setzkasten versteckt. Die Kombinationen können in jede Richtung laufen, auch diagonal, rückwärts oder von unten nach oben.

438 – 789 – 34504 – 691 – 158 – 985 – 6403 – 265 – 4369 – 805 – 137 – 411 – 2351 – 755 – 953 – 29662 – 976 – 4120 – 2016 – 687 – 456 – 7908

Die vier übrig bleibenden Zahlen im Setzkasten nennen das Jahr, in dem Brehm den ersten Band von „Tierleben" herausgab.

9	4	0	5	4	3	6	1	2	1	1	4	7	8	4	3	8	8	5	1
8	9	8	5	8	4	6	3	6	1	0	2	7	9	0	9	6	3	4	7
7	1	9	6	0	5	5	2	6	6	9	2	6	3	0	5	9	7	6	8
3	5	9	3	4	1	7	5	5	4	0	2	1	4	1	8	5	6	2	6

⭐⭐⭐ Gebiete

Tragen Sie Ziffern so in das Diagramm ein, dass in jeder Zeile und jeder Spalte jede der Ziffern von 1 bis 6 genau einmal vorkommt. Die kleinen Zahlen in den Gebieten geben die Summe der Ziffern in diesem Gebiet an. Beachten Sie, dass innerhalb eines Gebiets gleiche Ziffern sein können, sofern diese in unterschiedlichen Zeilen und Spalten stehen.

52 Logikrätsel

⭐⭐⭐ Pünktchen-Sudoku

Tragen Sie die Ziffern von 1 bis 6 so in das Diagramm ein, dass jede Ziffer in jeder Zeile und jeder Spalte genau einmal vorkommt. Befindet sich zwischen zwei Feldern ein schwarzer Kreis, so muss eine der beiden Ziffern in diesen beiden Feldern exakt das Doppelte der anderen sein. Ein weißer Kreis hingegen bedeutet, dass eine der beiden Ziffern um eins größer sein muss als die andere. Befindet sich kein Kreis zwischen zwei Ziffern, so darf auch keine der beiden Eigenschaften zutreffen.

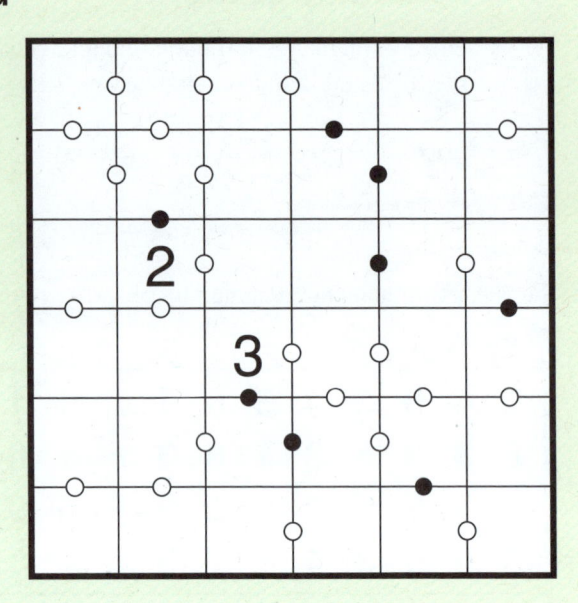

⭐⭐⭐ Verflixte Wabe

Tragen Sie in jedes weiße Feld eine der Zahlen von 1 bis 6 ein, sodass an jedem der schwarzen Felder jede der sechs Zahlen genau einmal steht. Beachten Sie dabei, dass in benachbarten Feldern keine zwei gleichen Zahlen stehen dürfen. So darf also zum Beispiel eine 1 nicht direkt neben einer weiteren 1 stehen.

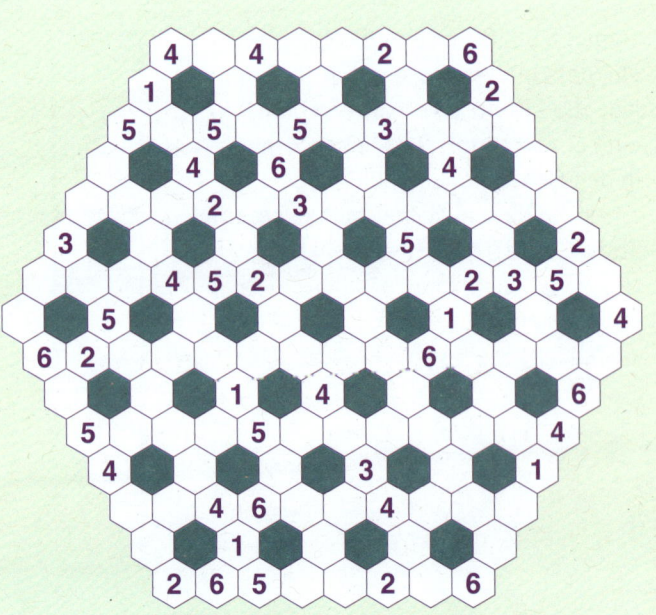

Logikrätsel 53

★★★ Hitori

1	13	14	6	3	1	12	13	7	11	8	7	1	10	14	9
5	1	12	8	13	6	11	10	2	7	3	4	5	14	9	3
13	10	14	7	4	5	8	14	9	11	7	5	9	13	13	2
10	3	9	2	7	11	6	3	14	12	4	13	5	1	2	4
3	11	8	12	10	4	5	6	3	10	9	14	14	13	8	4
7	11	10	1	12	9	3	13	11	1	2	3	5	11	4	14
8	6	4	2	4	10	1	3	11	10	5	10	4	9	12	14
10	8	6	14	5	13	4	12	8	3	14	1	11	9	10	7
13	14	7	4	1	8	2	■	12	9	6	8	10	7	8	2
5	12	1	14	2	14	13	4	3	5	11	9	6	8	3	6
9	5	11	8	6	2	4	7	13	12	10	5	2	10	11	1
9	9	13	5	13	4	7	6	10	6	1	14	12	11	14	8

Schwärzen Sie einige der Felder, sodass zwei geschwärzte Felder niemals waagerecht oder senkrecht benachbart sind und dass in jeder Zeile und jeder Spalte jede Ziffer nur maximal einmal ungeschwärzt übrig bleibt. Beachten Sie dabei, dass die weißen Felder alle zusammenhängen müssen, mit anderen Worten: Die geschwärzten Felder dürfen das Rätsel nicht in zwei oder mehr Stücke teilen. Ein geschwärztes Feld haben wir als Starthilfe vorgegeben.

★★☆ Sudoku

Tragen Sie in jedes Feld eine der Ziffern von 1 bis 9 so ein, dass in jeder Zeile, jeder Spalte und jedem 3x3-Gebiet jede der Ziffern von 1 bis 9 genau einmal vorkommt.

				9				8
9	5							
			2	1		6	3	
4		9			7			
2			6		4			5
			3			4		1
	5	4		2	7			
							8	4
3				6				

54 Bilderrätsel

✦✦✦ Positiv gesehen

Welches der Bilder ist das richtige Positivbild zu dem Negativ links?

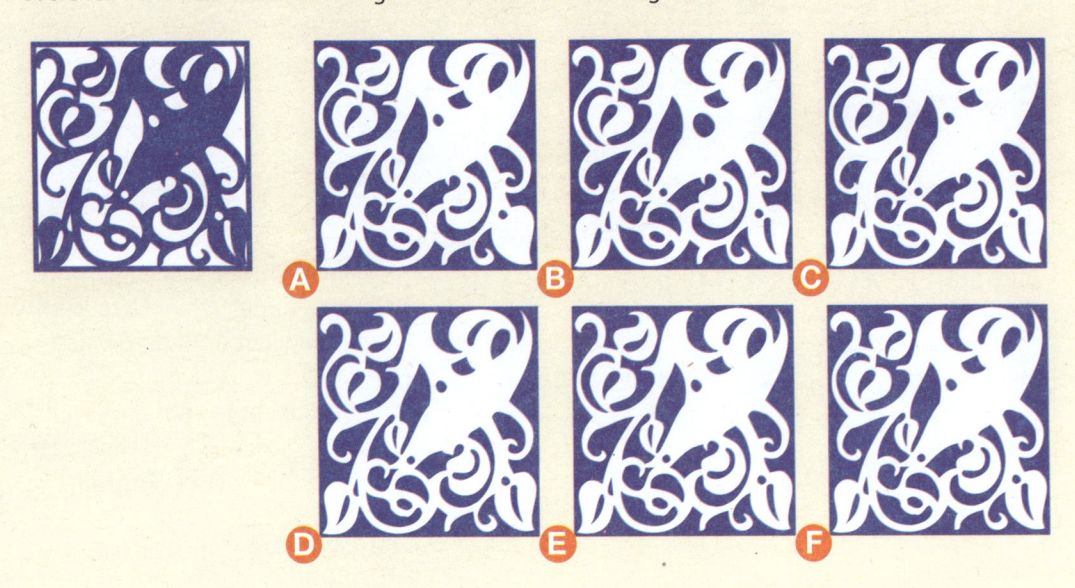

A B C
D E F

✦✦✦ Fotoausschnitt

Einer der Ausschnitte aus dem Bild ist fehlerhaft. Welcher ist es?

Bilderrätsel 55

✸✸✸ Fotopuzzle

Welche Zahlenreihe ergeben die Puzzleteile, wenn sie an der richtigen Position liegen (angefangen von links nach rechts, von oben nach unten)?

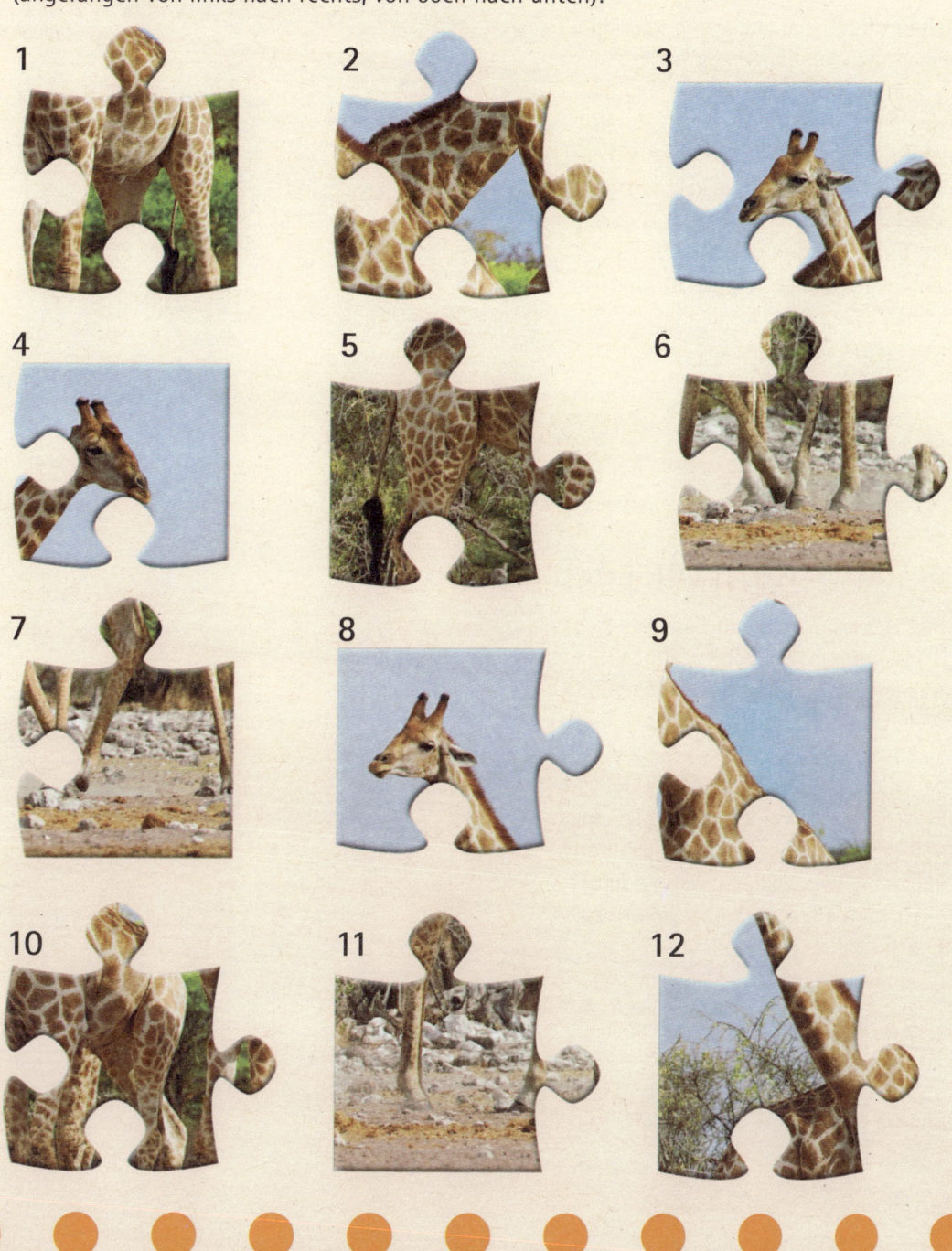

★★★ Rundweg

Zeichnen Sie einen Rundweg entlang der gestrichelten Linien ein. Am Ende soll der Rundweg wieder an dem Punkt ankommen, an dem er gestartet ist. Die Zahlen in den Feldern geben dabei an, wie viele Seiten dieses Feldes durch den Rundweg belegt sind. In den Feldern ohne Zahl ist ungewiss, wie viele Seiten (von keiner bis alle vier) durch den Rundweg genutzt werden. Als kleine Hilfe haben wir die „0" und ein kleines Stück Weg vorgegeben.

★★☆ Schiffe versenken

Tragen Sie die abgebildete Flotte in das Diagramm ein. Die Schiffe sollen nur waagerecht oder senkrecht liegen und dürfen sich nicht berühren, auch nicht diagonal. Die Schiffe dürfen dabei beliebig gedreht werden. In Felder mit Wellen können keine Schiffsteile eingetragen werden. Die Zahlen am Rand geben an, wie viele Schiffsteile in der entsprechenden Zeile oder Spalte zu finden sind.

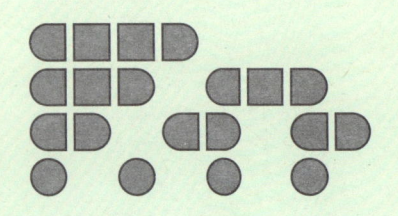

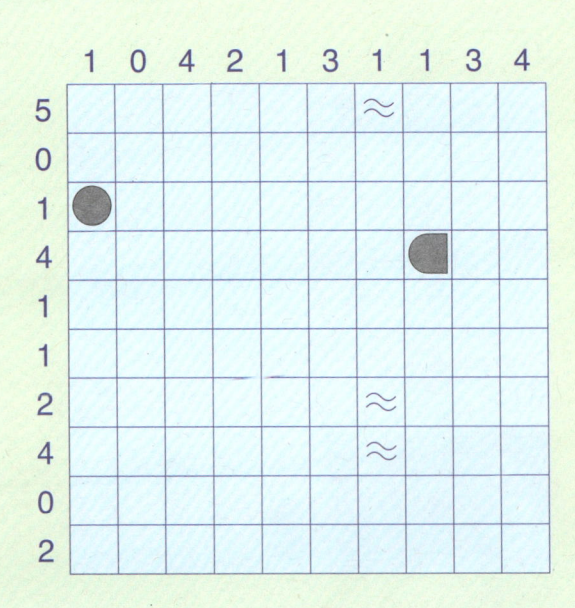

Logikrätsel 57

★★★ Zahlenlabyrinth

Finden Sie einen Weg durch das Labyrinth, der die Zahlen von 1 bis 15 in aufsteigender Reihenfolge jeweils genau einmal durchläuft. Der Weg darf sich an den Kreuzungen berühren oder auch kreuzen, jedoch darf kein Wegstück mehr als einmal durchlaufen werden.

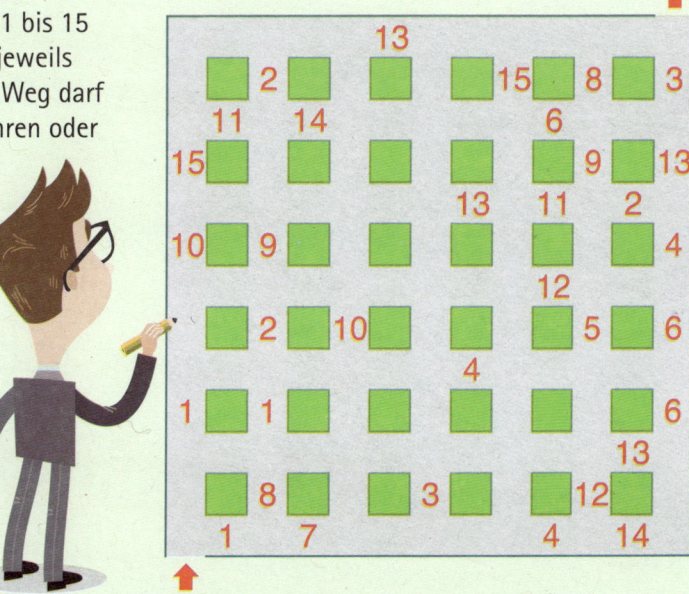

★★★ Camping

Tragen Sie waagerecht oder senkrecht neben jedem Baum ein Zelt ein, das zu diesem Baum gehört. Die Zelte dürfen sich dabei nicht berühren, auch nicht diagonal. Die Zahlen am Rand geben an, wie viele Zelte sich in der entsprechenden Zeile oder Spalte befinden.

Zahlen- und Rechenrätsel

★★★ Pyramide

Ergänzen Sie die fehlenden Zahlen in der Pyramide. Die Zahlen zweier nebeneinanderliegender Bausteine ergeben dabei addiert immer die Zahl im Baustein darüber.

```
                    66
            43    30
                       18
                           10
         6           1
```

★★★ Magisches Quadrat

Die leeren Kästchen des Quadrates sind mit den fehlenden Zahlen von 1 bis 25 so zu füllen, dass sich in jeder Reihe, jeder Spalte und auch jeder Diagonalen die Summe 65 ergibt.

	3		9	
4		23	11	5
	2		25	
	19	15	1	13
18	10		7	

= 65 (alle Zeilen, Spalten und Diagonalen)

Zahlen- und Rechenrätsel

★★★ Römisches Rätsel

Tragen Sie in jedes Feld eine der römischen Ziffern von I bis IV ein. Die Zahlen am Rand geben dabei an, wie oft jede der Ziffern in der entsprechenden Zeile oder Spalte vorkommt. Zudem dürfen in waagerecht oder senkrecht benachbarten Feldern keine gleichen Ziffern stehen.

				I	2	1	1	2	2
				II	0	2	1	1	1
				III	0	1	1	1	2
I	II	III	IV		3	1	2	1	0
0	2	1	2	IV					
2	2	0	1						
2	0	2	1	IV					
2	1	1	1						
2	0	1	2	IV					

★★★ Weintraube

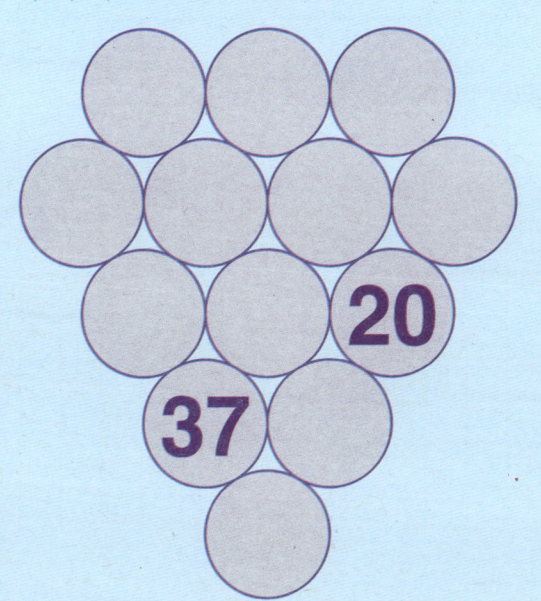

Füllen Sie die leeren Felder der Traube so auf, dass in jedem Feld die Summe der Zahlen in den beiden darüberliegenden Feldern steht und in den Feldern der obersten Reihe nur einstellige Zahlen stehen. In den beiden Feldern am linken und rechten Rand steht dabei der gleiche Wert wie im Feld schräg oberhalb.

20

37

Logikrätsel

★★★ Hanjie

Die Zahlen vor den Zeilen und Spalten geben an, wie viele aufeinanderfolgende Kästchen ausgemalt werden müssen. Zwischen diesen zusammenhängenden Kästchen bleibt mindestens eines frei.

Wenn alles richtig ausgemalt wurde, ergibt sich ein Bild.

★★★ Sikaku

Ziel ist, das Rätselfeld vollständig in Rechtecke und Quadrate zu zerlegen, die sich nicht überschneiden dürfen. In jedem dieser Rechtecke und Quadrate darf nur eine der vorgegebenen Zahlen stehen. Diese Zahl gibt an, wie viele Kästchen das Rechteck oder Quadrat umfasst. Ein Rechteck haben wir als Starthilfe vorgegeben.

Logikrätsel 61

★★★ Doppel-Sudoku

Die Doppelpackung in Sachen Sudoku basiert auf den gleichen Regeln wie das klassische Sudoku. Der Unterschied besteht darin, dass hier zwei Diagramme zu einem verschmelzen. Dabei haben die beiden Teile je zwei 3x3-Quadrate mit dem Schlüsselelement gemeinsam. Dies erscheint zunächst schwieriger, ist aber zugleich eine versteckte Hilfe, da sich mit einem gewissen Überblick über beide Rätselteile zusätzliche Zahlen ausschließen, welche im „Nachbardiagramm" schon vorhanden sind. Stellen Sie sich diesem japanischen Zahlenwerk!

Bilderrätsel

★★★ Labyrinth

Finden Sie den Weg durch dieses Labyrinth?

★★★ Fehlersuche

Welche zwei Bilder sind identisch?

Bilderrätsel 63

⭐⭐⭐ Sternenzauber

Wie viele bunte Sterne sind auf dem Bild zu sehen?

Logikrätsel

⭐⭐⭐ Passgenau

Vier der Blöcke passen zusammen und ergeben einen geschlossenen Quader. Welche sind es?

⭐⭐⭐ Pfeilschnell

Zeichnen Sie in jedes Feld am Rand einen Pfeil so ein, dass die mit Streichhölzern gelegten Zahlen in den Feldern genau die Anzahl der Pfeile angibt, die auf diese Zahl zeigt. Beachten Sie dabei auch die Pfeile, die von der anderen Seite (vom anderen „Ufer") des Diagramms auf die Zahl zeigen können. Die Pfeile müssen immer auf mindestens eine Zahl zeigen und dürfen waagerecht, senkrecht oder im 45°-Winkel eingezeichnet werden. Einen Pfeil haben wir als Starthilfe eingezeichnet.

Logikrätsel 65

★★★ Magnetisch

	+	3	3	2	2	4	1	2	3
	−	3	3	2	2	1	4	2	3
3	3								
2	3					−	+		
4	3								
1	1								
1	2								
3	1								
3	4								
3	3				−	+			

Füllen Sie das Diagramm mit neutralen (schwarzen) und magnetischen Platten. Jede Magnetplatte hat zwei Pole (+ und −). Zwei Hälften mit gleichen Polen dürfen nicht waagerecht oder senkrecht benachbart sein. Die Zahlen an den Rändern geben an, wie viele Plus- und Minuspole in der entsprechenden Zeile oder Spalte vorkommen.

★★★ Speichen

Verbinden Sie die Felder durch Speichen, die waagerecht, senkrecht oder diagonal eingezeichnet werden dürfen. Die Speichen dürfen sich aber nicht überschneiden. Die Zahlen in den Feldern geben an, wie viele Speichen von dem entsprechenden Feld ausgehen.

2	4	4	2
3	5	6	4
1	7	4	4
1	2	2	1

Bilderrätsel

⭐⭐⭐ Würfel zusammenstecken

Welche beiden Figuren ergeben zusammengesetzt einen kompletten Würfel?

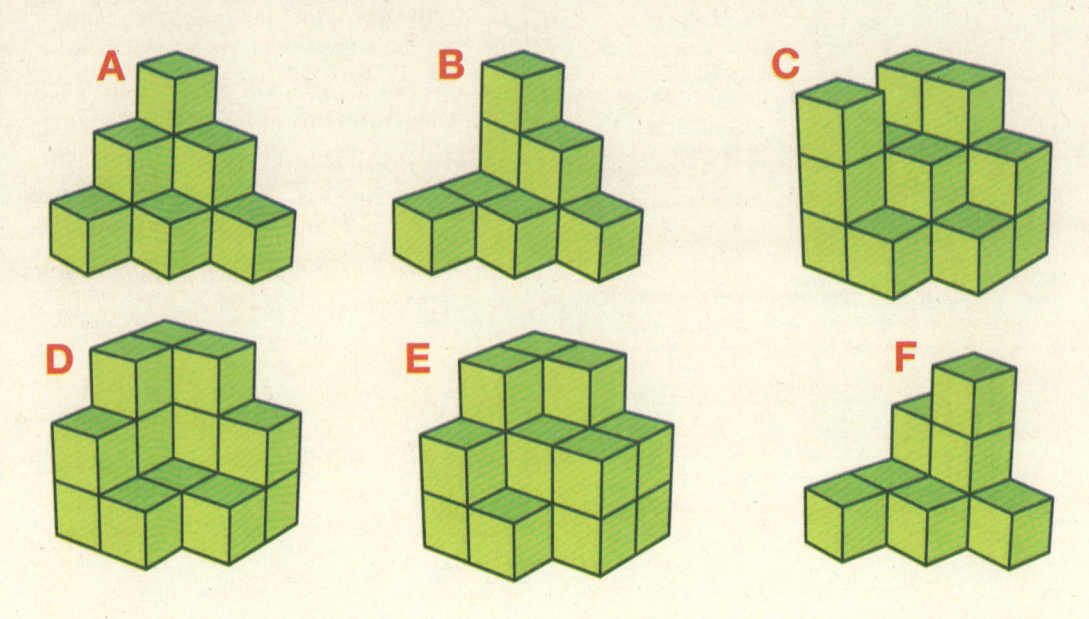

A   B   C

D   E   F

⭐⭐ Um die Ecke

Wie viele Ecken haben die einzelnen Körper jeweils?

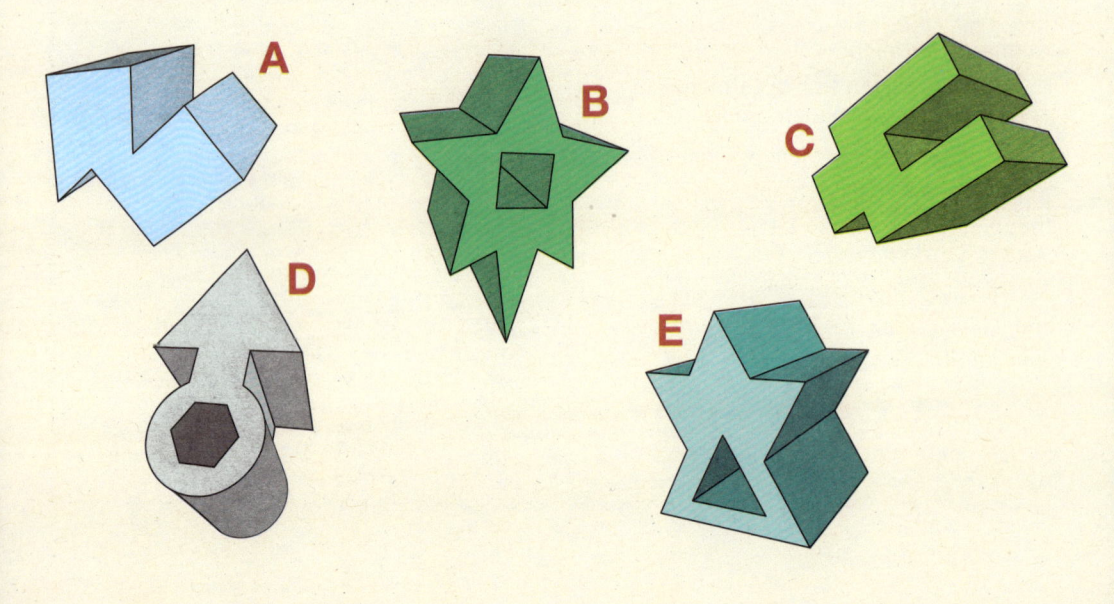

A   B   C

D   E

Bilderrätsel 67

⭐⭐⭐ Logisch!

Welche der Figuren A bis C gehört an die Stelle des Fragezeichens?

⭐⭐⭐ Richtiger Weg

Zeichnen Sie in das Rätsel einen Rundweg ein, der durch jedes Feld mit einem Kreis hindurchgeht und in den Feldern im 90°-Winkel abbiegen kann. In Feldern mit einem schwarzen Kreis muss er dabei im 90°-Winkel abbiegen und in beiden Richtungen im nächsten Feld geradeaus hindurchgehen. Durch Felder mit einem weißen Kreis muss er geradeaus hindurchgehen und in mindestens einem der beiden Nachbarfelder im 90°-Winkel abbiegen.

Logikrätsel

⭐⭐⭐ Fillomino

2		1		4		1		4	3		
3			1						1		
	4	3	9	1		3		4		3	4	2	3
				2		1		4		2			1	2
	8			9	9	9	4	3		3		
	2		9						2		5	
			8	1	4	1		1		3		2	5	1
	1				4				1			3
1		1			1		4		1			5
3		3		4	3	2				2		
			2	1			1	3		6	1	

Schreiben Sie in jedes Feld des Diagramms eine Zahl. Felder mit gleichen Zahlen müssen horizontal und vertikal zusammenhängende Bereiche bilden, die aus genauso vielen Feldern bestehen, wie die Zahl angibt. Zwei verschiedene, horizontal oder vertikal zusammenstoßende Bereiche dürfen nicht die gleiche Größe haben und können flächenmäßig um die Ecke laufen. Einen Bereich haben wir als Starthilfe vorgegeben.

⭐⭐⭐ Domino

Im nebenstehenden Rechteck sind 21 Dominosteine enthalten. Unten finden Sie die Steine, die verbaut wurden. Bestimmen Sie ihre Lage, indem Sie die jeweiligen Steine im Rechteck umrahmen!

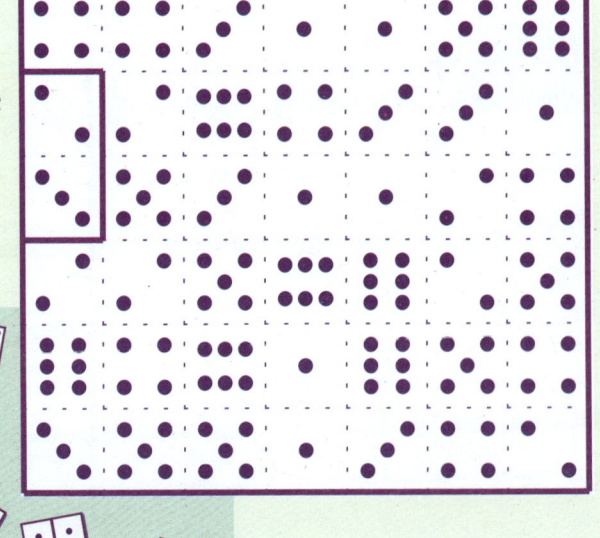

Logikrätsel 69

⭐⭐⭐ Inseln verbinden

Bei diesem Rätsel sollen alle Inseln durch Brücken verbunden werden, wobei jede Insel von jeder anderen aus erreichbar sein muss. Die Brücken dürfen dabei nur waagerecht oder senkrecht gebaut werden und nicht über andere Brücken oder Inseln hinweggehen. Zwischen zwei Inseln dürfen sich maximal zwei Brücken befinden.
Die Zahlen in den Inseln geben an, wie viele Brücken von dieser Insel aus wegführen.

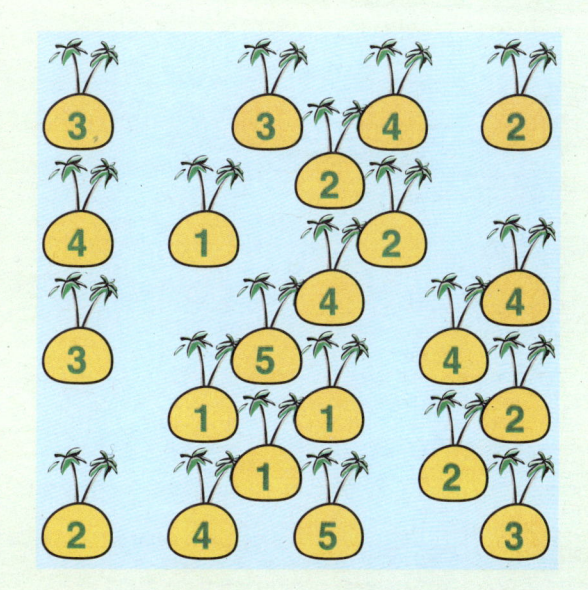

⭐⭐⭐ Leuchtturm

Zeichnen Sie in einige der Felder jeweils ein Schiff so ein, dass kein Schiff ein anderes Schiff oder einen Leuchtturm berührt, auch nicht diagonal. Die Zahlen in den Leuchttürmen geben an, wie viele Schiffe von diesem aus in waagerechter oder senkrechter Richtung gesehen werden können. Dabei stört es nicht, wenn zwischen dem Schiff und dem Leuchtturm ein weiteres Schiff oder ein anderer Leuchtturm steht. Alle Schiffe werden von mindestens einem Leuchtturm gesehen.

Zahlen- und Rechenrätsel

★★★ Größer > Kleiner

Tragen Sie die Ziffern von 1 bis 5 so in das Diagramm ein, dass in jeder Zeile und jeder Spalte jede der Ziffern von 1 bis 5 genau einmal vorkommt. Die Kleiner-Zeichen zwischen zwei Feldern geben an, in welchem der beiden Felder die kleinere Zahl steht.

★★★ Kakuro

In die leeren Felder sollen Sie die Zahlen von 1 bis 9 in beliebiger Reihenfolge eintragen. Dabei sollen sich waagerecht und senkrecht die vorgegebenen Summen in den hellrosa Kästchen ergeben. In keiner Summe darf sich eine Zahl wiederholen. Viel Spaß beim Knobeln!

Zahlen- und Rechenrätsel

★★★ Zahlen gesucht

Wir haben 22 Zahlenkombinationen in dem Setzkasten versteckt. Die Kombinationen können in jede Richtung laufen, auch diagonal, rückwärts oder von unten nach oben.

1688 – 1832 – 2465 – 293 – 338 – 347 – 4214 – 448 – 516 – 5754 – 653 – 659 – 7138 – 731 – 7742 – 7783 – 7896 – 791 – 8692 – 899 – 935 – 996

Die vier übrig bleibenden Zahlen im Setzkasten nennen das Jahr, in dem Röntgen die nach ihm benannten Strahlen entdeckte.

```
9 1 2 4 7 7 9 5 9 5 7 5 4 2 7 4 3 6 5 3
9 1 8 3 2 9 6 3 6 1 5 7 3 1 9 8 6 9 8 7
8 4 4 6 4 5 2 9 3 8 3 1 7 9 6 8 8 6 1
8 3 3 5 2 7 7 8 3 1 9 7 4 1 2 4 8 6 5 9
```

★★★ Gebiete

Tragen Sie Ziffern so in das Diagramm ein, dass in jeder Zeile und jeder Spalte jede der Ziffern von 1 bis 6 genau einmal vorkommt. Die kleinen Zahlen in den Gebieten geben die Summe der Ziffern in diesem Gebiet an. Beachten Sie, dass innerhalb eines Gebiets gleiche Ziffern sein können, sofern diese in unterschiedlichen Zeilen und Spalten stehen.

Logikrätsel

★★★ Pünktchen-Sudoku

Tragen Sie die Ziffern von 1 bis 6 so in das Diagramm ein, dass jede Ziffer in jeder Zeile und jeder Spalte genau einmal vorkommt. Befindet sich zwischen zwei Feldern ein schwarzer Kreis, so muss eine der beiden Ziffern in diesen beiden Feldern exakt das Doppelte der anderen sein. Ein weißer Kreis hingegen bedeutet, dass eine der beiden Ziffern um eins größer sein muss als die andere. Befindet sich kein Kreis zwischen zwei Ziffern, so darf auch keine der beiden Eigenschaften zutreffen.

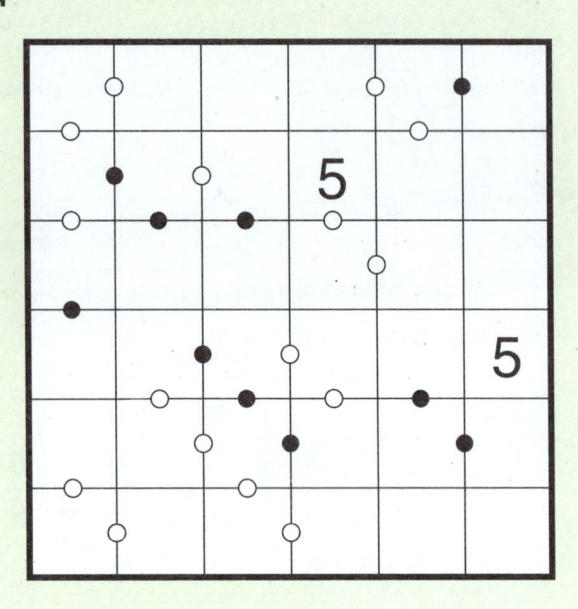

★★★ Verflixte Wabe

Tragen Sie in jedes weiße Feld eine der Zahlen von 1 bis 6 ein, sodass an jedem der schwarzen Felder jede der sechs Zahlen genau einmal steht. Beachten Sie dabei, dass in benachbarten Feldern keine zwei gleichen Zahlen stehen dürfen. So darf also zum Beispiel eine 1 nicht direkt neben einer weiteren 1 stehen.

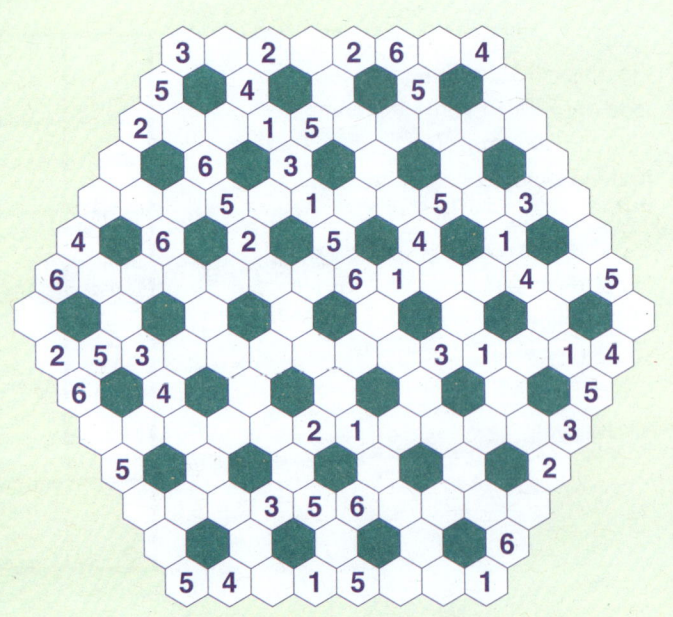

Logikrätsel 73

⭐⭐⭐ Hitori

9	13	3	6	5	13	7	8	4	14	10	1	2	14	3	11
4	2	2	11	14	3	9	8	13	10	10	6	8	7	5	1
2	13	9	9	11	5	5	10	6	6	2	3	8	3	14	2
14	6	5	3	13	2	12	9	■	11	1	5	4	10	8	7
7	2	13	1	5	9	2	13	8	8	14	4	6	12	12	8
2	12	6	10	10	4	14	7	11	9	1	8	3	2	9	5
3	14	7	9	10	1	2	2	9	13	5	6	12	8	6	14
13	3	14	6	8	7	10	11	2	3	12	9	5	1	4	2
14	14	14	4	6	4	3	10	12	7	2	13	8	12	2	8
6	10	8	12	5	13	3	1	3	14	4	10	11	5	10	2
1	7	2	9	4	14	6	3	13	8	5	11	10	4	1	12
11	5	3	2	3	5	4	6	7	1	6	13	14	8	11	9

Schwärzen Sie einige der Felder, sodass zwei geschwärzte Felder niemals waagerecht oder senkrecht benachbart sind und dass in jeder Zeile und jeder Spalte jede Ziffer nur maximal einmal ungeschwärzt übrig bleibt. Beachten Sie dabei, dass die weißen Felder alle zusammenhängen müssen, mit anderen Worten: Die geschwärzten Felder dürfen das Rätsel nicht in zwei oder mehr Stücke teilen. Ein geschwärztes Feld haben wir als Starthilfe vorgegeben.

⭐⭐⭐ Sudoku

Tragen Sie in jedes Feld eine der Ziffern von 1 bis 9 so ein, dass in jeder Zeile, jeder Spalte und jedem 3x3-Gebiet jede der Ziffern von 1 bis 9 genau einmal vorkommt.

	3		9		8		5	
		9	4		5	3		
	7		2		3		1	
		2				4		
8	5						9	3
		3				8		
	1		7		9		4	
		5	1		6	7		
	4		3		2		8	

74 Bilderrätsel

★★★ Happy Halloween

Bei der Spiegelung des Schriftzuges sind unserem Zeichner 3 Fehler unterlaufen. Können Sie sie finden?

★★★ Fotoausschnitt

Einer der Ausschnitte aus dem Bild ist fehlerhaft. Welcher ist es?

Bilderrätsel 75

⭐⭐⭐ Fotopuzzle

Welche Zahlenreihe ergeben die Puzzleteile, wenn sie an der richtigen Position liegen (angefangen von links nach rechts, von oben nach unten)?

Logikrätsel

★★★ Rundweg

Zeichnen Sie einen Rundweg entlang der gestrichelten Linien ein. Am Ende soll der Rundweg wieder an dem Punkt ankommen, an dem er gestartet ist. Die Zahlen in den Feldern geben dabei an, wie viele Seiten dieses Feldes durch den Rundweg belegt sind. In den Feldern ohne Zahl ist ungewiss, wie viele Seiten (von keiner bis alle vier) durch den Rundweg genutzt werden. Als kleine Hilfe haben wir die „0" und ein kleines Stück Weg vorgegeben.

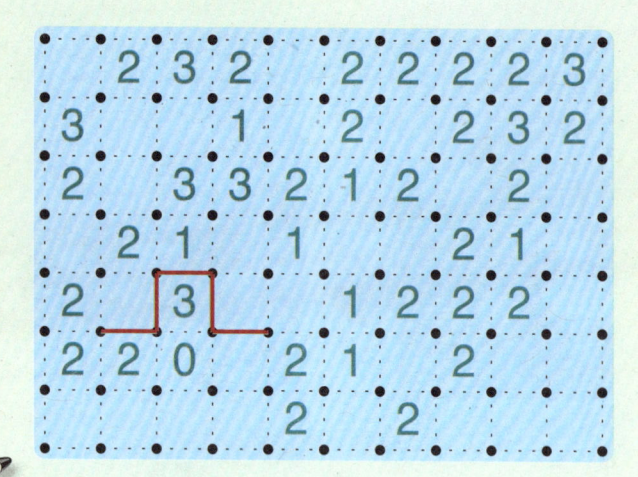

★★☆ Schiffe versenken

Tragen Sie die abgebildete Flotte in das Diagramm ein. Die Schiffe sollen nur waagerecht oder senkrecht liegen und dürfen sich nicht berühren, auch nicht diagonal. Die Schiffe dürfen dabei beliebig gedreht werden. In Felder mit Wellen können keine Schiffsteile eingetragen werden. Die Zahlen am Rand geben an, wie viele Schiffsteile in der entsprechenden Zeile oder Spalte zu finden sind.

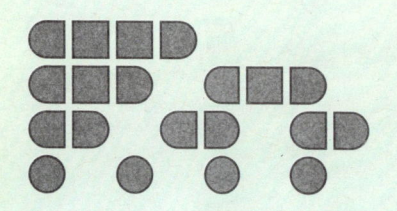

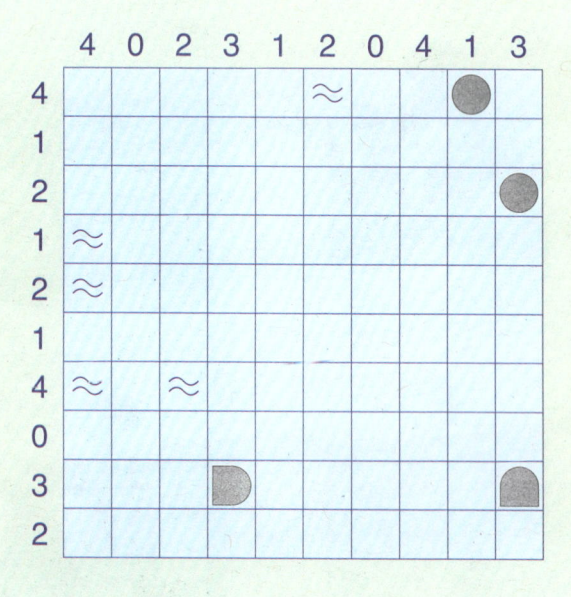

Logikrätsel 77

⭐⭐⭐ Zahlenlabyrinth

Finden Sie einen Weg durch das Labyrinth, der die Zahlen von 1 bis 15 in aufsteigender Reihenfolge jeweils genau einmal durchläuft. Der Weg darf sich an den Kreuzungen berühren oder auch kreuzen, jedoch darf kein Wegstück mehr als einmal durchlaufen werden.

⭐⭐⭐ Camping

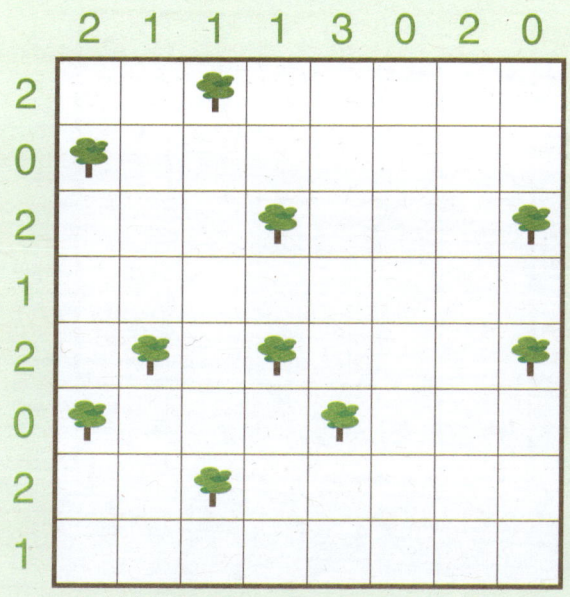

Tragen Sie waagerecht oder senkrecht neben jedem Baum ein Zelt ein, das zu diesem Baum gehört. Die Zelte dürfen sich dabei nicht berühren, auch nicht diagonal. Die Zahlen am Rand geben an, wie viele Zelte sich in der entsprechenden Zeile oder Spalte befinden.

78 Zahlen- und Rechenrätsel

★★★ Pyramide

Ergänzen Sie die fehlenden Zahlen in der Pyramide. Die Zahlen zweier nebeneinanderliegender Bausteine ergeben dabei addiert immer die Zahl im Baustein darüber.

92

10

1 7 9   8 9

★★★ Magisches Quadrat

Die leeren Kästchen des Quadrates sind mit den fehlenden Zahlen von 1 bis 25 so zu füllen, dass sich in jeder Reihe, jeder Spalte und auch jeder Diagonalen die Summe 65 ergibt.

	20			10
		16	8	13
2	23	14	7	
1				18
21	6	11		

= 65 (each row, column, diagonal)

Zahlen- und Rechenrätsel

★★★ Römisches Rätsel

Tragen Sie in jedes Feld eine der römischen Ziffern von I bis IV ein. Die Zahlen am Rand geben dabei an, wie oft jede der Ziffern in der entsprechenden Zeile oder Spalte vorkommt. Zudem dürfen in waagerecht oder senkrecht benachbarten Feldern keine gleichen Ziffern stehen.

				I	2	1	1	2	1
				II	2	0	2	1	1
				III	1	1	1	2	1
I	II	III	IV		0	3	1	0	2
2	1	1	1						IV
2	1	1	1						
0	1	3	1						IV
2	2	0	1						
1	1	1	2						IV

★★★ Weintraube

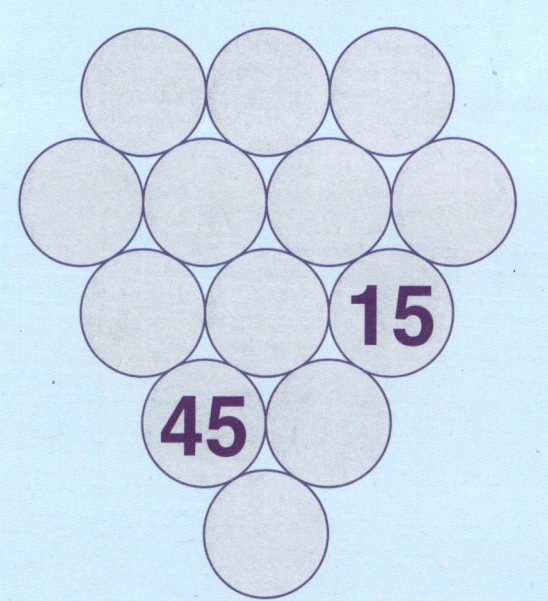

Füllen Sie die leeren Felder der Traube so auf, dass in jedem Feld die Summe der Zahlen in den beiden darüberliegenden Feldern steht und in den Feldern der obersten Reihe nur einstellige Zahlen stehen. In den beiden Feldern am linken und rechten Rand steht dabei der gleiche Wert wie im Feld schräg oberhalb.

15

45

Logikrätsel

★★★ Hanjie

Die Zahlen vor den Zeilen und Spalten geben an, wie viele aufeinanderfolgende Kästchen ausgemalt werden müssen. Zwischen diesen zusammenhängenden Kästchen bleibt mindestens eines frei.

Wenn alles richtig ausgemalt wurde, ergibt sich ein Bild.

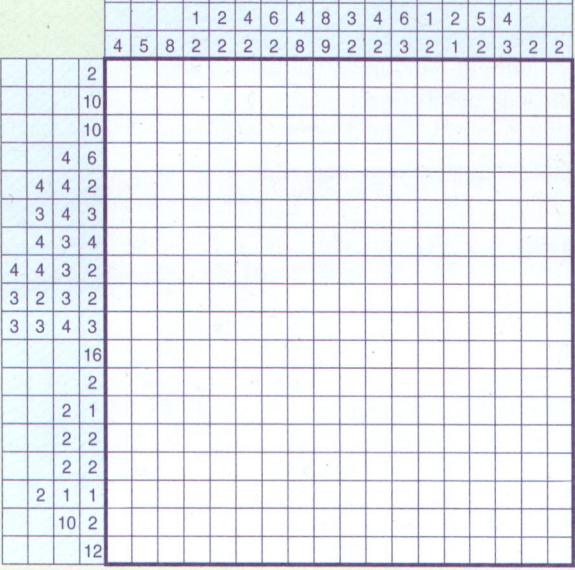

★★★ Sikaku

Ziel ist, das Rätselfeld vollständig in Rechtecke und Quadrate zu zerlegen, die sich nicht überschneiden dürfen. In jedem dieser Rechtecke und Quadrate darf nur eine der vorgegebenen Zahlen stehen. Diese Zahl gibt an, wie viele Kästchen das Rechteck oder Quadrat umfasst. Ein Rechteck haben wir als Starthilfe vorgegeben.

Logikrätsel 81

★★★ Doppel-Sudoku

Die Doppelpackung in Sachen Sudoku basiert auf den gleichen Regeln wie das klassische Sudoku. Der Unterschied besteht darin, dass hier zwei Diagramme zu einem verschmelzen. Dabei haben die beiden Teile je zwei 3x3-Quadrate mit dem Schlüsselelement gemeinsam. Dies erscheint zunächst schwieriger, ist aber zugleich eine versteckte Hilfe, da sich mit einem gewissen Überblick über beide Rätselteile zusätzliche Zahlen ausschließen, welche im „Nachbardiagramm" schon vorhanden sind. Stellen Sie sich diesem japanischen Zahlenwerk!

82 Bilderrätsel

★★★ Labyrinth

Finden Sie den Weg durch dieses Labyrinth?

★★★ Fehlersuche

Welche zwei Bilder sind identisch?

Bilderrätsel 83

⭐⭐⭐ **Pizzabäcker**

Wie viele Pizzastücke lassen sich, genauso wie das fertige Stück in der Mitte, belegen?

Logikrätsel

⭐ Lottogewinn

Herr Glück und Frau Fröhlich haben mit einer Tippgemeinschaft im Lotto gewonnen. Sie teilen sich den Gewinn wie folgt: Frau Fröhlich erhält 1/5 des Lottogewinns, Herr Glück 1/4 der gewonnenen Summe. Wie hoch war der Lottogewinn, wenn Herr Glück 6000,- mehr bekommt als Frau Fröhlich?

⭐⭐ Pfeilschnell

Zeichnen Sie in jedes Feld am Rand einen Pfeil so ein, dass die mit Streichhölzern gelegten Zahlen in den Feldern genau die Anzahl der Pfeile angibt, die auf diese Zahl zeigt. Beachten Sie dabei auch die Pfeile, die von der anderen Seite (vom anderen „Ufer") des Diagramms auf die Zahl zeigen können. Die Pfeile müssen immer auf mindestens eine Zahl zeigen und dürfen waagerecht, senkrecht oder im 45°-Winkel eingezeichnet werden. Einen Pfeil haben wir als Starthilfe eingezeichnet.

Logikrätsel 85

★★★ Magnetisch

+	1	4	3	4	3	1	2	2
	−	2	2	4	3	4	1	2	2
2	2		+	−					
3	2								
3	4								
2	1								
2	3								
2	3								
3	4								
3	1								

Füllen Sie das Diagramm mit neutralen (schwarzen) und magnetischen Platten. Jede Magnetplatte hat zwei Pole (+ und −). Zwei Hälften mit gleichen Polen dürfen nicht waagerecht oder senkrecht benachbart sein. Die Zahlen an den Rändern geben an, wie viele Plus- und Minuspole in der entsprechenden Zeile oder Spalte vorkommen.

★★★ Speichen

Verbinden Sie die Felder durch Speichen, die waagerecht, senkrecht oder diagonal eingezeichnet werden dürfen. Die Speichen dürfen sich aber nicht überschneiden. Die Zahlen in den Feldern geben an, wie viele Speichen von dem entsprechenden Feld ausgehen.

2	2	2	2
4	4	6	3
3	5	7	1
1	1	3	2

86 Bilderrätsel

⭐⭐⭐ Würfel ergänzen
Wie viele kleine Würfel passen insgesamt in den dargestellten Körper?

⭐⭐⭐ Faltproblem
Welcher der Würfel A bis D ist aus der Vorlage gefaltet worden?

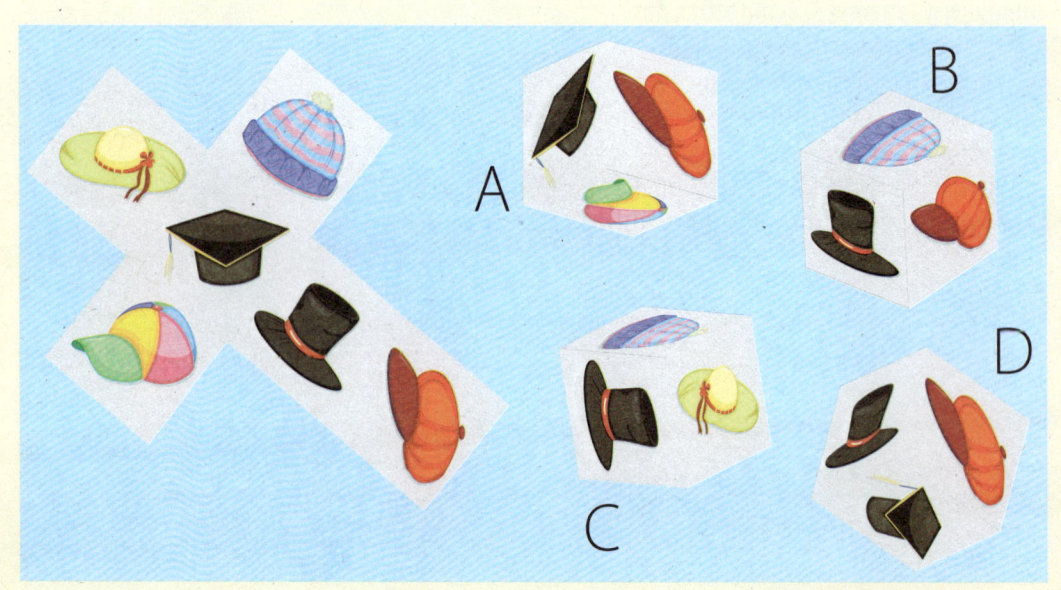

Bilderrätsel 87

⭐⭐⭐ Positiv gesehen

Welches der Negative 1–8 ist identisch mit dem Positiv links?

⭐⭐⭐ Richtiger Weg

Zeichnen Sie in das Rätsel einen Rundweg ein, der durch jedes Feld mit einem Kreis hindurchgeht und in den Feldern im 90°-Winkel abbiegen kann. In Feldern mit einem schwarzen Kreis muss er dabei im 90°-Winkel abbiegen und in beiden Richtungen im nächsten Feld geradeaus hindurchgehen. Durch Felder mit einem weißen Kreis muss er geradeaus hindurchgehen und in mindestens einem der beiden Nachbarfelder im 90°-Winkel abbiegen.

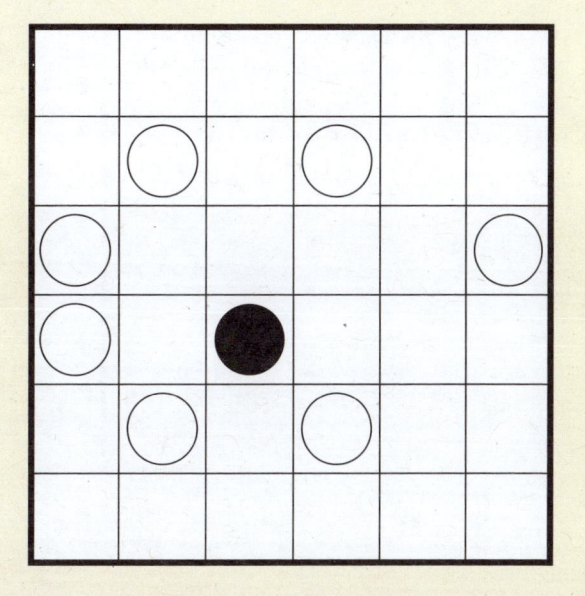

88 Logikrätsel

★★★ Fillomino

	7		1	2	4		2	7	5		
2	7		2	3		1		4		7	
	3		1		1	2			4	4	4	4
						5			1	3	1	
	2				1	5	2		2			
	1		1	3			5				2	3
2			6	1		1		2	1			4
1		1	2			4		3		4	2		1
	3		1	3				2		1		
3	1		5		5	1				4		3	1
	2			1		4		4	3		1		5

Schreiben Sie in jedes Feld des Diagramms eine Zahl. Felder mit gleichen Zahlen müssen horizontal und vertikal zusammenhängende Bereiche bilden, die aus genauso vielen Feldern bestehen, wie die Zahl angibt. Zwei verschiedene, horizontal oder vertikal zusammenstoßende Bereiche dürfen nicht die gleiche Größe haben und können flächenmäßig um die Ecke laufen. Einen Bereich haben wir als Starthilfe vorgegeben.

★★☆ Domino

Im nebenstehenden Rechteck sind 21 Dominosteine enthalten. Unten finden Sie die Steine, die verbaut wurden. Bestimmen Sie ihre Lage, indem Sie die jeweiligen Steine im Rechteck umrahmen!

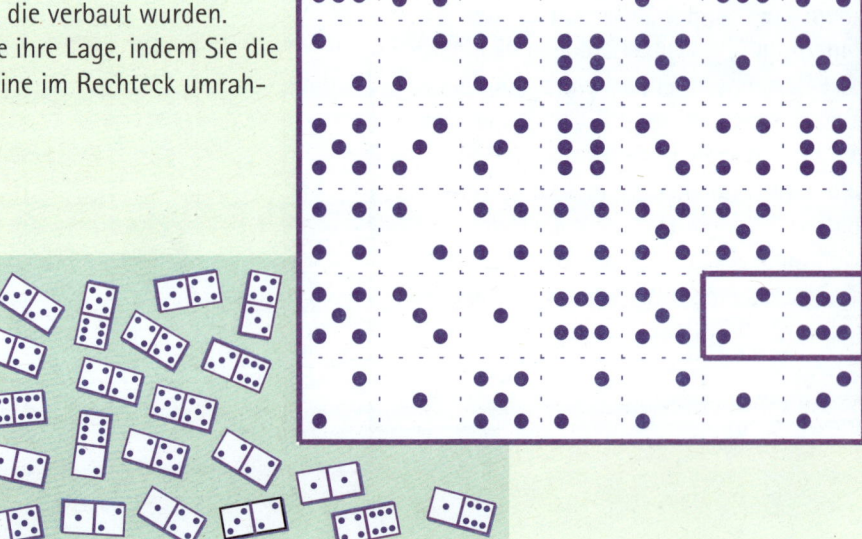

Logikrätsel

⭐⭐⭐ Inseln verbinden

Bei diesem Rätsel sollen alle Inseln durch Brücken verbunden werden, wobei jede Insel von jeder anderen aus erreichbar sein muss. Die Brücken dürfen dabei nur waagerecht oder senkrecht gebaut werden und nicht über andere Brücken oder Inseln hinweggehen. Zwischen zwei Inseln dürfen sich maximal zwei Brücken befinden.
Die Zahlen in den Inseln geben an, wie viele Brücken von dieser Insel aus wegführen.

⭐⭐⭐ Leuchtturm

Zeichnen Sie in einige der Felder jeweils ein Schiff so ein, dass kein Schiff ein anderes Schiff oder einen Leuchtturm berührt, auch nicht diagonal. Die Zahlen in den Leuchttürmen geben an, wie viele Schiffe von diesem aus in waagerechter oder senkrechter Richtung gesehen werden können. Dabei stört es nicht, wenn zwischen dem Schiff und dem Leuchtturm ein weiteres Schiff oder ein anderer Leuchtturm steht. Alle Schiffe werden von mindestens einem Leuchtturm gesehen.

Zahlen- und Rechenrätsel

★★★ Größer > Kleiner

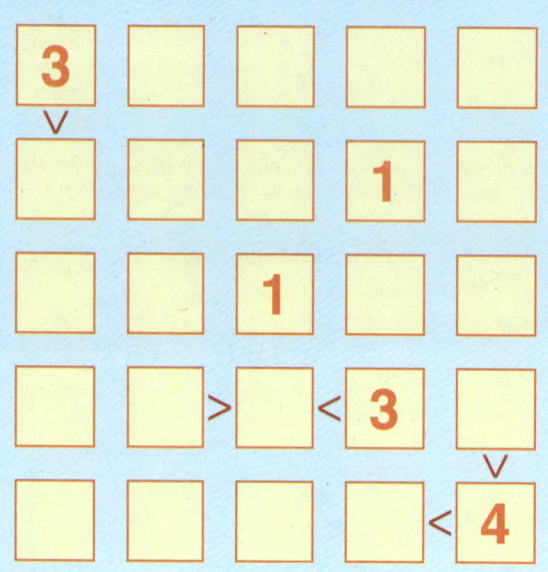

Tragen Sie die Ziffern von 1 bis 5 so in das Diagramm ein, dass in jeder Zeile und jeder Spalte jede der Ziffern von 1 bis 5 genau einmal vorkommt. Die Kleiner-Zeichen zwischen zwei Feldern geben an, in welchem der beiden Felder die kleinere Zahl steht.

★★★ Kakuro

In die leeren Felder sollen Sie die Zahlen von 1 bis 9 in beliebiger Reihenfolge eintragen. Dabei sollen sich waagerecht und senkrecht die vorgegebenen Summen in den hellrosa Kästchen ergeben. In keiner Summe darf sich eine Zahl wiederholen. Viel Spaß beim Knobeln!

Zahlen- und Rechenrätsel

★★★ Zahlen gesucht

Wir haben 21 Zahlenkombinationen in dem Setzkasten versteckt. Die Kombinationen können in jede Richtung laufen, auch diagonal, rückwärts oder von unten nach oben.

1284 – 1529 – 1835 – 283 – 2913 – 314 – 362 – 3776 – 5463 – 584 – 6312 – 67258 – 691 – 744 – 7536 – 8539 – 8899 – 924 – 943 – 9498 – 987

Die vier übrig bleibenden Zahlen im Setzkasten nennen das Jahr, in dem Bertha von Suttner den Friedensnobelpreis erhielt.

4	1	5	3	8	1	4	8	3	8	9	4	9	3	9	6	3	5	7	3
8	3	1	9	2	8	8	6	6	3	1	2	7	2	2	9	3	4	9	6
5	6	9	1	2	9	2	7	8	9	0	7	5	8	8	5	2	7	6	4
4	1	3	1	9	5	8	5	3	9	6	1	3	4	4	7	4	2	9	5

★★★ Gebiete

Tragen Sie Ziffern so in das Diagramm ein, dass in jeder Zeile und jeder Spalte jede der Ziffern von 1 bis 6 genau einmal vorkommt. Die kleinen Zahlen in den Gebieten geben die Summe der Ziffern in diesem Gebiet an. Beachten Sie, dass innerhalb eines Gebiets gleiche Ziffern sein können, sofern diese in unterschiedlichen Zeilen und Spalten stehen.

⭐⭐⭐ Pünktchen-Sudoku

Tragen Sie die Ziffern von 1 bis 6 so in das Diagramm ein, dass jede Ziffer in jeder Zeile und jeder Spalte genau einmal vorkommt. Befindet sich zwischen zwei Feldern ein schwarzer Kreis, so muss eine der beiden Ziffern in diesen beiden Feldern exakt das Doppelte der anderen sein. Ein weißer Kreis hingegen bedeutet, dass eine der beiden Ziffern um eins größer sein muss als die andere. Befindet sich kein Kreis zwischen zwei Ziffern, so darf auch keine der beiden Eigenschaften zutreffen.

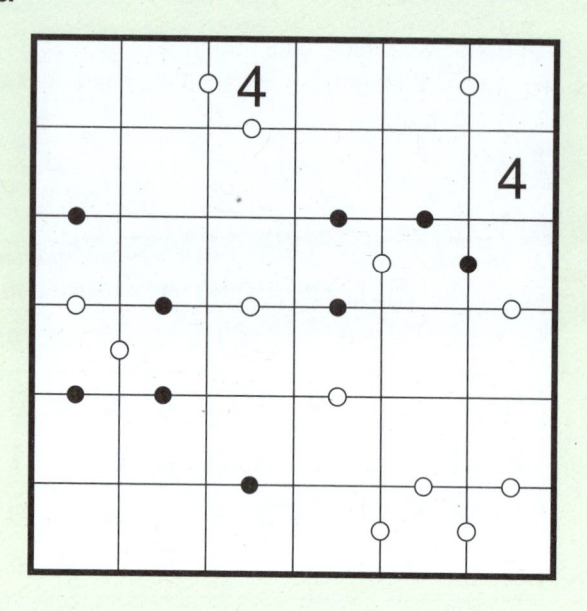

⭐⭐⭐ Verflixte Wabe

Tragen Sie in jedes weiße Feld eine der Zahlen von 1 bis 6 ein, sodass an jedem der schwarzen Felder jede der sechs Zahlen genau einmal steht. Beachten Sie dabei, dass in benachbarten Feldern keine zwei gleichen Zahlen stehen dürfen. So darf also zum Beispiel eine 1 nicht direkt neben einer weiteren 1 stehen.

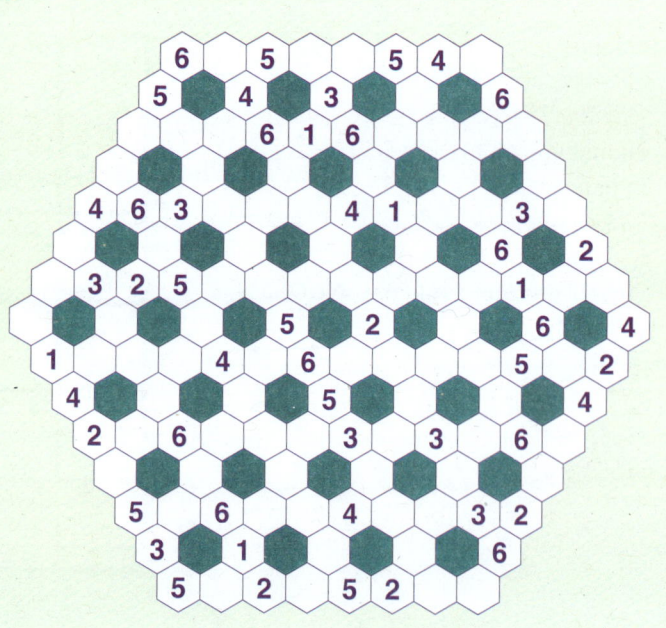

Logikrätsel 93

⭐⭐⭐ Hitori

3	9	2	1	5	14	1	4	3	12	11	10	7	6	6	6
9	6	12	7	2	6	5	13	10	3	13	5	1	14	8	11
11	7	9	14	14	13	3	5	3	10	8	1	13	12	4	9
7	2	8	7	11	4	12	14	8	13	4	9	3	2	1	5
13	11	3	4	5	1	4	9	13	2	6	6	10	12	7	7
9	13	5	11	1	2	8	■	14	10	1	4	11	7	12	3
5	10	13	1	4	12	10	11	4	8	3	6	3	9	2	13
9	4	14	4	8	2	2	12	11	6	10	3	9	2	5	10
4	12	10	6	3	1	14	7	12	5	9	2	12	8	4	1
10	14	1	13	8	5	9	8	12	9	4	2	4	11	3	6
8	11	4	5	14	3	4	10	7	9	11	14	6	13	3	7
1	1	12	3	6	4	3	2	5	2	14	7	8	1	11	9

Schwärzen Sie einige der Felder, sodass zwei geschwärzte Felder niemals waagerecht oder senkrecht benachbart sind und dass in jeder Zeile und jeder Spalte jede Ziffer nur maximal einmal ungeschwärzt übrig bleibt. Beachten Sie dabei, dass die weißen Felder alle zusammenhängen müssen, mit anderen Worten: Die geschwärzten Felder dürfen das Rätsel nicht in zwei oder mehr Stücke teilen. Ein geschwärztes Feld haben wir als Starthilfe vorgegeben.

⭐⭐⭐ Sudoku

Tragen Sie in jedes Feld eine der Ziffern von 1 bis 9 so ein, dass in jeder Zeile, jeder Spalte und jedem 3x3-Gebiet jede der Ziffern von 1 bis 9 genau einmal vorkommt.

	2	3				4		
6				7	4	9		
	1							7
	6		1		7			4
	2						9	
3			8		5		1	
2							7	
		5	7	3				6
	9				2	5		

Bilderrätsel

⭐⭐⭐ Crash

Bei der Spiegelung des Bildes sind unserem Zeichner 3 Fehler unterlaufen. Können Sie sie finden?

⭐⭐⭐ Fotoausschnitt

Einer der Ausschnitte aus dem Bild ist fehlerhaft. Welcher ist es?

Bilderrätsel 95

⭐⭐⭐ Fotopuzzle

Welche Zahlenreihe ergeben die Puzzleteile, wenn sie an der richtigen Position liegen (angefangen von links nach rechts, von oben nach unten)?

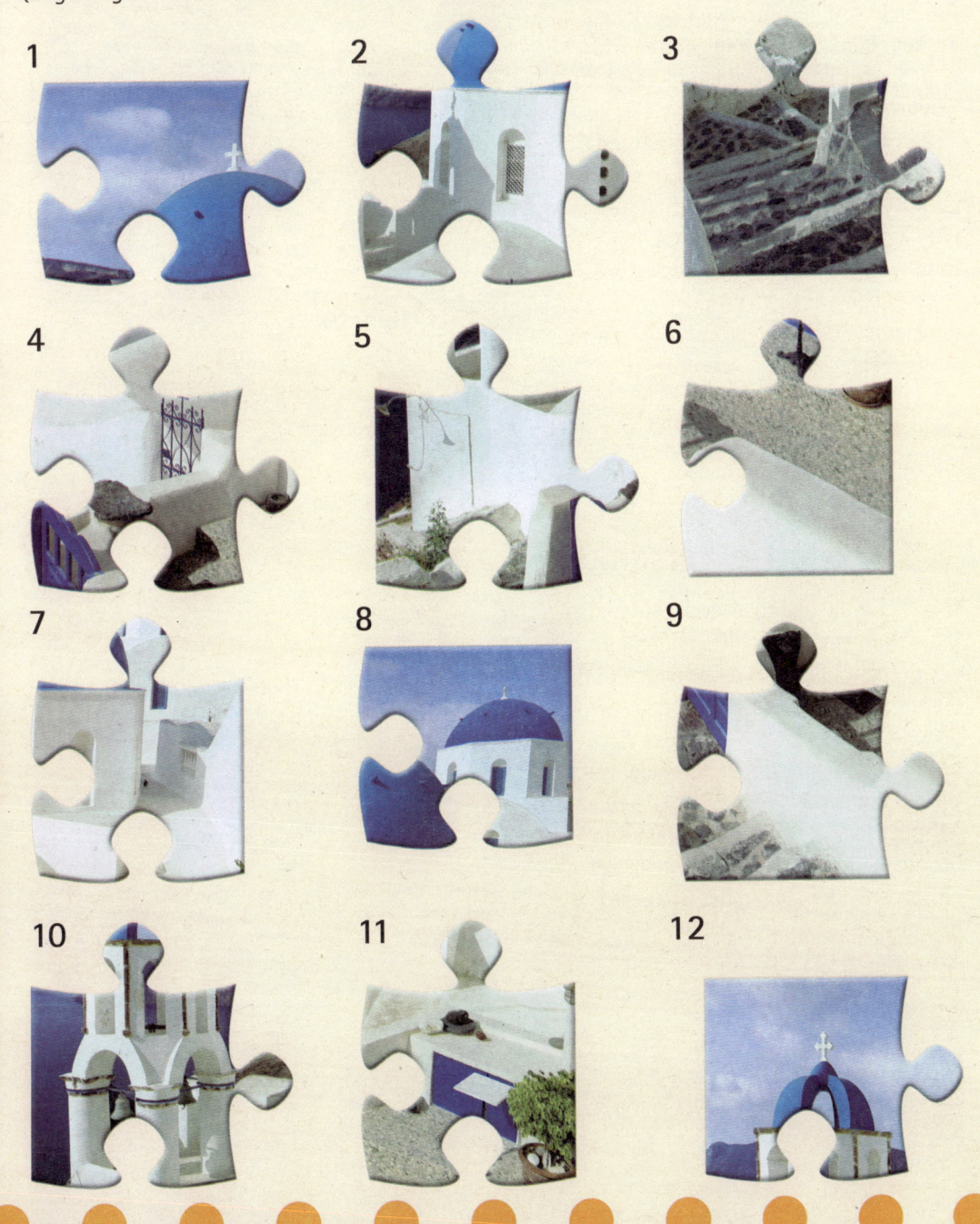

96 Logikrätsel

★★★ Rundweg

Zeichnen Sie einen Rundweg entlang der gestrichelten Linien ein. Am Ende soll der Rundweg wieder an dem Punkt ankommen, an dem er gestartet ist. Die Zahlen in den Feldern geben dabei an, wie viele Seiten dieses Feldes durch den Rundweg belegt sind. In den Feldern ohne Zahl ist ungewiss, wie viele Seiten (von keiner bis alle vier) durch den Rundweg genutzt werden. Als kleine Hilfe haben wir die „0" und ein kleines Stück Weg vorgegeben.

★★☆ Schiffe versenken

Tragen Sie die abgebildete Flotte in das Diagramm ein. Die Schiffe sollen nur waagerecht oder senkrecht liegen und dürfen sich nicht berühren, auch nicht diagonal. Die Schiffe dürfen dabei beliebig gedreht werden. In Felder mit Wellen können keine Schiffsteile eingetragen werden. Die Zahlen am Rand geben an, wie viele Schiffsteile in der entsprechenden Zeile oder Spalte zu finden sind.

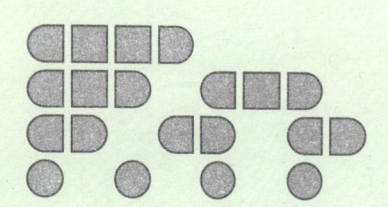

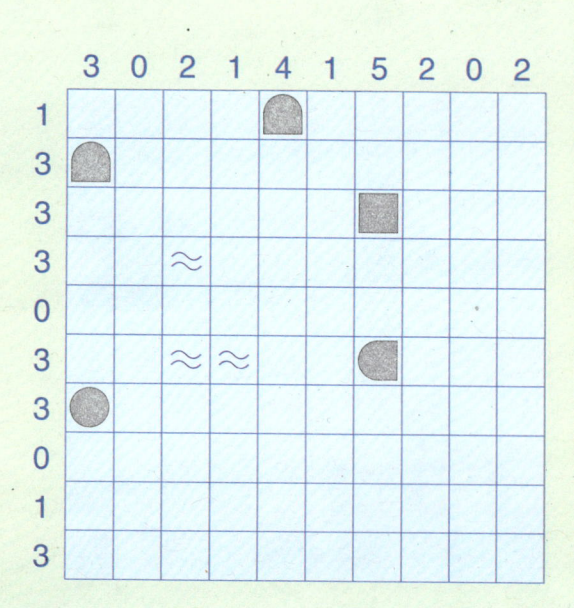

Logikrätsel 97

⭐⭐⭐ Zahlenlabyrinth

Finden Sie einen Weg durch das Labyrinth, der die Zahlen von 1 bis 15 in aufsteigender Reihenfolge jeweils genau einmal durchläuft. Der Weg darf sich an den Kreuzungen berühren oder auch kreuzen, jedoch darf kein Wegstück mehr als einmal durchlaufen werden.

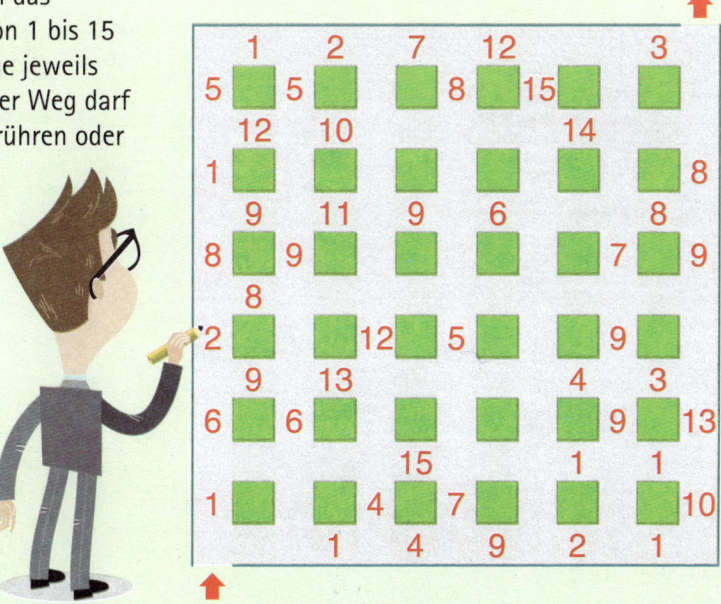

⭐⭐⭐ Camping

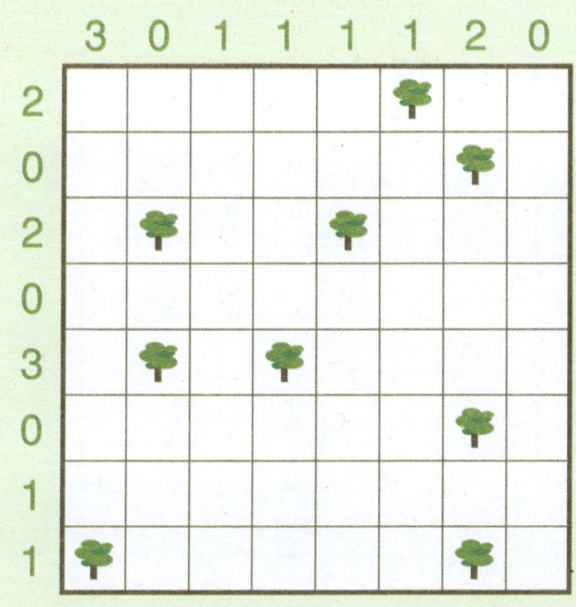

Tragen Sie waagerecht oder senkrecht neben jedem Baum ein Zelt ein, das zu diesem Baum gehört. Die Zelte dürfen sich dabei nicht berühren, auch nicht diagonal. Die Zahlen am Rand geben an, wie viele Zelte sich in der entsprechenden Zeile oder Spalte befinden.

Zahlen- und Rechenrätsel

★★★ Zahlenlogik

Welche Zahl müssen Sie für das Fragezeichen einsetzen, wenn die Logik aus der Kombination der linken vier Zahlen übernommen werden soll? Verwenden Sie mindestens zwei der vier Grundrechenarten, um auf das Ergebnis zu kommen.

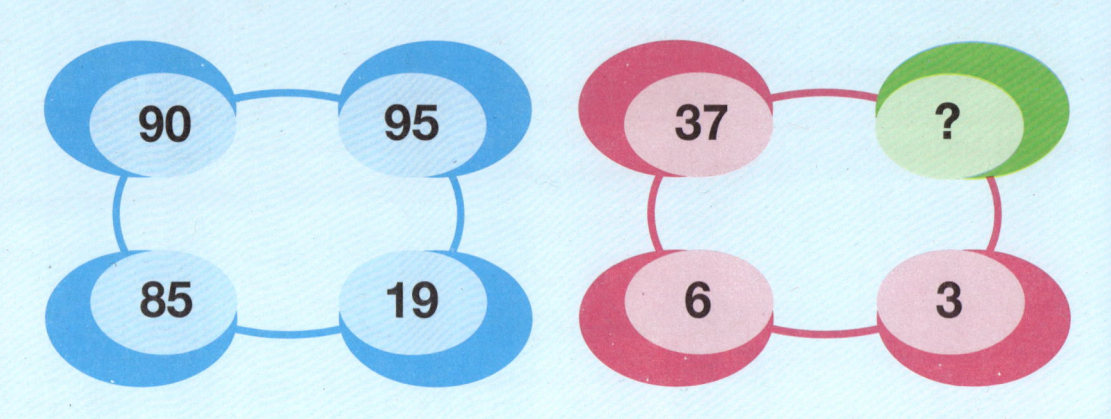

90	95
85	19

37	?
6	3

★★★ Magisches Quadrat

Die leeren Kästchen des Quadrates sind mit den fehlenden Zahlen von 1 bis 25 so zu füllen, dass sich in jeder Reihe, jeder Spalte und auch jeder Diagonalen die Summe 65 ergibt.

	23	2	1		= 65
20		24	10	7	= 65
				12	= 65
8		5		21	= 65
11		18	14	3	= 65
= 65	= 65	= 65	= 65	= 65	= 65

Zahlen- und Rechenrätsel 99

★★★ Römisches Rätsel

Tragen Sie in jedes Feld eine der römischen Ziffern von I bis IV ein. Die Zahlen am Rand geben dabei an, wie oft jede der Ziffern in der entsprechenden Zeile oder Spalte vorkommt. Zudem dürfen in waagerecht oder senkrecht benachbarten Feldern keine gleichen Ziffern stehen.

				I	2	2	0	1	1
				II	0	2	1	3	0
				III	2	0	2	1	2
I	II	III	IV		1	1	2	0	2
1	2	1	1						
2	0	1	2						
0	2	3	0		III		III		III
2	1	0	2						
1	1	2	1						

★★★ Weintraube

Füllen Sie die leeren Felder der Traube so auf, dass in jedem Feld die Summe der Zahlen in den beiden darüberliegenden Feldern steht und in den Feldern der obersten Reihe nur einstellige Zahlen stehen. In den beiden Feldern am linken und rechten Rand steht dabei der gleiche Wert wie im Feld schräg oberhalb.

4

14

Logikrätsel

★★★ Hanjie

Die Zahlen vor den Zeilen und Spalten geben an, wie viele aufeinanderfolgende Kästchen ausgemalt werden müssen. Zwischen diesen zusammenhängenden Kästchen bleibt mindestens eines frei.

Wenn alles richtig ausgemalt wurde, ergibt sich ein Bild.

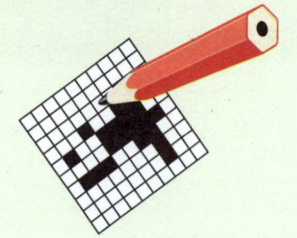

				1	5	8	11	5	2 2 2	2 1	2 2	2 2	3 2	4 3	3 3	4 6	3 5	2	1
			6	9	5	3	4	6	3	3	6	3	2	5	2	2	2	2	1	3
		1	11
		4	6
		4	6
		6	5
	5	4	3
4	1	3	3
		4	2	5
1	2	2	3
1	2	1	3
1	1	2	2
	2	2	4
	2	1	5
	2	4	2
	6	2	1
	5	2	2
	3	3	1
		1	4

★★★ Sikaku

Ziel ist, das Rätselfeld vollständig in Rechtecke und Quadrate zu zerlegen, die sich nicht überschneiden dürfen. In jedem dieser Rechtecke und Quadrate darf nur eine der vorgegebenen Zahlen stehen. Diese Zahl gibt an, wie viele Kästchen das Rechteck oder Quadrat umfasst. Ein Rechteck haben wir als Starthilfe vorgegeben.

Logikrätsel 101

✶✶✶ Doppel-Sudoku

Die Doppelpackung in Sachen Sudoku basiert auf den gleichen Regeln wie das klassische Sudoku. Der Unterschied besteht darin, dass hier zwei Diagramme zu einem verschmelzen. Dabei haben die beiden Teile je zwei 3x3-Quadrate mit dem Schlüsselelement gemeinsam. Dies erscheint zunächst schwieriger, ist aber zugleich eine versteckte Hilfe, da sich mit einem gewissen Überblick über beide Rätselteile zusätzliche Zahlen ausschließen, welche im „Nachbardiagramm" schon vorhanden sind. Stellen Sie sich diesem japanischen Zahlenwerk!

102 Bilderrätsel

⭐⭐⭐ Labyrinth

Finden Sie den Weg durch dieses Labyrinth?

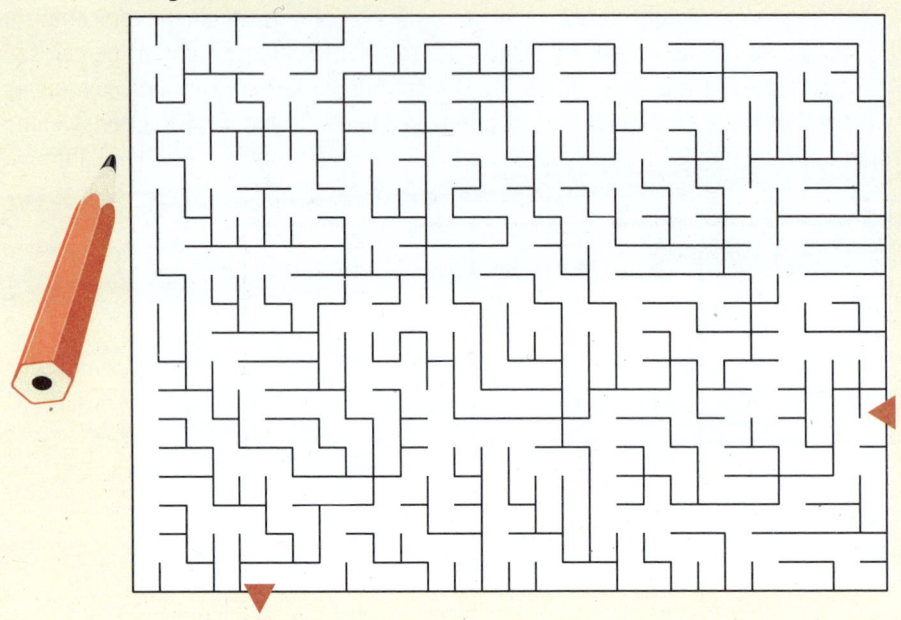

⭐⭐⭐ Fehlersuche

Welche zwei Bilder sind identisch?

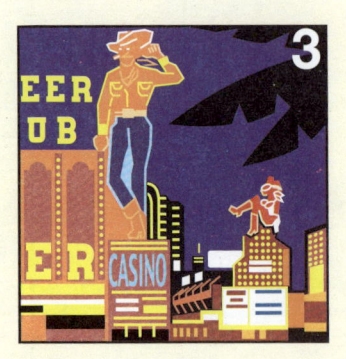

⭐⭐⭐ Froschkönig?

Wie viele gleiche Schatten sind auf dem Bild zu sehen?

Logikrätsel

⭐⭐⭐ Zahnräder

Wird der Mechanismus sich drehen oder blockieren, wenn die Räder außen gedreht werden?

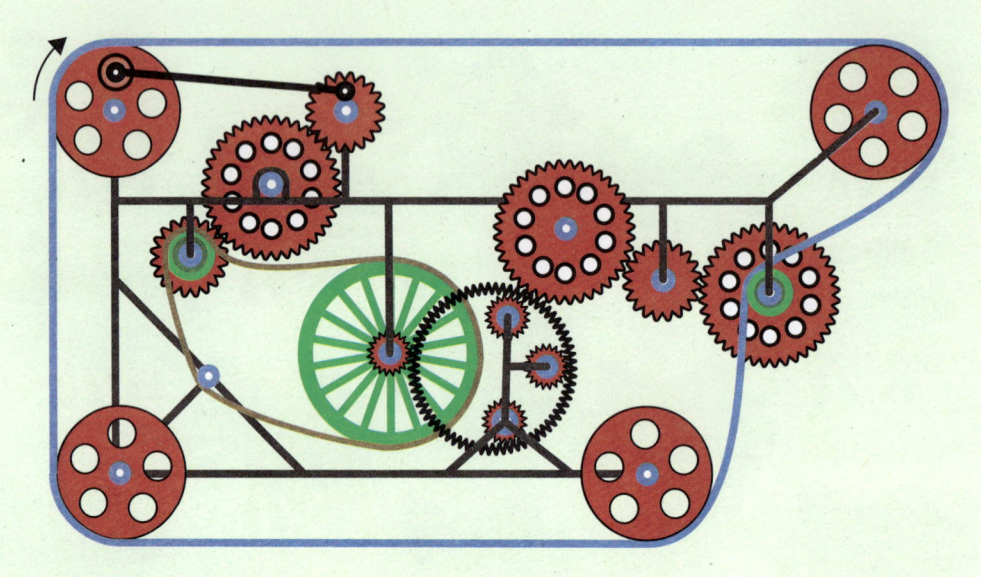

⭐⭐⭐ Pfeilschnell

Zeichnen Sie in jedes Feld am Rand einen Pfeil so ein, dass die mit Streichhölzern gelegten Zahlen in den Feldern genau die Anzahl der Pfeile angibt, die auf diese Zahl zeigt. Beachten Sie dabei auch die Pfeile, die von der anderen Seite (vom anderen „Ufer") des Diagramms auf die Zahl zeigen können. Die Pfeile müssen immer auf mindestens eine Zahl zeigen und dürfen waagerecht, senkrecht oder im 45°-Winkel eingezeichnet werden. Einen Pfeil haben wir als Starthilfe eingezeichnet.

Logikrätsel

✦✦✦ Magnetisch

	+		3	4	2	3	2	2	3	3
		–	4	3	2	2	3	2	4	2
2	4									
4	1									
2	4				–					
3	2				+					
2	3					–	+			
4	2									
2	4									
3	2									

Füllen Sie das Diagramm mit neutralen (schwarzen) und magnetischen Platten. Jede Magnetplatte hat zwei Pole (+ und –). Zwei Hälften mit gleichen Polen dürfen nicht waagerecht oder senkrecht benachbart sein. Die Zahlen an den Rändern geben an, wie viele Plus- und Minuspole in der entsprechenden Zeile oder Spalte vorkommen.

✦✦✦ Speichen

Verbinden Sie die Felder durch Speichen, die waagerecht, senkrecht oder diagonal eingezeichnet werden dürfen. Die Speichen dürfen sich aber nicht überschneiden. Die Zahlen in den Feldern geben an, wie viele Speichen von dem entsprechenden Feld ausgehen.

1	3	1	2
1	4	6	4
3	5	7	1
1	3	1	1

106 Bilderrätsel

⭐⭐⭐ Bausatz

Wie viele komplette Wecker (wie im Muster oben links) lassen sich aus den einzelnen Bauteilen zusammensetzen?

⭐⭐⭐ Faltproblem

Welcher der Würfel A bis D ist aus der Vorlage gefaltet worden?

Bilderrätsel 107

⭐⭐⭐ Scherbenrätsel

Welche der Scherben A bis F passt nicht in die Glasscheibe?

⭐⭐⭐ Richtiger Weg

Zeichnen Sie in das Rätsel einen Rundweg ein, der durch jedes Feld mit einem Kreis hindurchgeht und in den Feldern im 90°-Winkel abbiegen kann. In Feldern mit einem schwarzen Kreis muss er dabei im 90°-Winkel abbiegen und in beiden Richtungen im nächsten Feld geradeaus hindurchgehen. Durch Felder mit einem weißen Kreis muss er geradeaus hindurchgehen und in mindestens einem der beiden Nachbarfelder im 90°-Winkel abbiegen.

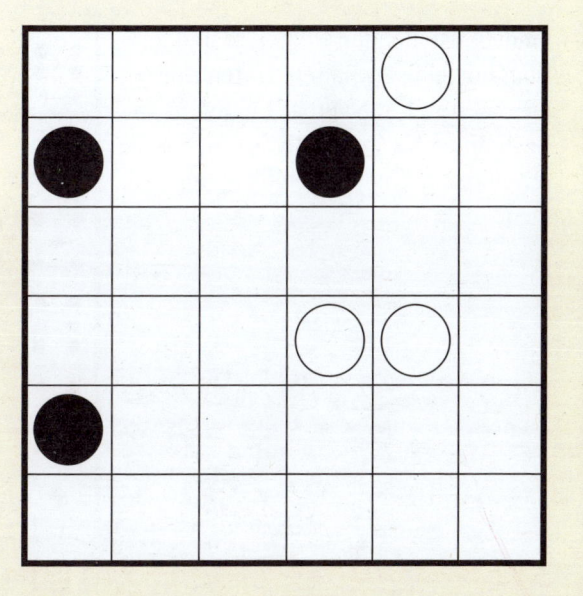

Logikrätsel

★★★ Fillomino

	5			3		1		1
5		1	5	2	2		1	3
2				5	1		1	4
1	3	3	5	2	1		4		2
	1	2	1		2	4	4	
4	1	3	1	5	2		2		7
			2		6			7	1
	1		6	1		2	1	3	
3	3		2		2	1		2	
	6	2	2	3	4	1	3	3	3	2
	1		2		2			2	1

Schreiben Sie in jedes Feld des Diagramms eine Zahl. Felder mit gleichen Zahlen müssen horizontal und vertikal zusammenhängende Bereiche bilden, die aus genauso vielen Feldern bestehen, wie die Zahl angibt. Zwei verschiedene, horizontal oder vertikal zusammenstoßende Bereiche dürfen nicht die gleiche Größe haben und können flächenmäßig um die Ecke laufen. Einen Bereich haben wir als Starthilfe vorgegeben.

★★★ Domino

Im nebenstehenden Rechteck sind 21 Dominosteine enthalten. Unten finden Sie die Steine, die verbaut wurden. Bestimmen Sie ihre Lage, indem Sie die jeweiligen Steine im Rechteck umrahmen!

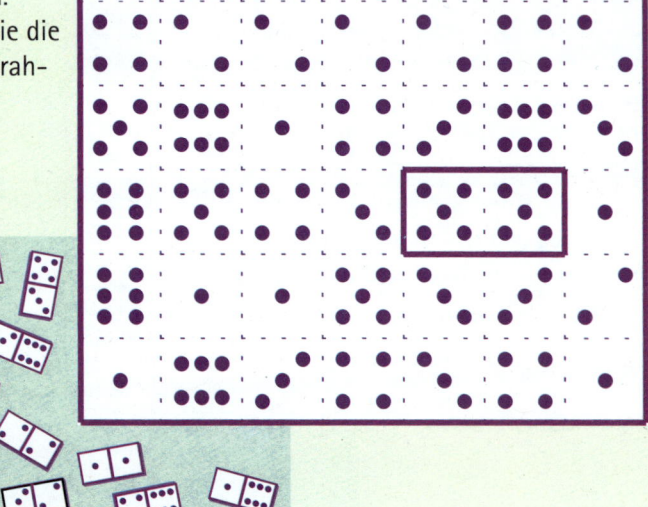

Logikrätsel

⭐⭐ Inseln verbinden

Bei diesem Rätsel sollen alle Inseln durch Brücken verbunden werden, wobei jede Insel von jeder anderen aus erreichbar sein muss. Die Brücken dürfen dabei nur waagerecht oder senkrecht gebaut werden und nicht über andere Brücken oder Inseln hinweggehen. Zwischen zwei Inseln dürfen sich maximal zwei Brücken befinden.
Die Zahlen in den Inseln geben an, wie viele Brücken von dieser Insel aus wegführen.

⭐⭐ Leuchtturm

Zeichnen Sie in einige der Felder jeweils ein Schiff so ein, dass kein Schiff ein anderes Schiff oder einen Leuchtturm berührt, auch nicht diagonal. Die Zahlen in den Leuchttürmen geben an, wie viele Schiffe von diesem aus in waagerechter oder senkrechter Richtung gesehen werden können. Dabei stört es nicht, wenn zwischen dem Schiff und dem Leuchtturm ein weiteres Schiff oder ein anderer Leuchtturm steht. Alle Schiffe werden von mindestens einem Leuchtturm gesehen.

Zahlen- und Rechenrätsel

★★★ Größer > Kleiner

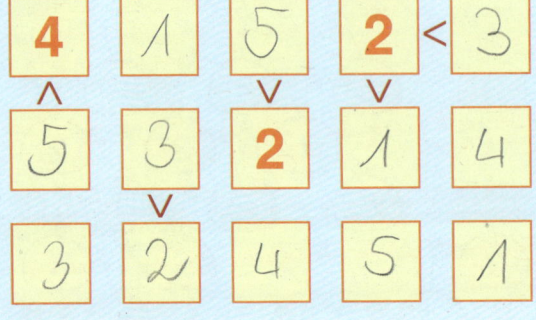

4	1	5	2 < 3
5	3	2	1	4
3	2	4	5	1
2	4	1	3	5
1	5	3	4	2

Tragen Sie die Ziffern von 1 bis 5 so in das Diagramm ein, dass in jeder Zeile und jeder Spalte jede der Ziffern von 1 bis 5 genau einmal vorkommt. Die Kleiner-Zeichen zwischen zwei Feldern geben an, in welchem der beiden Felder die kleinere Zahl steht.

★★★ Kakuro

In die leeren Felder sollen Sie die Zahlen von 1 bis 9 in beliebiger Reihenfolge eintragen. Dabei sollen sich waagerecht und senkrecht die vorgegebenen Summen in den hellrosa Kästchen ergeben. In keiner Summe darf sich eine Zahl wiederholen. Viel Spaß beim Knobeln!

Zahlen- und Rechenrätsel

✶✶✶ Zahlen gesucht

Wir haben 21 Zahlenkombinationen in dem Setzkasten versteckt. Die Kombinationen können in jede Richtung laufen, auch diagonal, rückwärts oder von unten nach oben.

1141 – 1393 – 2223 – 265 – 2923 – 354 – 374 – 382 – 468 – 4879 – 5226 – 5721 – 583 – 5874 – 6882 – 698 – 751 – 7679 – 8466 – 8718 – 9966

Die vier übrig bleibenden Zahlen im Setzkasten nennen das Jahr, in dem Elvis Presley geboren wurde.

2	8	3	1	7	5	2	2	6	4	6	1	2	2	2	3	3	9	3	1
3	1	5	7	4	6	9	5	6	2	7	8	4	8	3	7	4	8	6	4
8	2	9	2	3	5	7	6	6	9	9	8	8	1	9	6	6	4	8	3
5	5	9	7	8	4	3	9	8	1	7	8	5	2	1	6	1	2	7	5

✶✶✶ Gebiete

Tragen Sie Ziffern so in das Diagramm ein, dass in jeder Zeile und jeder Spalte jede der Ziffern von 1 bis 6 genau einmal vorkommt. Die kleinen Zahlen in den Gebieten geben die Summe der Ziffern in diesem Gebiet an. Beachten Sie, dass innerhalb eines Gebiets gleiche Ziffern sein können, sofern diese in unterschiedlichen Zeilen und Spalten stehen.

Logikrätsel

★★★ Pünktchen-Sudoku

Tragen Sie die Ziffern von 1 bis 6 so in das Diagramm ein, dass jede Ziffer in jeder Zeile und jeder Spalte genau einmal vorkommt. Befindet sich zwischen zwei Feldern ein schwarzer Kreis, so muss eine der beiden Ziffern in diesen beiden Feldern exakt das Doppelte der anderen sein. Ein weißer Kreis hingegen bedeutet, dass eine der beiden Ziffern um eins größer sein muss als die andere. Befindet sich kein Kreis zwischen zwei Ziffern, so darf auch keine der beiden Eigenschaften zutreffen.

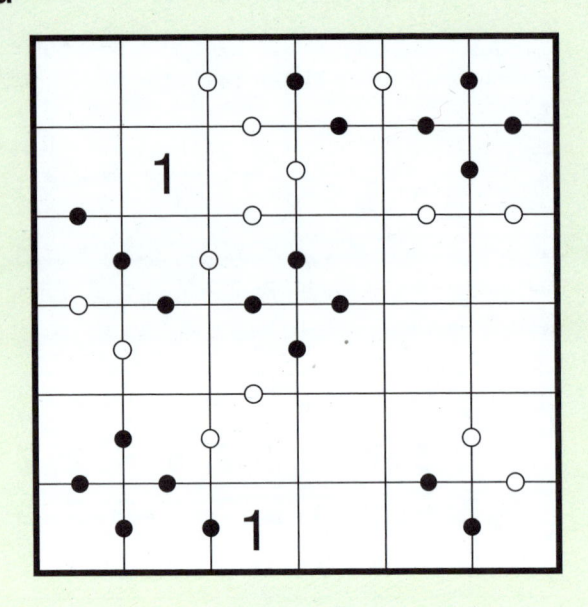

★★★ Verflixte Wabe

Tragen Sie in jedes weiße Feld eine der Zahlen von 1 bis 6 ein, sodass an jedem der schwarzen Felder jede der sechs Zahlen genau einmal steht. Beachten Sie dabei, dass in benachbarten Feldern keine zwei gleichen Zahlen stehen dürfen. So darf also zum Beispiel eine 1 nicht direkt neben einer weiteren 1 stehen.

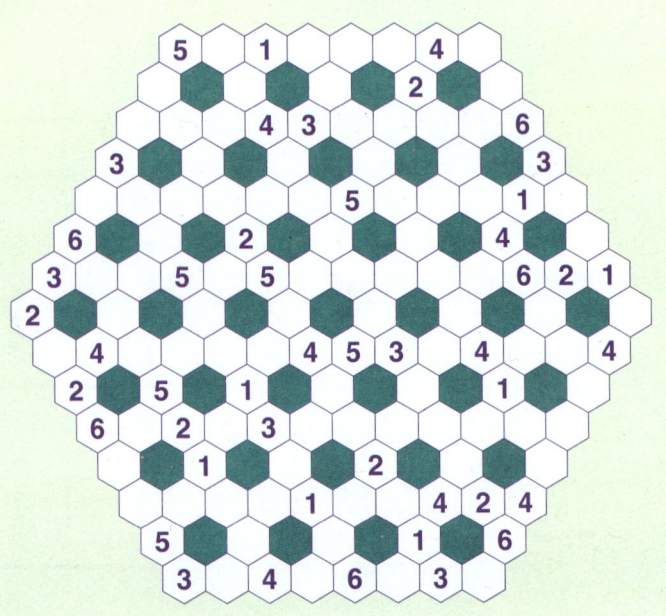

Logikrätsel 113

⭐⭐⭐ Hitori

7	3	2	13	11	14	10	11	7	9	9	6	2	4	12	1
13	9	5	10	1	14	8	12	2	7	6	12	4	3	14	14
3	7	6	14	4	6	11	3	7	5	13	4	11	5	1	10
10	3	9	5	3	2	12	4	14	4	11	7	4	1	6	7
12	6	11	5	9	13	7	2	4	9	1	14	14	3	8	13
1	11	11	10	4	5	1	1	8	6	2	14	3	2	13	5
3	12	10	5	13	4	10	6	5	■	8	11	1	1	7	9
12	8	6	11	2	1	5	1	12	3	13	10	9	7	10	14
4	10	2	8	10	7	9	11	1	4	14	12	1	9	13	6
2	1	8	7	12	13	3	2	6	10	7	12	13	14	11	7
4	13	8	6	7	12	11	14	5	8	5	1	3	10	4	3
7	14	4	12	2	11	13	8	13	9	13	3	10	13	5	6

Schwärzen Sie einige der Felder, sodass zwei geschwärzte Felder niemals waagerecht oder senkrecht benachbart sind und dass in jeder Zeile und jeder Spalte jede Ziffer nur maximal einmal ungeschwärzt übrig bleibt. Beachten Sie dabei, dass die weißen Felder alle zusammenhängen müssen, mit anderen Worten: Die geschwärzten Felder dürfen das Rätsel nicht in zwei oder mehr Stücke teilen. Ein geschwärztes Feld haben wir als Starthilfe vorgegeben.

⭐⭐⭐ Sudoku

Tragen Sie in jedes Feld eine der Ziffern von 1 bis 9 so ein, dass in jeder Zeile, jeder Spalte und jedem 3x3-Gebiet jede der Ziffern von 1 bis 9 genau einmal vorkommt.

9	8						5	
4				6		8		
					5	9		
8	3							4
	9			6			2	
6							1	7
			3	7				
		2		4				9
	7						6	3

Bilderrätsel

⭐⭐⭐ Spiegelung

Bei der Spiegelung des oberen Bildes sind unserem Zeichner 3 Fehler unterlaufen. Können Sie sie finden?

⭐⭐⭐ Fotoausschnitt

Einer der Ausschnitte aus dem Bild ist fehlerhaft. Welcher ist es?

Bilderrätsel 115

⭐⭐⭐ Fotopuzzle

Welche Zahlenreihe ergeben die Puzzleteile, wenn sie an der richtigen Position liegen (angefangen von links nach rechts, von oben nach unten)?

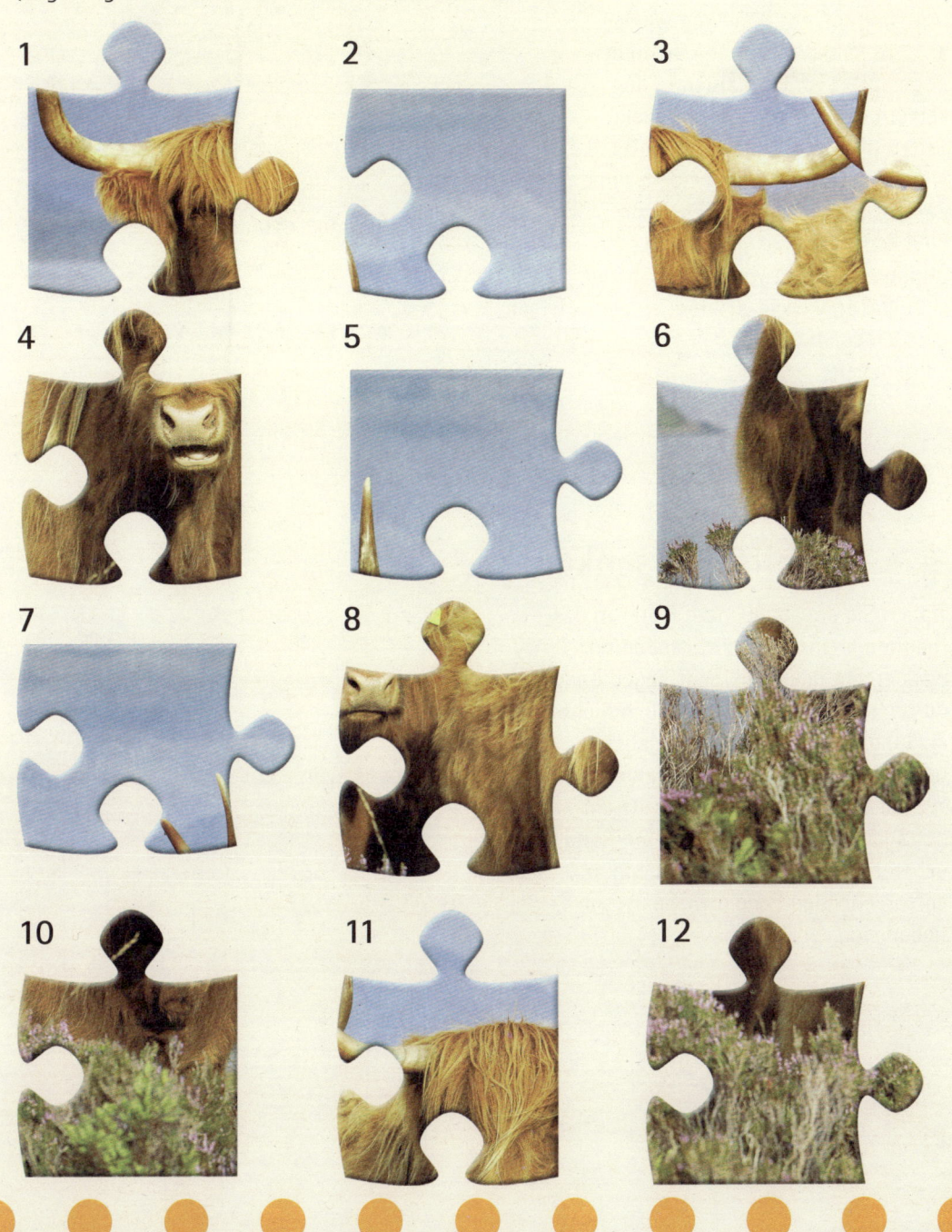

Logikrätsel

★★★ Rundweg

Zeichnen Sie einen Rundweg entlang der gestrichelten Linien ein. Am Ende soll der Rundweg wieder an dem Punkt ankommen, an dem er gestartet ist. Die Zahlen in den Feldern geben dabei an, wie viele Seiten dieses Feldes durch den Rundweg belegt sind. In den Feldern ohne Zahl ist ungewiss, wie viele Seiten (von keiner bis alle vier) durch den Rundweg genutzt werden. Als kleine Hilfe haben wir die „0" und ein kleines Stück Weg vorgegeben.

★★☆ Schiffe versenken

Tragen Sie die abgebildete Flotte in das Diagramm ein. Die Schiffe sollen nur waagerecht oder senkrecht liegen und dürfen sich nicht berühren, auch nicht diagonal. Die Schiffe dürfen dabei beliebig gedreht werden. In Felder mit Wellen können keine Schiffsteile eingetragen werden. Die Zahlen am Rand geben an, wie viele Schiffsteile in der entsprechenden Zeile oder Spalte zu finden sind.

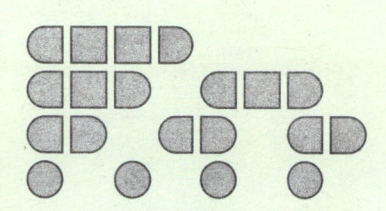

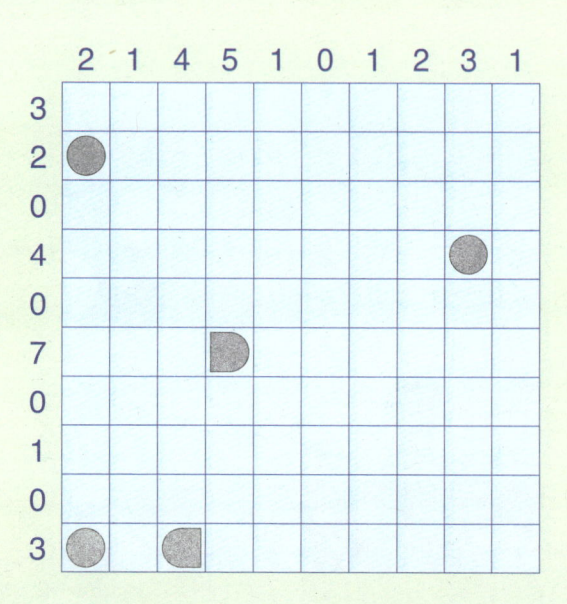

Logikrätsel 117

⭐⭐⭐ Zahlenlabyrinth

Finden Sie einen Weg durch das Labyrinth, der die Zahlen von 1 bis 15 in aufsteigender Reihenfolge jeweils genau einmal durchläuft. Der Weg darf sich an den Kreuzungen berühren oder auch kreuzen, jedoch darf kein Wegstück mehr als einmal durchlaufen werden.

⭐⭐⭐ Camping

Tragen Sie waagerecht oder senkrecht neben jedem Baum ein Zelt ein, das zu diesem Baum gehört. Die Zelte dürfen sich dabei nicht berühren, auch nicht diagonal. Die Zahlen am Rand geben an, wie viele Zelte sich in der entsprechenden Zeile oder Spalte befinden.

118 Zahlen- und Rechenrätsel

⭐⭐⭐ Rechenproblem

Welche Zahl gehört an die Stelle des Fragezeichens?

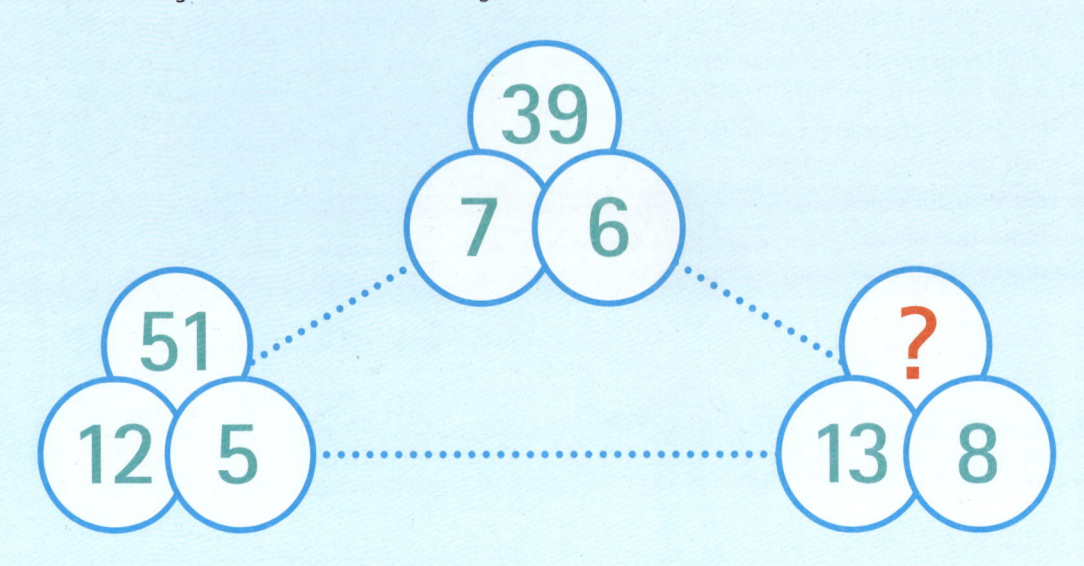

39
7 6
51
12 5
?
13 8

⭐⭐⭐ Magisches Quadrat

Die leeren Kästchen des Quadrates sind mit den fehlenden Zahlen von 1 bis 25 so zu füllen, dass sich in jeder Reihe, jeder Spalte und auch jeder Diagonalen die Summe 65 ergibt.

1	23	22	2	
	8		16	15
	25	13	4	
7				
24	21		5	9

= 65 (alle Reihen, Spalten und Diagonalen)

Zahlen- und Rechenrätsel

★★★ Römisches Rätsel

Tragen Sie in jedes Feld eine der römischen Ziffern von I bis IV ein. Die Zahlen am Rand geben dabei an, wie oft jede der Ziffern in der entsprechenden Zeile oder Spalte vorkommt. Zudem dürfen in waagerecht oder senkrecht benachbarten Feldern keine gleichen Ziffern stehen.

				I	1	1	3	1	1
				II	1	3	1	0	1
				III	2	0	1	2	1
I	II	III	IV		1	1	0	2	2
1	1	1	2	II					
1	0	2	2						
3	1	1	0	II					
1	3	0	1						
1	1	2	1	II					

★★★ Weintraube

Füllen Sie die leeren Felder der Traube so auf, dass in jedem Feld die Summe der Zahlen in den beiden darüberliegenden Feldern steht und in den Feldern der obersten Reihe nur einstellige Zahlen stehen. In den beiden Feldern am linken und rechten Rand steht dabei der gleiche Wert wie im Feld schräg oberhalb.

16
34

120 Logikrätsel

⭐⭐⭐ Hanjie

Die Zahlen vor den Zeilen und Spalten geben an, wie viele aufeinanderfolgende Kästchen ausgemalt werden müssen. Zwischen diesen zusammenhängenden Kästchen bleibt mindestens eines frei.

Wenn alles richtig ausgemalt wurde, ergibt sich ein Bild.

							2	3	2	3	2		3	2	2	
						2	2	1	2	2	3	4	4	2	2	1	2
			1	2	5	3	3	4	3	1	2	3	1	3	1	2	2	7	6
			4	4	4	3	4	3	3	3	4	3	4	7	3	3	2	2	1	1

Row clues:
- 4
- 6
- 2 3 1
- 1 1 4 2
- 2 9
- 4 6
- 4 4 2
- 3 8 2
- 3 6 1
- 2 3 2
- 3 3
- 7
- 2 1 1
- 3 1 1
- 5 1 2
- 14
- 14
- 14

⭐⭐⭐ Sikaku

Ziel ist, das Rätselfeld vollständig in Rechtecke und Quadrate zu zerlegen, die sich nicht überschneiden dürfen. In jedem dieser Rechtecke und Quadrate darf nur eine der vorgegebenen Zahlen stehen. Diese Zahl gibt an, wie viele Kästchen das Rechteck oder Quadrat umfasst. Ein Rechteck haben wir als Starthilfe vorgegeben.

4					4		2				
		18									
										14	
	12										
			8				16				
	12		8							14	
2		6									4
				4							3
	6	12				14		9			
		3		5				8		4	

Logikrätsel 121

★★★ Doppel-Sudoku

Die Doppelpackung in Sachen Sudoku basiert auf den gleichen Regeln wie das klassische Sudoku. Der Unterschied besteht darin, dass hier zwei Diagramme zu einem verschmelzen. Dabei haben die beiden Teile je zwei 3x3-Quadrate mit dem Schlüsselelement gemeinsam. Dies erscheint zunächst schwieriger, ist aber zugleich eine versteckte Hilfe, da sich mit einem gewissen Überblick über beide Rätselteile zusätzliche Zahlen ausschließen, welche im „Nachbardiagramm" schon vorhanden sind. Stellen Sie sich diesem japanischen Zahlenwerk!

	2	1				6	8	
		7			9			
5				4				
		6	1			3		
			2		9		4	
9			3	7	2		1	
4							8	
	7	9					9	7
6	5	2					6	5
			3	5		4	7	8
				9		2		
				7	5	3		1
			8	3			1	
				5		9	7	
				9	4	6		5	1

Bilderrätsel

⭐⭐⭐ Labyrinth

Finden Sie den Weg durch dieses Labyrinth?

⭐⭐⭐ Fehlersuche

Welche zwei Bilder sind identisch?

Bilderrätsel 123

★★★ Kleiner Imbiss

Wie viele Pommestüten können hier gefüllt werden?

Logikrätsel

★★★ Fahrradkette

Bei einer Umdrehung des großen Zahnrads (Kettenblatt) mit 48 Zähnen legt das Fahrrad 5,34 Meter zurück, wenn das kleine Zahnrad (Ritzel) 20 Zähne hat. Welche Strecke legt es (mit einer Umdrehung des großen Zahnrads) zurück, wenn statt dem kleinen Zahnrad mit 20 Zähnen eines mit 22 Zähnen montiert wird?

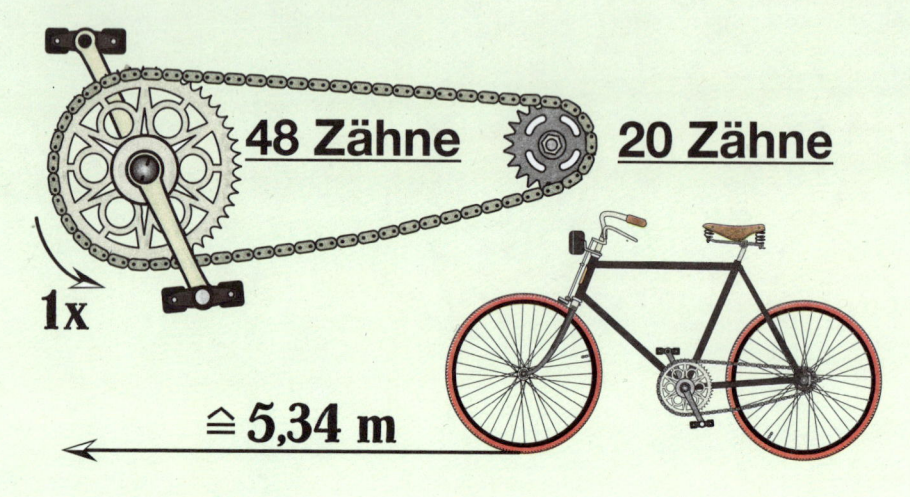

48 Zähne **20 Zähne**

1x ≙ 5,34 m

★★★ Pfeilschnell

Zeichnen Sie in jedes Feld am Rand einen Pfeil so ein, dass die mit Streichhölzern gelegten Zahlen in den Feldern genau die Anzahl der Pfeile angibt, die auf diese Zahl zeigt. Beachten Sie dabei auch die Pfeile, die von der anderen Seite (vom anderen „Ufer") des Diagramms auf die Zahl zeigen können. Die Pfeile müssen immer auf mindestens eine Zahl zeigen und dürfen waagerecht, senkrecht oder im 45°-Winkel eingezeichnet werden. Einen Pfeil haben wir als Starthilfe eingezeichnet.

Logikrätsel 125

⭐⭐⭐ Magnetisch

		3	4	3	2	3	3	1	3
	−	4	3	3	4	2	2	0	4
3	3								
4	3								
2	3								
4	3								
3	3								
1	2								
2	2								
3	3				−	+			

Füllen Sie das Diagramm mit neutralen (schwarzen) und magnetischen Platten. Jede Magnetplatte hat zwei Pole (+ und −). Zwei Hälften mit gleichen Polen dürfen nicht waagerecht oder senkrecht benachbart sein. Die Zahlen an den Rändern geben an, wie viele Plus- und Minuspole in der entsprechenden Zeile oder Spalte vorkommen.

⭐⭐⭐ Speichen

Verbinden Sie die Felder durch Speichen, die waagerecht, senkrecht oder diagonal eingezeichnet werden dürfen. Die Speichen dürfen sich aber nicht überschneiden. Die Zahlen in den Feldern geben an, wie viele Speichen von dem entsprechenden Feld ausgehen.

2	4	4	1
4	5	6	2
3	5	6	4
2	2	2	2

126 Bilderrätsel

⭐⭐⭐ Würfel ergänzen

Wie viele kleine Würfel müssen ergänzt werden, um den großen Würfel zu vervollständigen?

⭐⭐⭐ Faltproblem

Welcher der Würfel A bis D ist aus der Vorlage gefaltet worden?

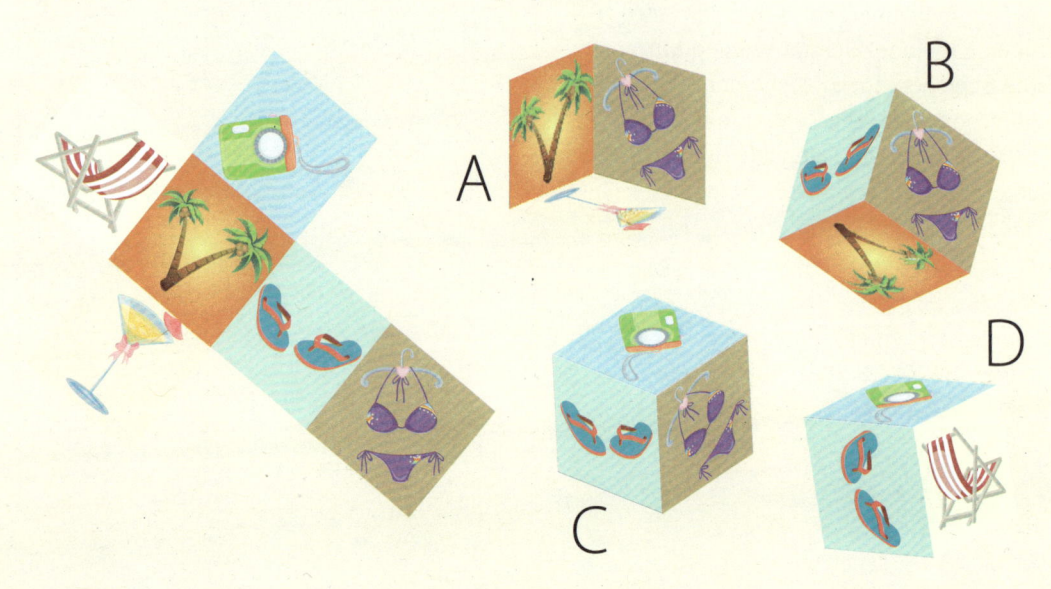

Bilderrätsel

⭐⭐⭐ Prisma

Aus welcher der Vorlagen A bis E kann kein Prisma wie im Kreis gefaltet werden?

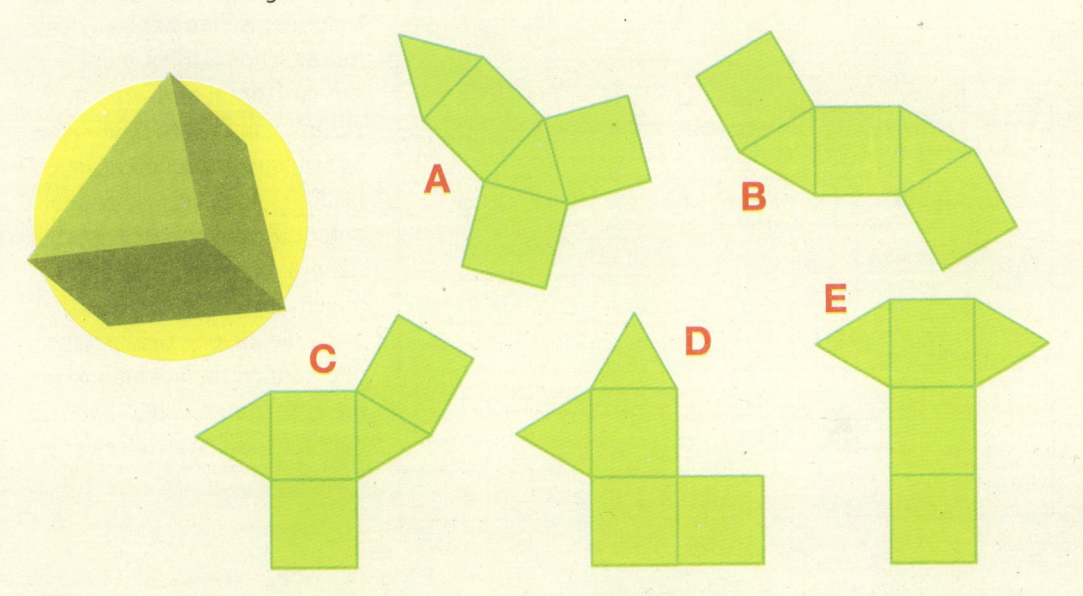

⭐⭐⭐ Richtiger Weg

Zeichnen Sie in das Rätsel einen Rundweg ein, der durch jedes Feld mit einem Kreis hindurchgeht und in den Feldern im 90°-Winkel abbiegen kann. In Feldern mit einem schwarzen Kreis muss er dabei im 90°-Winkel abbiegen und in beiden Richtungen im nächsten Feld geradeaus hindurchgehen. Durch Felder mit einem weißen Kreis muss er geradeaus hindurchgehen und in mindestens einem der beiden Nachbarfelder im 90°-Winkel abbiegen.

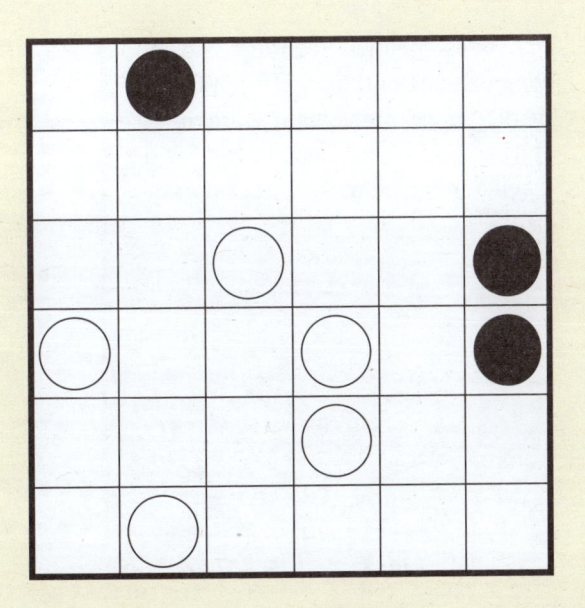

Logikrätsel

⭐ Fillomino

5			2		4		1		3
	3		3		2		1	2	3		3
5		1		2		4	2			1		1
5				3		1			3			4
		2	3		1		5	4		4		2
3	3		2	1		5	1			3	4		1
1				4	2			2	1		2
	1	4			3	1				1	5
		2		4				4	1		6	4
2	7		1	4	4		1		5		6
	1			1		5		1		3		1

Schreiben Sie in jedes Feld des Diagramms eine Zahl. Felder mit gleichen Zahlen müssen horizontal und vertikal zusammenhängende Bereiche bilden, die aus genauso vielen Feldern bestehen, wie die Zahl angibt. Zwei verschiedene, horizontal oder vertikal zusammenstoßende Bereiche dürfen nicht die gleiche Größe haben und können flächenmäßig um die Ecke laufen. Einen Bereich haben wir als Starthilfe vorgegeben.

⭐⭐ Domino

Im nebenstehenden Rechteck sind 21 Dominosteine enthalten. Unten finden Sie die Steine, die verbaut wurden. Bestimmen Sie ihre Lage, indem Sie die jeweiligen Steine im Rechteck umrahmen!

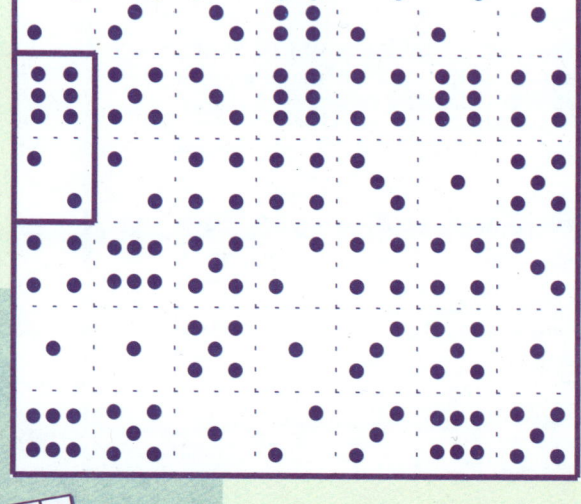

Logikrätsel

⭐⭐⭐ Inseln verbinden

Bei diesem Rätsel sollen alle Inseln durch Brücken verbunden werden, wobei jede Insel von jeder anderen aus erreichbar sein muss. Die Brücken dürfen dabei nur waagerecht oder senkrecht gebaut werden und nicht über andere Brücken oder Inseln hinweggehen. Zwischen zwei Inseln dürfen sich maximal zwei Brücken befinden.
Die Zahlen in den Inseln geben an, wie viele Brücken von dieser Insel aus wegführen.

⭐⭐⭐ Leuchtturm

Zeichnen Sie in einige der Felder jeweils ein Schiff so ein, dass kein Schiff ein anderes Schiff oder einen Leuchtturm berührt, auch nicht diagonal. Die Zahlen in den Leuchttürmen geben an, wie viele Schiffe von diesem aus in waagerechter oder senkrechter Richtung gesehen werden können. Dabei stört es nicht, wenn zwischen dem Schiff und dem Leuchtturm ein weiteres Schiff oder ein anderer Leuchtturm steht. Alle Schiffe werden von mindestens einem Leuchtturm gesehen.

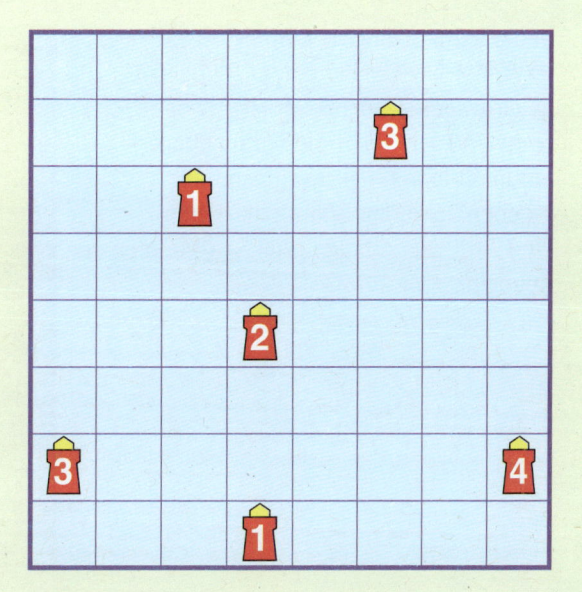

130 Zahlen- und Rechenrätsel

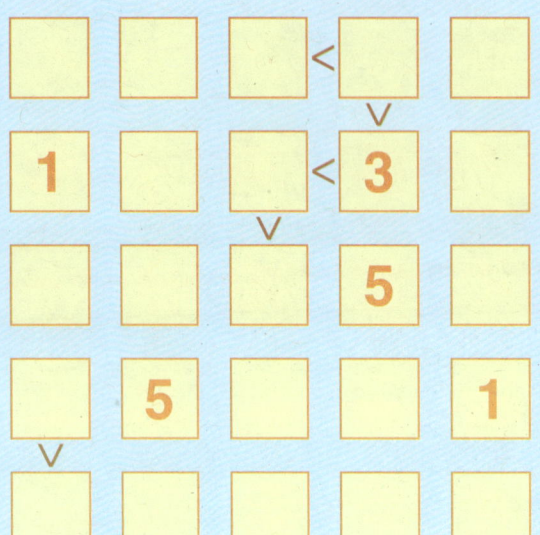

★★★ Größer > Kleiner

Tragen Sie die Ziffern von 1 bis 5 so in das Diagramm ein, dass in jeder Zeile und jeder Spalte jede der Ziffern von 1 bis 5 genau einmal vorkommt. Die Kleiner-Zeichen zwischen zwei Feldern geben an, in welchem der beiden Felder die kleinere Zahl steht.

★★★ Kakuro

In die leeren Felder sollen Sie die Zahlen von 1 bis 9 in beliebiger Reihenfolge eintragen. Dabei sollen sich waagerecht und senkrecht die vorgegebenen Summen in den hellrosa Kästchen ergeben. In keiner Summe darf sich eine Zahl wiederholen. Viel Spaß beim Knobeln!

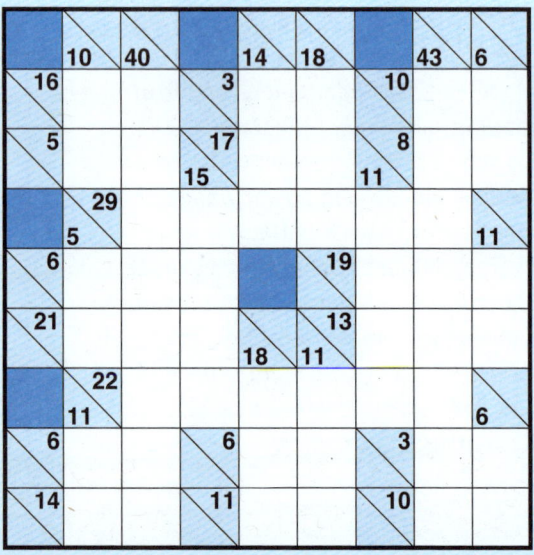

Zahlen- und Rechenrätsel 131

★★★ Zahlen gesucht

Wir haben 21 Zahlenkombinationen in dem Setzkasten versteckt. Die Kombinationen können in jede Richtung laufen, auch diagonal, rückwärts oder von unten nach oben.

1376 – 1686 – 172 – 1867 – 2682 – 3164 – 322 – 37798 – 386 – 441 – 453 – 4689 – 495 – 581 – 64216 – 751 – 775 – 7786 – 7983 – 839 – 9435

Die vier übrig bleibenden Zahlen im Setzkasten nennen das Jahr, in dem die erste deutsche Eisenbahnlinie eröffnet wurde.

```
3 1 4 6 1 3 6 2 3 5 7 7 9 1 5 7 6 7 3 1
5 3 8 9 7 8 6 2 7 6 8 1 8 4 9 6 1 2 4 6
4 1 4 4 7 8 2 5 9 4 3 2 7 1 3 3 6 8 6 1
1 8 5 7 2 5 4 6 8 9 8 9 7 7 3 5 8 6 8 3
```

★★★ Gebiete

Tragen Sie Ziffern so in das Diagramm ein, dass in jeder Zeile und jeder Spalte jede der Ziffern von 1 bis 6 genau einmal vorkommt. Die kleinen Zahlen in den Gebieten geben die Summe der Ziffern in diesem Gebiet an. Beachten Sie, dass innerhalb eines Gebiets gleiche Ziffern sein können, sofern diese in unterschiedlichen Zeilen und Spalten stehen.

Logikrätsel

⭐⭐⭐ Pünktchen-Sudoku

Tragen Sie die Ziffern von 1 bis 6 so in das Diagramm ein, dass jede Ziffer in jeder Zeile und jeder Spalte genau einmal vorkommt. Befindet sich zwischen zwei Feldern ein schwarzer Kreis, so muss eine der beiden Ziffern in diesen beiden Feldern exakt das Doppelte der anderen sein. Ein weißer Kreis hingegen bedeutet, dass eine der beiden Ziffern um eins größer sein muss als die andere. Befindet sich kein Kreis zwischen zwei Ziffern, so darf auch keine der beiden Eigenschaften zutreffen.

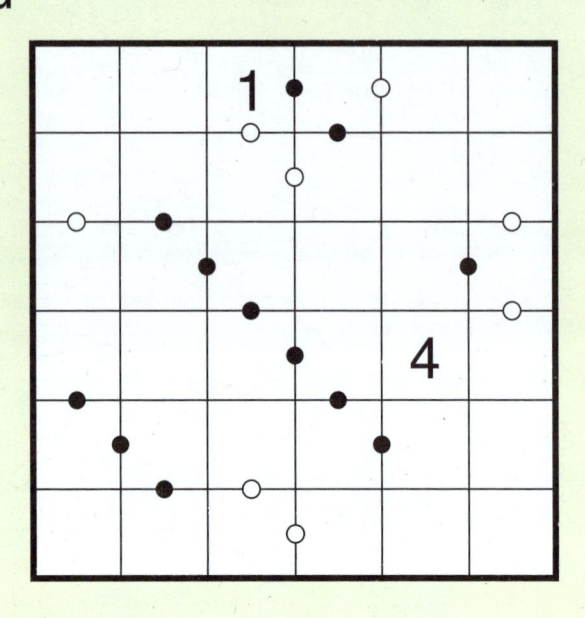

⭐⭐⭐ Verflixte Wabe

Tragen Sie in jedes weiße Feld eine der Zahlen von 1 bis 6 ein, sodass an jedem der schwarzen Felder jede der sechs Zahlen genau einmal steht. Beachten Sie dabei, dass in benachbarten Feldern keine zwei gleichen Zahlen stehen dürfen. So darf also zum Beispiel eine 1 nicht direkt neben einer weiteren 1 stehen.

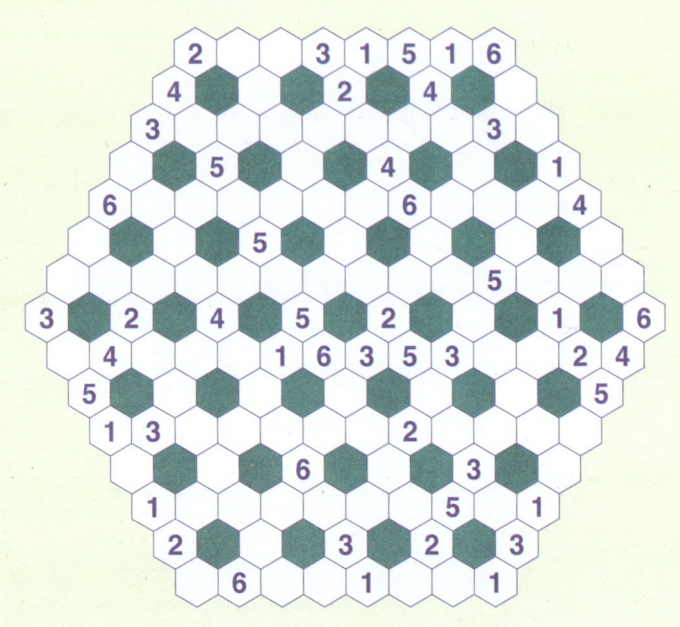

Logikrätsel

★★★ Hitori

9	8	11	5	8	2	5	14	9	13	1	10	4	6	12	9
3	6	14	11	7	1	4	1	13	12	11	2	9	10	12	8
6	2	3	10	13	3	12	8	3	9	7	14	13	11	5	7
11	5	13	6	12	7	11	13	2	1	12	9	1	11	8	2
13	11	9	14	2	6	1	11	5	10	14	4	7	8	1	4
11	1	5	3	9	4	8	9	2	6	3	7	2	2	3	10
9	1	7	1	10	14	7	13	12	3	4	8	5	5	11	5
9	10	1	9	8	7	14	2	7	9	13	7	6	5	4	9
5	11	4	4	2	9	13	6	10	7	11	2	4	1	12	3
7	14	4	12	6	8	13	6	14	2	1	5	3	11	10	11
14	7	3	1	5	12	■	10	4	2	8	7	11	13	6	5
6	13	12	11	1	10	2	1	8	8	5	12	5	3	9	14

Schwärzen Sie einige der Felder, sodass zwei geschwärzte Felder niemals waagerecht oder senkrecht benachbart sind und dass in jeder Zeile und jeder Spalte jede Ziffer nur maximal einmal ungeschwärzt übrig bleibt. Beachten Sie dabei, dass die weißen Felder alle zusammenhängen müssen, mit anderen Worten: Die geschwärzten Felder dürfen das Rätsel nicht in zwei oder mehr Stücke teilen. Ein geschwärztes Feld haben wir als Starthilfe vorgegeben.

★★★ Sudoku

Tragen Sie in jedes Feld eine der Ziffern von 1 bis 9 so ein, dass in jeder Zeile, jeder Spalte und jedem 3x3-Gebiet jede der Ziffern von 1 bis 9 genau einmal vorkommt.

9		5		7	8			
	2		1		4	3		
						4		
1	9		7					2
		8				5		
3				1			7	4
			6					
		9	2		3		6	
			4	6		7		5

Bilderrätsel

⭐⭐⭐ Brücke am Fluss

Bei der Spiegelung des oberen Bildes sind unserem Zeichner 3 Fehler unterlaufen. Können Sie sie finden?

⭐⭐⭐ Fotoausschnitt

Einer der Ausschnitte aus dem Bild ist fehlerhaft. Welcher ist es?

Bilderrätsel 135

⭐⭐⭐ Fotopuzzle

Welche Zahlenreihe ergeben die Puzzleteile, wenn sie an der richtigen Position liegen (angefangen von links nach rechts, von oben nach unten)?

1

2

3

4

5

6

7

8

9

10

11

12

Logikrätsel

★★★ Rundweg

Zeichnen Sie einen Rundweg entlang der gestrichelten Linien ein. Am Ende soll der Rundweg wieder an dem Punkt ankommen, an dem er gestartet ist. Die Zahlen in den Feldern geben dabei an, wie viele Seiten dieses Feldes durch den Rundweg belegt sind. In den Feldern ohne Zahl ist ungewiss, wie viele Seiten (von keiner bis alle vier) durch den Rundweg genutzt werden. Als kleine Hilfe haben wir die „0" und ein kleines Stück Weg vorgegeben.

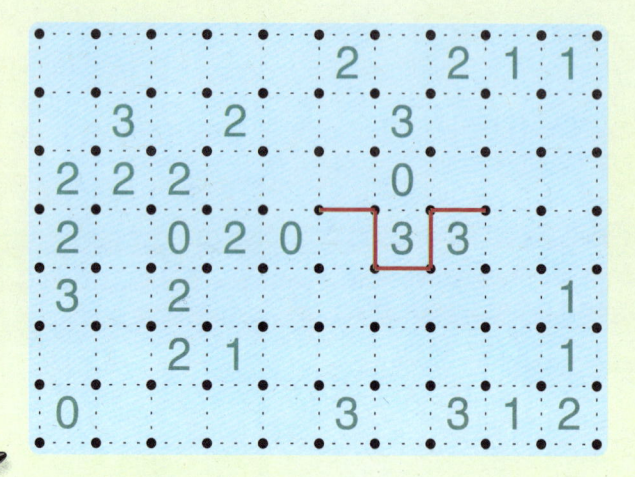

★★★ Schiffe versenken

Tragen Sie die abgebildete Flotte in das Diagramm ein. Die Schiffe sollen nur waagerecht oder senkrecht liegen und dürfen sich nicht berühren, auch nicht diagonal. Die Schiffe dürfen dabei beliebig gedreht werden. In Felder mit Wellen können keine Schiffsteile eingetragen werden. Die Zahlen am Rand geben an, wie viele Schiffsteile in der entsprechenden Zeile oder Spalte zu finden sind.

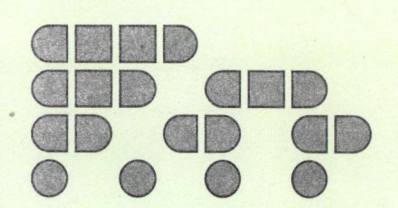

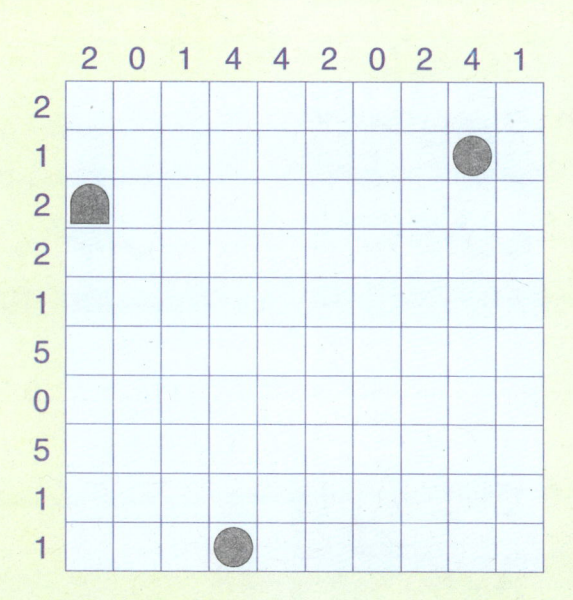

Logikrätsel

★★★ Zahlenlabyrinth

Finden Sie einen Weg durch das Labyrinth, der die Zahlen von 1 bis 15 in aufsteigender Reihenfolge jeweils genau einmal durchläuft. Der Weg darf sich an den Kreuzungen berühren oder auch kreuzen, jedoch darf kein Wegstück mehr als einmal durchlaufen werden.

★★★ Camping

Tragen Sie waagerecht oder senkrecht neben jedem Baum ein Zelt ein, das zu diesem Baum gehört. Die Zelte dürfen sich dabei nicht berühren, auch nicht diagonal. Die Zahlen am Rand geben an, wie viele Zelte sich in der entsprechenden Zeile oder Spalte befinden.

Zahlen- und Rechenrätsel

★★★ Kaffeepause

Sie sehen vier verschiedene Kaffeegedecke und ihre Gesamtpreise. Können Sie aus diesen Angaben die Einzelpreise für Cappuccino, Kuchen und Wasser ermitteln?

14 €

8 €

9,50 €

6,50 €

★★★ Magisches Quadrat

Die leeren Kästchen des Quadrates sind mit den fehlenden Zahlen von 1 bis 25 so zu füllen, dass sich in jeder Reihe, jeder Spalte und auch jeder Diagonalen die Summe 65 ergibt.

12	1	9	18	
7		17	14	16
	6	22		13
21			10	8

Zahlen- und Rechenrätsel

★★★ Römisches Rätsel

Tragen Sie in jedes Feld eine der römischen Ziffern von I bis IV ein. Die Zahlen am Rand geben dabei an, wie oft jede der Ziffern in der entsprechenden Zeile oder Spalte vorkommt. Zudem dürfen in waagerecht oder senkrecht benachbarten Feldern keine gleichen Ziffern stehen.

				I	3	0	3	1	2
				II	1	2	1	1	1
				III	0	2	0	1	2
				IV	1	1	1	2	0
	I	II	III	IV					
2	1	1	1		I				
1	0	2	2						
2	1	0	2		I				
1	2	2	0						
3	2	0	0		I				

★★★ Weintraube

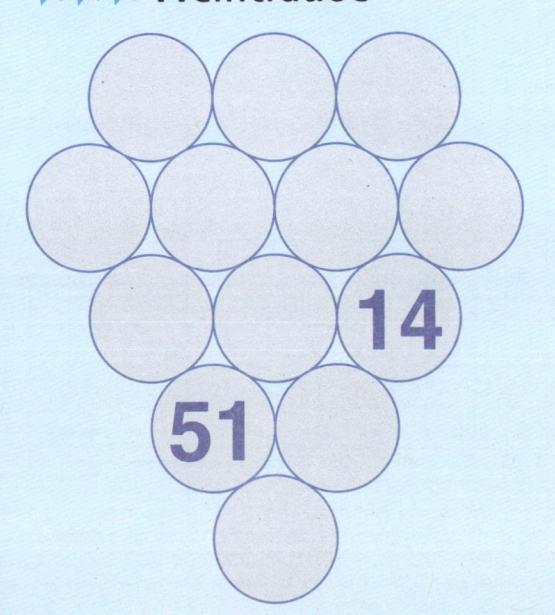

Füllen Sie die leeren Felder der Traube so auf, dass in jedem Feld die Summe der Zahlen in den beiden darüberliegenden Feldern steht und in den Feldern der obersten Reihe nur einstellige Zahlen stehen. In den beiden Feldern am linken und rechten Rand steht dabei der gleiche Wert wie im Feld schräg oberhalb.

14

51

Logikrätsel

⭐⭐⭐ Hanjie

Die Zahlen vor den Zeilen und Spalten geben an, wie viele aufeinanderfolgende Kästchen ausgemalt werden müssen. Zwischen diesen zusammenhängenden Kästchen bleibt mindestens eines frei.

Wenn alles richtig ausgemalt wurde, ergibt sich ein Bild.

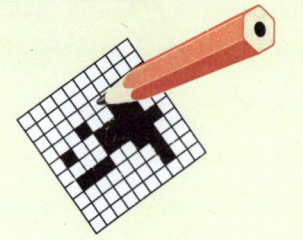

⭐⭐⭐ Sikaku

Ziel ist, das Rätselfeld vollständig in Rechtecke und Quadrate zu zerlegen, die sich nicht überschneiden dürfen. In jedem dieser Rechtecke und Quadrate darf nur eine der vorgegebenen Zahlen stehen. Diese Zahl gibt an, wie viele Kästchen das Rechteck oder Quadrat umfasst. Ein Rechteck haben wir als Starthilfe vorgegeben.

Logikrätsel 141

★★★ Doppel-Sudoku

Die Doppelpackung in Sachen Sudoku basiert auf den gleichen Regeln wie das klassische Sudoku. Der Unterschied besteht darin, dass hier zwei Diagramme zu einem verschmelzen. Dabei haben die beiden Teile je zwei 3x3-Quadrate mit dem Schlüsselelement gemeinsam. Dies erscheint zunächst schwieriger, ist aber zugleich eine versteckte Hilfe, da sich mit einem gewissen Überblick über beide Rätselteile zusätzliche Zahlen ausschließen, welche im „Nachbardiagramm" schon vorhanden sind. Stellen Sie sich diesem japanischen Zahlenwerk!

Bilderrätsel

★★★ Labyrinth

Finden Sie den Weg durch dieses Labyrinth?

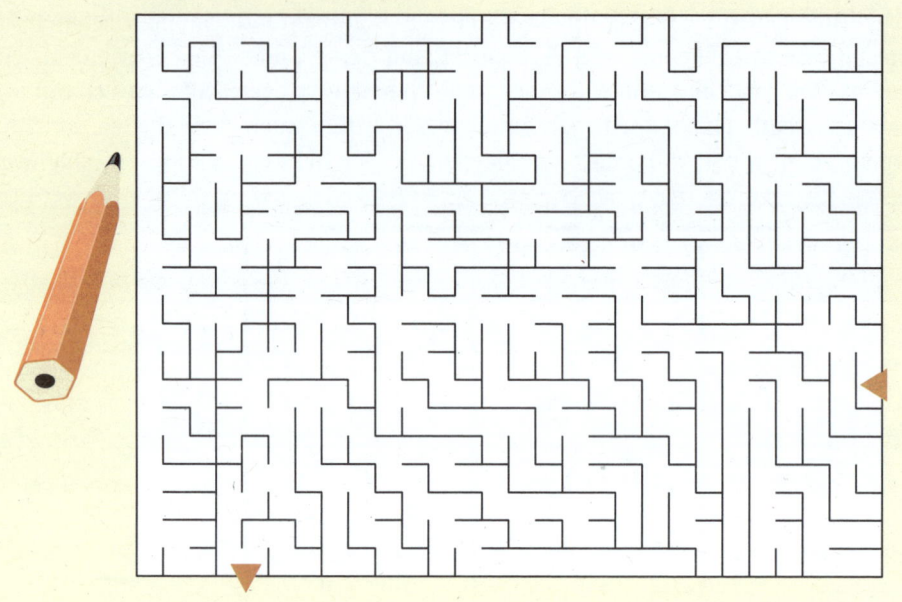

★★★ Schriftzeichen

Welches Schriftzeichen ist doppelt vorhanden?

	A	B	C	D	E	F	G	H	I	J
1	食	金	衣	瓜	鹿	鼎	骨	歹	黍	艮
2	豸	首	音	父	水	頁	龍	木	欠	玄
3	黑	羊	手	辰	風	毛	艸	鬼	豕	犬
4	麥	龜	子	支	身	人	青	鼓	虎	羊
5	舌	面	齒	牙	玄	阜	韋	革	隶	豆

Bilderrätsel 143

★★★ **Schlafstörung!**

Wie viele Schäfchen sind hier auf dem Bild zu sehen?

144 Logikrätsel

★★★ Im Gleichgewicht

Wie viele Kugeln müssen an die Stelle des Fragezeichens auf die Waagschale gelegt werden, um die Waage ins Gleichgewicht zu bringen?

★★★ Pfeilschnell

Zeichnen Sie in jedes Feld am Rand einen Pfeil so ein, dass die mit Streichhölzern gelegten Zahlen in den Feldern genau die Anzahl der Pfeile angibt, die auf diese Zahl zeigt. Beachten Sie dabei auch die Pfeile, die von der anderen Seite (vom anderen „Ufer") des Diagramms auf die Zahl zeigen können. Die Pfeile müssen immer auf mindestens eine Zahl zeigen und dürfen waagerecht, senkrecht oder im 45°-Winkel eingezeichnet werden. Einen Pfeil haben wir als Starthilfe eingezeichnet.

Logikrätsel 145

★★★ Magnetisch

+		2	4	3	1	3	3	3	4
	−	3	3	3	1	3	3	3	4
4	1								
1	4								
2	2								
3	3								
4	2			+					
3	4			−		+			
4	3					−			
2	4								

Füllen Sie das Diagramm mit neutralen (schwarzen) und magnetischen Platten. Jede Magnetplatte hat zwei Pole (+ und −). Zwei Hälften mit gleichen Polen dürfen nicht waagerecht oder senkrecht benachbart sein. Die Zahlen an den Rändern geben an, wie viele Plus- und Minuspole in der entsprechenden Zeile oder Spalte vorkommen.

★★★ Speichen

Verbinden Sie die Felder durch Speichen, die waagerecht, senkrecht oder diagonal eingezeichnet werden dürfen. Die Speichen dürfen sich aber nicht überschneiden. Die Zahlen in den Feldern geben an, wie viele Speichen von dem entsprechenden Feld ausgehen.

1	3	3	1
4	5	5	3
3	7	6	1
1	3	3	1

⭐⭐⭐ Flaggenpuzzle

Wie viele komplette südafrikanische Flaggen (wie im Muster oben links) lassen sich aus den einzelnen Stoffstücken zusammensetzen?

⭐⭐⭐ Faltproblem

Welcher der Würfel A bis D ist aus der Vorlage gefaltet worden?

Bilderrätsel 147

★★★ Symbolisch

Eines der Symbole unterscheidet sich von den anderen. Wissen Sie, welches es ist?

A B C D
E F G H
I J K L

★★★ Richtiger Weg

Zeichnen Sie in das Rätsel einen Rundweg ein, der durch jedes Feld mit einem Kreis hindurchgeht und in den Feldern im 90°-Winkel abbiegen kann. In Feldern mit einem schwarzen Kreis muss er dabei im 90°-Winkel abbiegen und in beiden Richtungen im nächsten Feld geradeaus hindurchgehen. Durch Felder mit einem weißen Kreis muss er geradeaus hindurchgehen und in mindestens einem der beiden Nachbarfelder im 90°-Winkel abbiegen.

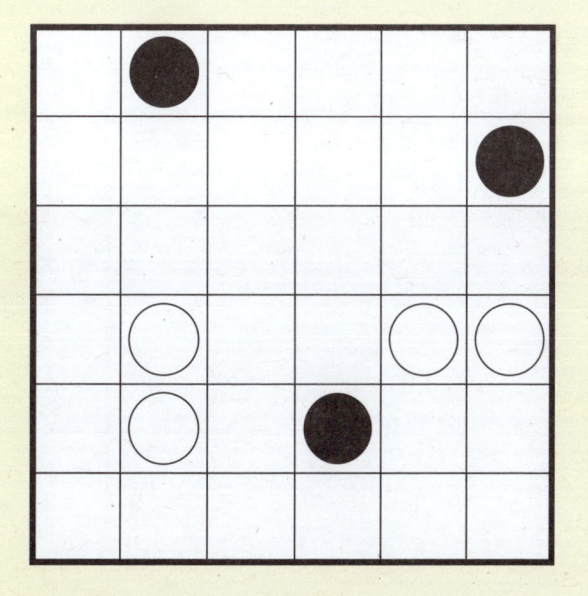

148 Logikrätsel

★★★ Fillomino

5			2	3			2		3		2		1	
		5	3				5	2					4	3
5			3		1				2	1				
1		4			2		6	1	5		4			4
4		4	2		6					3		1		2
1	6			1	2		1		5	1		2		
	6	6			3			5		4		5		
	5			3	2					2	5		1	2
1		2	6				5	1			3	1		3
		1		1	3		2	3					2	
5		3								3		2		2

Schreiben Sie in jedes Feld des Diagramms eine Zahl. Felder mit gleichen Zahlen müssen horizontal und vertikal zusammenhängende Bereiche bilden, die aus genauso vielen Feldern bestehen, wie die Zahl angibt. Zwei verschiedene, horizontal oder vertikal zusammenstoßende Bereiche dürfen nicht die gleiche Größe haben und können flächenmäßig um die Ecke laufen. Einen Bereich haben wir als Starthilfe vorgegeben.

★★★ Domino

Im nebenstehenden Rechteck sind 21 Dominosteine enthalten. Unten finden Sie die Steine, die verbaut wurden. Bestimmen Sie ihre Lage, indem Sie die jeweiligen Steine im Rechteck umrahmen!

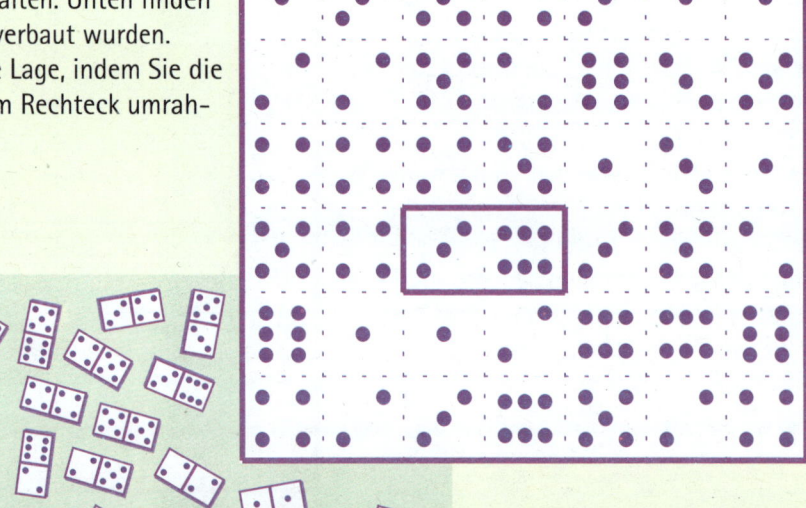

Logikrätsel 149

⭐⭐ Inseln verbinden

Bei diesem Rätsel sollen alle Inseln durch Brücken verbunden werden, wobei jede Insel von jeder anderen aus erreichbar sein muss. Die Brücken dürfen dabei nur waagerecht oder senkrecht gebaut werden und nicht über andere Brücken oder Inseln hinweggehen. Zwischen zwei Inseln dürfen sich maximal zwei Brücken befinden.
Die Zahlen in den Inseln geben an, wie viele Brücken von dieser Insel aus wegführen.

⭐⭐ Leuchtturm

Zeichnen Sie in einige der Felder jeweils ein Schiff so ein, dass kein Schiff ein anderes Schiff oder einen Leuchtturm berührt, auch nicht diagonal. Die Zahlen in den Leuchttürmen geben an, wie viele Schiffe von diesem aus in waagerechter oder senkrechter Richtung gesehen werden können. Dabei stört es nicht, wenn zwischen dem Schiff und dem Leuchtturm ein weiteres Schiff oder ein anderer Leuchtturm steht. Alle Schiffe werden von mindestens einem Leuchtturm gesehen.

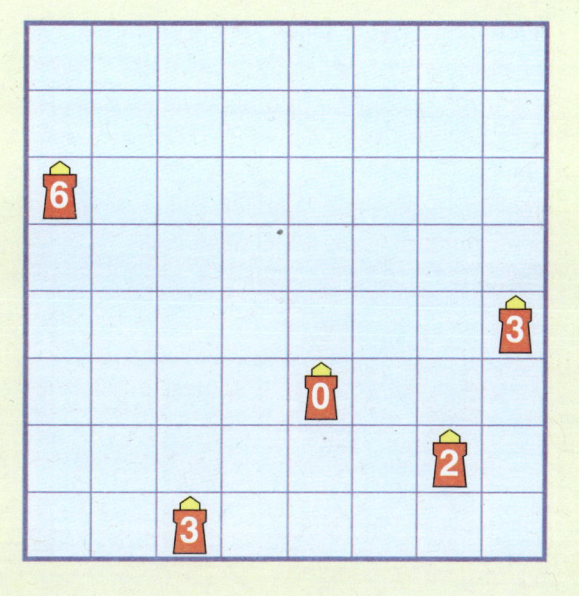

150 Zahlen- und Rechenrätsel

★★★ Größer > Kleiner

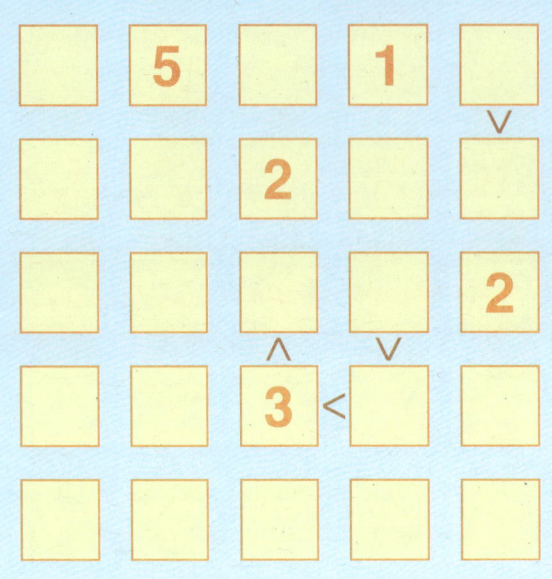

Tragen Sie die Ziffern von 1 bis 5 so in das Diagramm ein, dass in jeder Zeile und jeder Spalte jede der Ziffern von 1 bis 5 genau einmal vorkommt. Die Kleiner-Zeichen zwischen zwei Feldern geben an, in welchem der beiden Felder die kleinere Zahl steht.

★★★ Kakuro

In die leeren Felder sollen Sie die Zahlen von 1 bis 9 in beliebiger Reihenfolge eintragen. Dabei sollen sich waagerecht und senkrecht die vorgegebenen Summen in den hellrosa Kästchen ergeben. In keiner Summe darf sich eine Zahl wiederholen. Viel Spaß beim Knobeln!

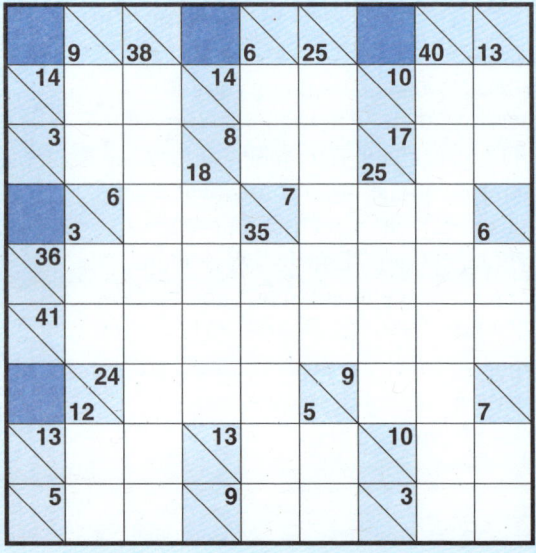

Zahlen- und Rechenrätsel

✶✶✶ Zahlen gesucht

Wir haben 22 Zahlenkombinationen in dem Setzkasten versteckt. Die Kombinationen können in jede Richtung laufen, auch diagonal, rückwärts oder von unten nach oben.

1228 – 184 – 2183 – 27921 – 346 – 357 – 358 – 368 – 379 – 3829 – 482 – 5234 – 531 – 627 – 678 – 679 – 7354 – 8255 – 837 – 9173 – 9432 – 947

Die vier übrig bleibenden Zahlen im Setzkasten nennen das Jahr, in dem das Saarland zehntes deutsches Bundesland wurde.

9	4	3	2	1	6	3	1	9	8	3	7	4	6	8	7	6	3	6	8
4	3	2	5	4	7	8	7	9	9	2	8	3	5	2	1	2	9	7	2
9	7	6	3	1	4	3	3	5	8	5	2	8	4	3	7	5	5	2	8
1	3	5	9	8	2	2	1	3	8	1	2	9	4	7	7	7	5	3	

✶✶✶ Gebiete

Tragen Sie Ziffern so in das Diagramm ein, dass in jeder Zeile und jeder Spalte jede der Ziffern von 1 bis 6 genau einmal vorkommt. Die kleinen Zahlen in den Gebieten geben die Summe der Ziffern in diesem Gebiet an. Beachten Sie, dass innerhalb eines Gebiets gleiche Ziffern sein können, sofern diese in unterschiedlichen Zeilen und Spalten stehen.

★★★ Pünktchen-Sudoku

Tragen Sie die Ziffern von 1 bis 6 so in das Diagramm ein, dass jede Ziffer in jeder Zeile und jeder Spalte genau einmal vorkommt. Befindet sich zwischen zwei Feldern ein schwarzer Kreis, so muss eine der beiden Ziffern in diesen beiden Feldern exakt das Doppelte der anderen sein. Ein weißer Kreis hingegen bedeutet, dass eine der beiden Ziffern um eins größer sein muss als die andere. Befindet sich kein Kreis zwischen zwei Ziffern, so darf auch keine der beiden Eigenschaften zutreffen.

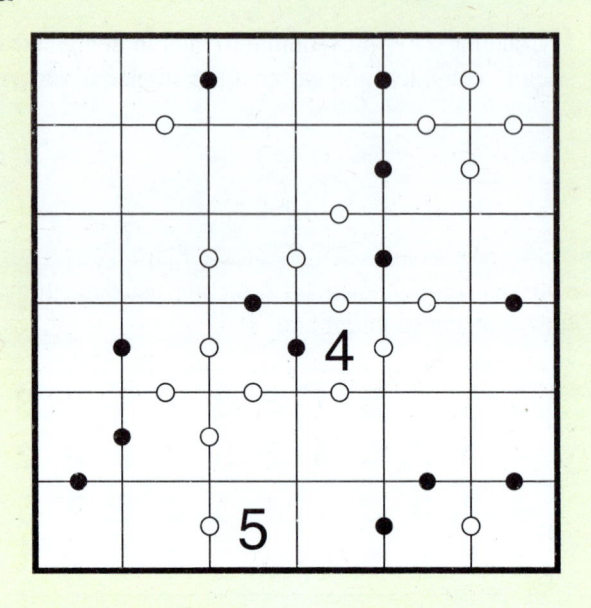

★★★ Verflixte Wabe

Tragen Sie in jedes weiße Feld eine der Zahlen von 1 bis 6 ein, sodass an jedem der schwarzen Felder jede der sechs Zahlen genau einmal steht. Beachten Sie dabei, dass in benachbarten Feldern keine zwei gleichen Zahlen stehen dürfen. So darf also zum Beispiel eine 1 nicht direkt neben einer weiteren 1 stehen.

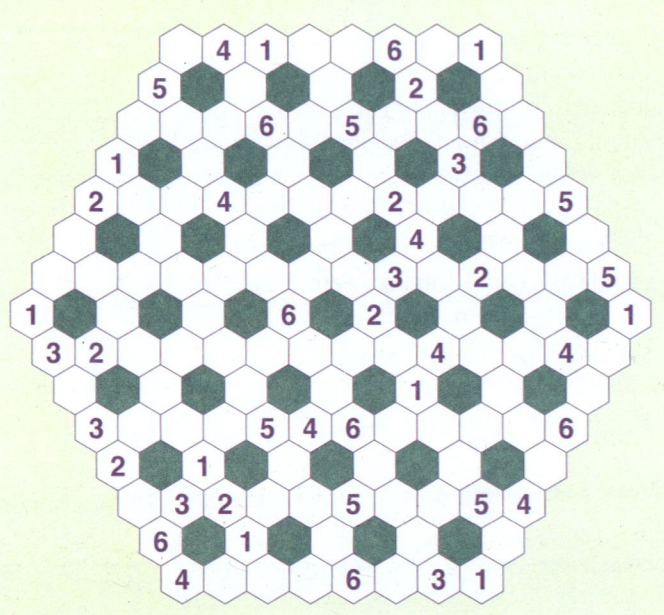

Logikrätsel 153

★★★ Hitori

	8	11	2	3	14	7	9	14	1	10	4	5	12	10	13
11	13	1	5	12	2	6	11	3	9	2	1	6	14	10	7
7	14	2	14	8	1	4	13	4	3	9	11	3	10	7	8
3	9	7	3	7	5	13	10	14	6	1	6	10	5	8	1
5	6	9	9	1	5	14	4	7	3	10	8	10	13	3	11
8	7	6	1	14	11	11	3	9	13	5	2	9	4	5	12
7	14	4	4	6	14	5	10	11	7	8	14	7	9	12	6
3	9	14	12	3	7	1	2	10	4	2	9	8	10	2	6
4	2	2	7	5	11	8	12	1	1	11	10	5	3	13	7
14	1	3	4	8	9	12	11	2	11	7	8	6	8	8	10
12	7	10	11	9	13	2	1	6	5	14	6	12	11	11	4
6	10	1	13	7	4	3	9	9	8	8	12	1	11	14	4

Schwärzen Sie einige der Felder, sodass zwei geschwärzte Felder niemals waagerecht oder senkrecht benachbart sind und dass in jeder Zeile und jeder Spalte jede Ziffer nur maximal einmal ungeschwärzt übrig bleibt. Beachten Sie dabei, dass die weißen Felder alle zusammenhängen müssen, mit anderen Worten: Die geschwärzten Felder dürfen das Rätsel nicht in zwei oder mehr Stücke teilen. Ein geschwärztes Feld haben wir als Starthilfe vorgegeben.

★★★ Sudoku

Tragen Sie in jedes Feld eine der Ziffern von 1 bis 9 so ein, dass in jeder Zeile, jeder Spalte und jedem 3x3-Gebiet jede der Ziffern von 1 bis 9 genau einmal vorkommt.

	4		9		1		5	
8			4	6	3			1
2	8						4	6
		1		2		9		
7	9						8	5
9			5	8	6			2
	2		1		9		3	

154 Bilderrätsel

★★★ Häuserzeile

Bei der Spiegelung der Häuserzeile sind unserem Zeichner 3 Fehler unterlaufen. Können Sie sie finden?

★★★ Fotoausschnitt

Einer der Ausschnitte aus dem Bild ist fehlerhaft. Welcher ist es?

Bilderrätsel 155

★★★ Fotopuzzle

Welche Zahlenreihe ergeben die Puzzleteile, wenn sie an der richtigen Position liegen (angefangen von links nach rechts, von oben nach unten)?

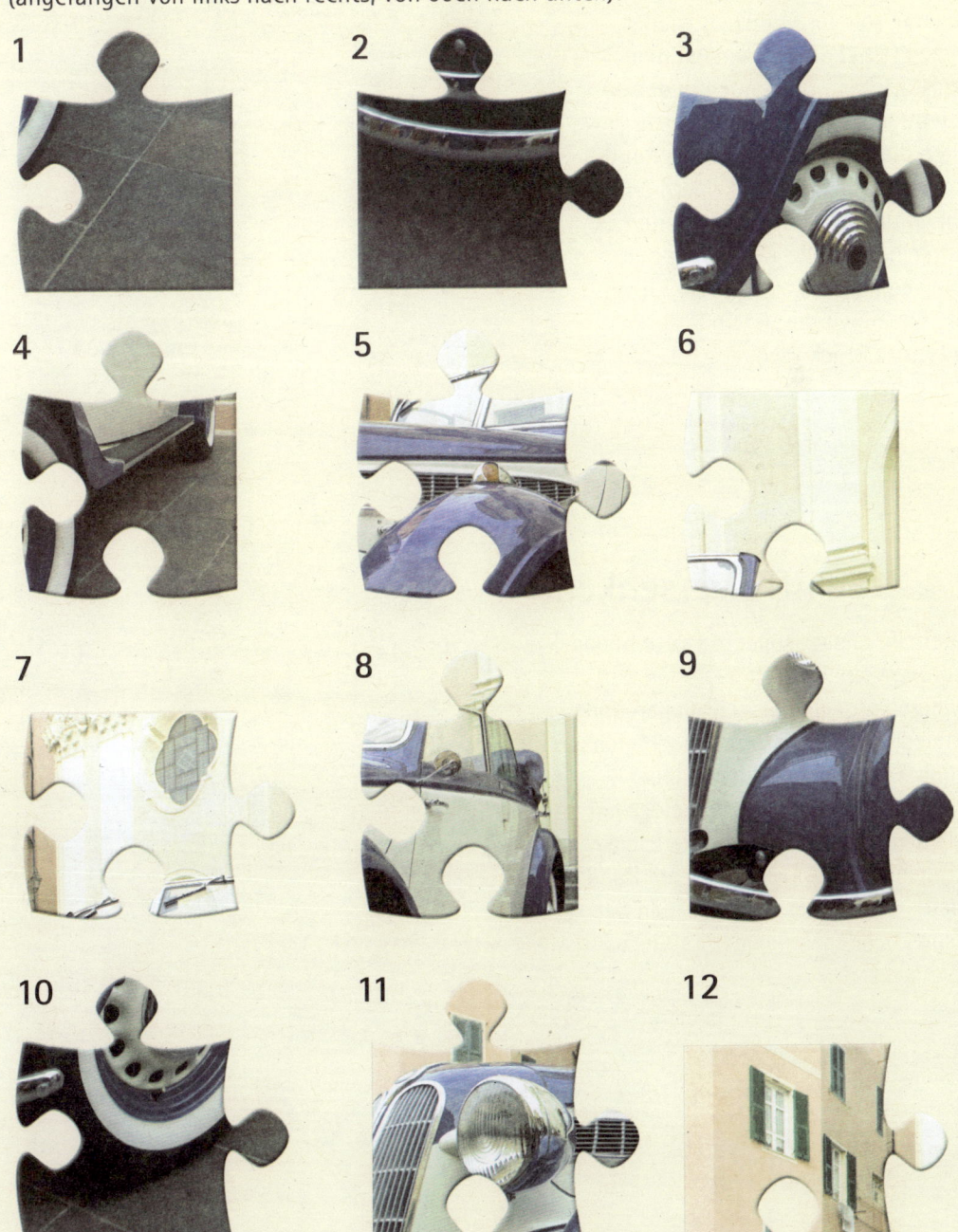

1

2

3

4

5

6

7

8

9

10

11

12

Logikrätsel

★★★ Rundweg

Zeichnen Sie einen Rundweg entlang der gestrichelten Linien ein. Am Ende soll der Rundweg wieder an dem Punkt ankommen, an dem er gestartet ist. Die Zahlen in den Feldern geben dabei an, wie viele Seiten dieses Feldes durch den Rundweg belegt sind. In den Feldern ohne Zahl ist ungewiss, wie viele Seiten (von keiner bis alle vier) durch den Rundweg genutzt werden. Als kleine Hilfe haben wir die „0" und ein kleines Stück Weg vorgegeben.

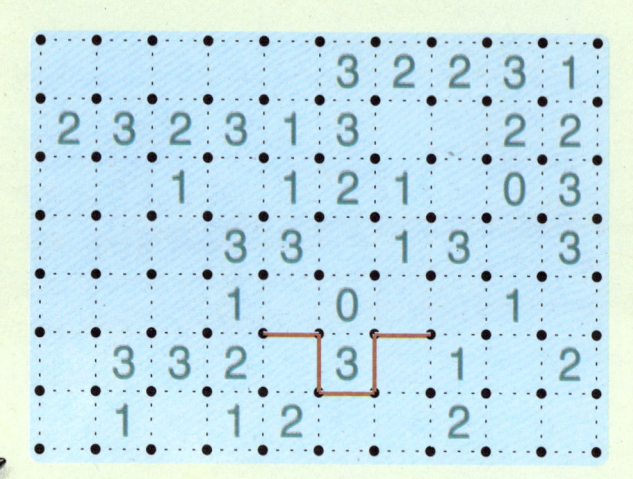

★★★ Schiffe versenken

Tragen Sie die abgebildete Flotte in das Diagramm ein. Die Schiffe sollen nur waagerecht oder senkrecht liegen und dürfen sich nicht berühren, auch nicht diagonal. Die Schiffe dürfen dabei beliebig gedreht werden. In Felder mit Wellen können keine Schiffsteile eingetragen werden. Die Zahlen am Rand geben an, wie viele Schiffsteile in der entsprechenden Zeile oder Spalte zu finden sind.

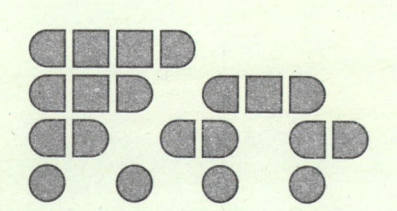

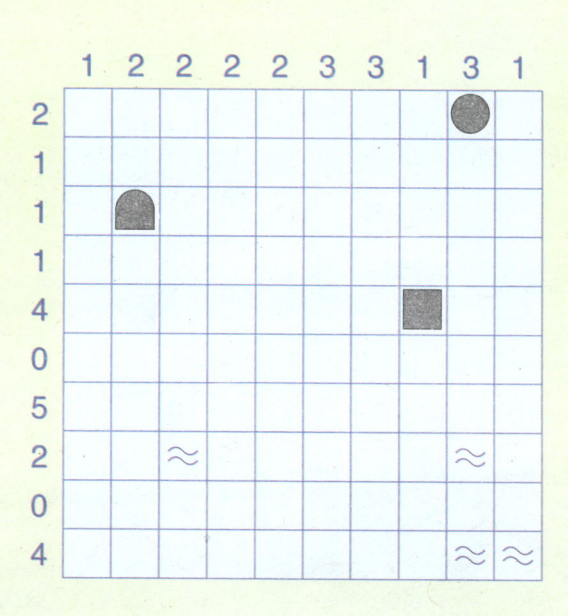

Logikrätsel 157

⭐⭐⭐ Zahlenlabyrinth

Finden Sie einen Weg durch das Labyrinth, der die Zahlen von 1 bis 15 in aufsteigender Reihenfolge jeweils genau einmal durchläuft. Der Weg darf sich an den Kreuzungen berühren oder auch kreuzen, jedoch darf kein Wegstück mehr als einmal durchlaufen werden.

⭐⭐⭐ Camping

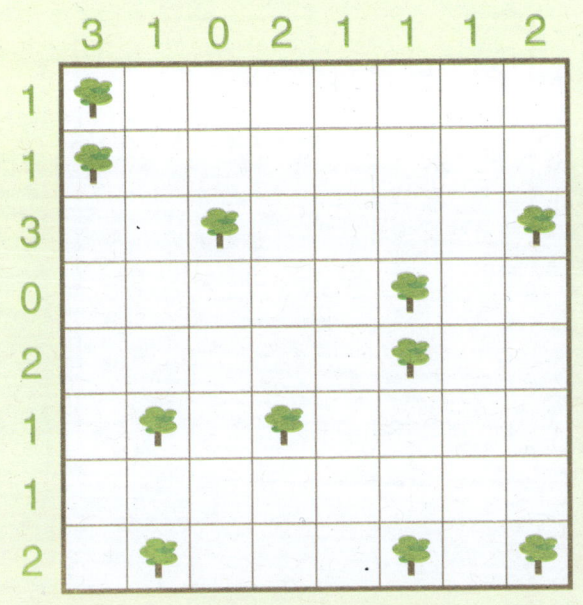

Tragen Sie waagerecht oder senkrecht neben jedem Baum ein Zelt ein, das zu diesem Baum gehört. Die Zelte dürfen sich dabei nicht berühren, auch nicht diagonal. Die Zahlen am Rand geben an, wie viele Zelte sich in der entsprechenden Zeile oder Spalte befinden.

Zahlen- und Rechenrätsel

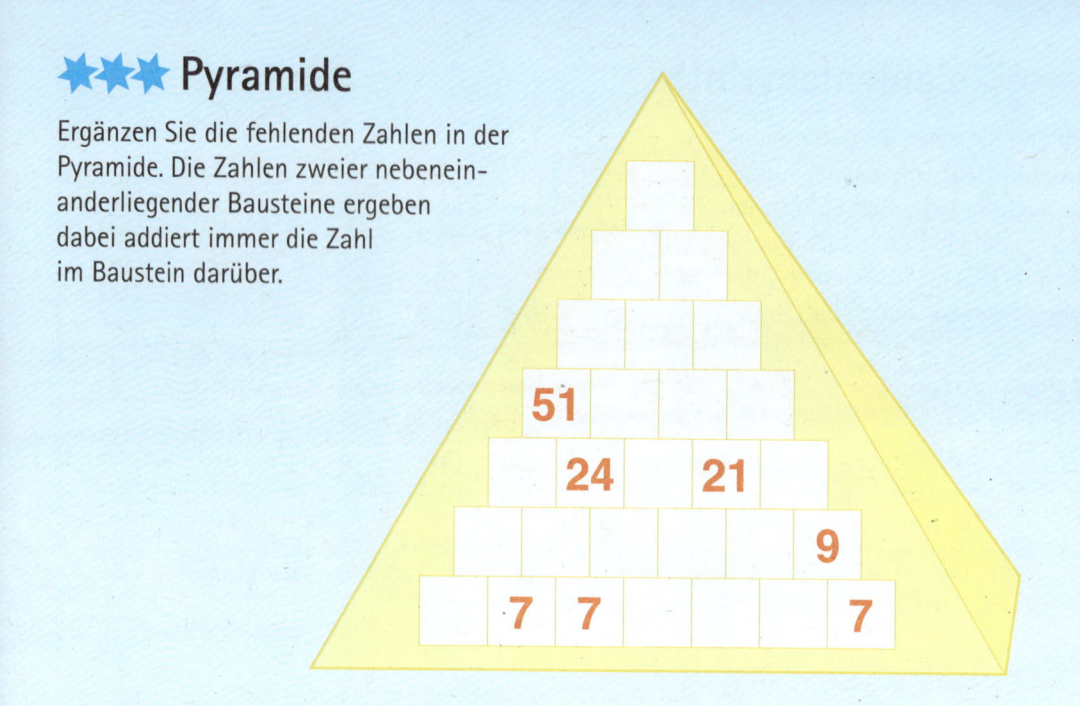

★★★ Pyramide

Ergänzen Sie die fehlenden Zahlen in der Pyramide. Die Zahlen zweier nebeneinanderliegender Bausteine ergeben dabei addiert immer die Zahl im Baustein darüber.

51
24   21
            9
7   7   7

★★★ Magisches Quadrat

Die leeren Kästchen des Quadrates sind mit den fehlenden Zahlen von 1 bis 25 so zu füllen, dass sich in jeder Reihe, jeder Spalte und auch jeder Diagonalen die Summe 65 ergibt.

	13	9		
	10	5		4
1			11	19
	6	25	8	
16	12	17	18	

Alle Reihen, Spalten und Diagonalen = 65

Zahlen- und Rechenrätsel

★★★ Römisches Rätsel

Tragen Sie in jedes Feld eine der römischen Ziffern von I bis IV ein. Die Zahlen am Rand geben dabei an, wie oft jede der Ziffern in der entsprechenden Zeile oder Spalte vorkommt. Zudem dürfen in waagerecht oder senkrecht benachbarten Feldern keine gleichen Ziffern stehen.

				I	2	0	2	1	1
				II	2	2	1	2	2
				III	1	1	2	0	1
I	II	III	IV		0	2	0	2	1
0	2	1	2						
3	2	0	0						
0	3	1	1						
2	1	0	2						
1	1	3	0		III		III		III

★★★ Weintraube

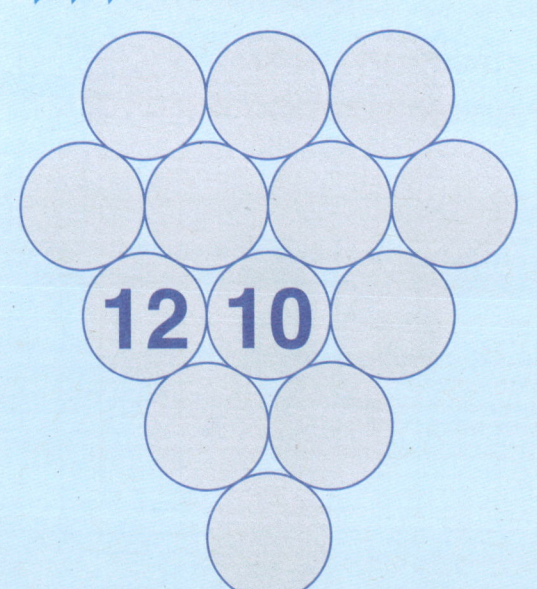

Füllen Sie die leeren Felder der Traube so auf, dass in jedem Feld die Summe der Zahlen in den beiden darüberliegenden Feldern steht und in den Feldern der obersten Reihe nur einstellige Zahlen stehen. In den beiden Feldern am linken und rechten Rand steht dabei der gleiche Wert wie im Feld schräg oberhalb.

12 10

160 Logikrätsel

★★★ Hanjie

Die Zahlen vor den Zeilen und Spalten geben an, wie viele aufeinanderfolgende Kästchen ausgemalt werden müssen. Zwischen diesen zusammenhängenden Kästchen bleibt mindestens eines frei.

Wenn alles richtig ausgemalt wurde, ergibt sich ein Bild.

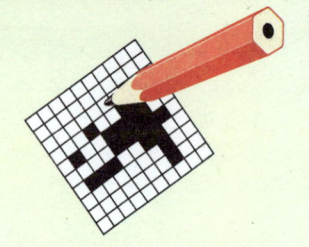

★★★ Sikaku

Ziel ist, das Rätselfeld vollständig in Rechtecke und Quadrate zu zerlegen, die sich nicht überschneiden dürfen. In jedem dieser Rechtecke und Quadrate darf nur eine der vorgegebenen Zahlen stehen. Diese Zahl gibt an, wie viele Kästchen das Rechteck oder Quadrat umfasst. Ein Rechteck haben wir als Starthilfe vorgegeben.

Logikrätsel 161

★★★ Doppel-Sudoku

Die Doppelpackung in Sachen Sudoku basiert auf den gleichen Regeln wie das klassische Sudoku. Der Unterschied besteht darin, dass hier zwei Diagramme zu einem verschmelzen. Dabei haben die beiden Teile je zwei 3x3-Quadrate mit dem Schlüsselelement gemeinsam. Dies erscheint zunächst schwieriger, ist aber zugleich eine versteckte Hilfe, da sich mit einem gewissen Überblick über beide Rätselteile zusätzliche Zahlen ausschließen, welche im „Nachbardiagramm" schon vorhanden sind. Stellen Sie sich diesem japanischen Zahlenwerk!

Bilderrätsel

★★★ Labyrinth
Finden Sie den Weg durch dieses Labyrinth?

★★★ Fehlersuche
Welche zwei Bilder sind identisch?

Bilderrätsel 163

⭐⭐⭐ **Kokosnussplantage**

Wie viele Palmen sind hier auf dem Bild zu sehen?

164 Logikrätsel

⭐⭐⭐ Im Gleichgewicht

Wie viele Lokomotiven müssen an die Stelle des Fragezeichens auf die Waagschale gelegt werden, um die Waage ins Gleichgewicht zu bringen?

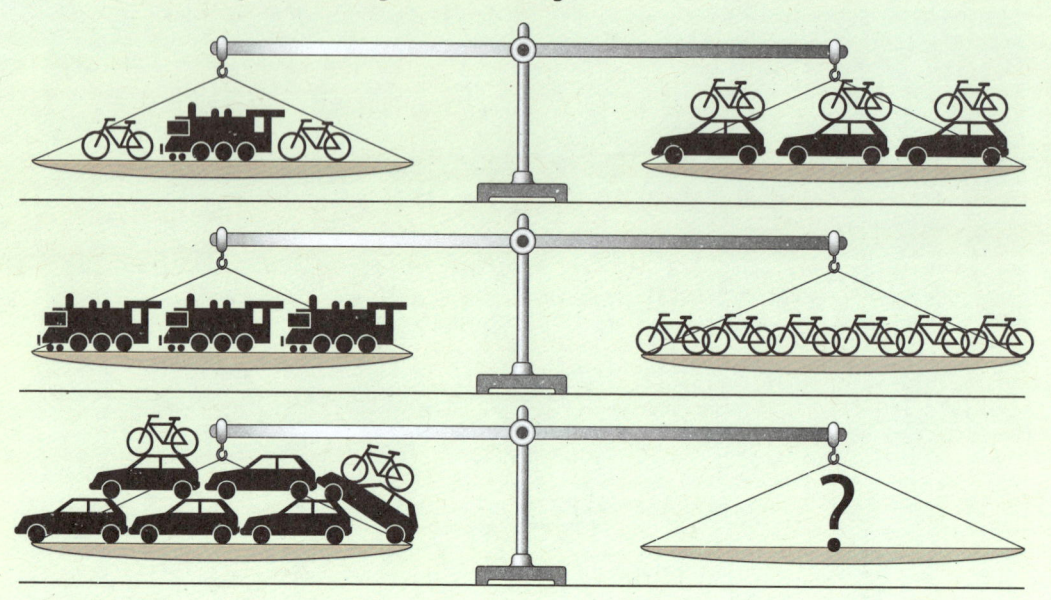

⭐⭐⭐ Pfeilschnell

Zeichnen Sie in jedes Feld am Rand einen Pfeil so ein, dass die mit Streichhölzern gelegten Zahlen in den Feldern genau die Anzahl der Pfeile angibt, die auf diese Zahl zeigt. Beachten Sie dabei auch die Pfeile, die von der anderen Seite (vom anderen „Ufer") des Diagramms auf die Zahl zeigen können. Die Pfeile müssen immer auf mindestens eine Zahl zeigen und dürfen waagerecht, senkrecht oder im 45°-Winkel eingezeichnet werden. Einen Pfeil haben wir als Starthilfe eingezeichnet.

Logikrätsel 165

★★★ Magnetisch

+		3	3	3	2	3	4	2	3
	−	3	3	3	3	2	3	4	2
2	4								
4	2								
3	3					−	+		
2	2								
3	1								
2	4								
3	3								
4	4								

Füllen Sie das Diagramm mit neutralen (schwarzen) und magnetischen Platten. Jede Magnetplatte hat zwei Pole (+ und −). Zwei Hälften mit gleichen Polen dürfen nicht waagerecht oder senkrecht benachbart sein. Die Zahlen an den Rändern geben an, wie viele Plus- und Minuspole in der entsprechenden Zeile oder Spalte vorkommen.

★★★ Speichen

Verbinden Sie die Felder durch Speichen, die waagerecht, senkrecht oder diagonal eingezeichnet werden dürfen. Die Speichen dürfen sich aber nicht überschneiden. Die Zahlen in den Feldern geben an, wie viele Speichen von dem entsprechenden Feld ausgehen.

1	2	4	2
1	7	4	3
1	3	7	4
1	3	2	1

166 Bilderrätsel

⭐⭐⭐ Misstöne

Die Melodie ertönt drei Mal hintereinander, doch ein Mal hat sich ein Fehler in der Partitur eingeschlichen. Findet sich dieser in Partitur 1, 2 oder 3?

⭐⭐⭐ Faltproblem

Welcher der Würfel A bis D ist aus der Vorlage gefaltet worden?

Bilderrätsel

⭐⭐⭐ Muster suchen

Nur eines der Muster A bis L entspricht gedreht dem Muster links. Welches ist es?

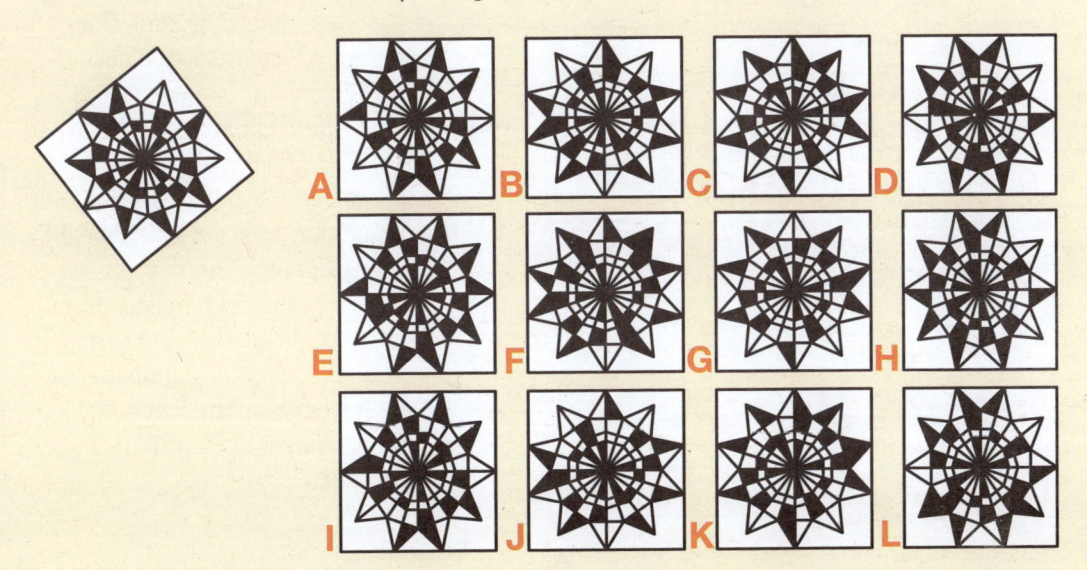

⭐⭐⭐ Richtiger Weg

Zeichnen Sie in das Rätsel einen Rundweg ein, der durch jedes Feld mit einem Kreis hindurchgeht und in den Feldern im 90°-Winkel abbiegen kann. In Feldern mit einem schwarzen Kreis muss er dabei im 90°-Winkel abbiegen und in beiden Richtungen im nächsten Feld geradeaus hindurchgehen. Durch Felder mit einem weißen Kreis muss er geradeaus hindurchgehen und in mindestens einem der beiden Nachbarfelder im 90°-Winkel abbiegen.

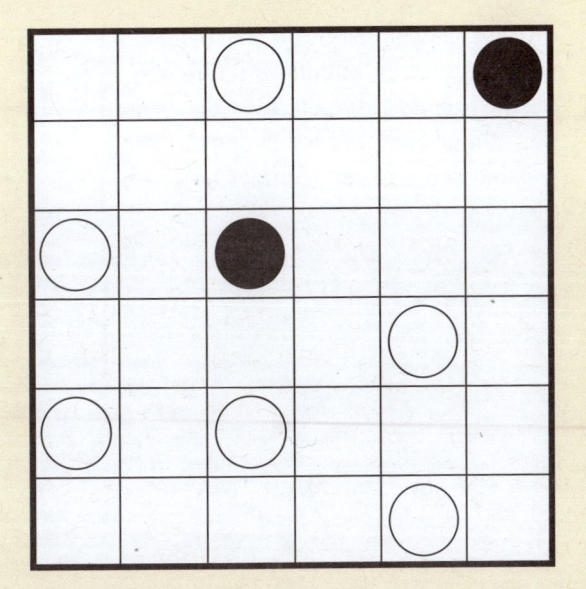

Logikrätsel

★★★ Fillomino

3		4	4		4		2		2		2	3	3
				3			1		4	4	4		3
		4		3	3		2	2		3			2
		2	1	2							1		4
3			3	5				4		1			3
1	3	2			1	3	1		3	4	2		
			6					5		1			
	5			1	2		4			2		2	
	2		1		2		4	1			2	1	2
	4		4			4	3		5	1		1	
			1			2	3				3		

Schreiben Sie in jedes Feld des Diagramms eine Zahl. Felder mit gleichen Zahlen müssen horizontal und vertikal zusammenhängende Bereiche bilden, die aus genauso vielen Feldern bestehen, wie die Zahl angibt. Zwei verschiedene, horizontal oder vertikal zusammenstoßende Bereiche dürfen nicht die gleiche Größe haben und können flächenmäßig um die Ecke laufen. Einen Bereich haben wir als Starthilfe vorgegeben.

★★★ Domino

Im nebenstehenden Rechteck sind 21 Dominosteine enthalten. Unten finden Sie die Steine, die verbaut wurden. Bestimmen Sie ihre Lage, indem Sie die jeweiligen Steine im Rechteck umrahmen!

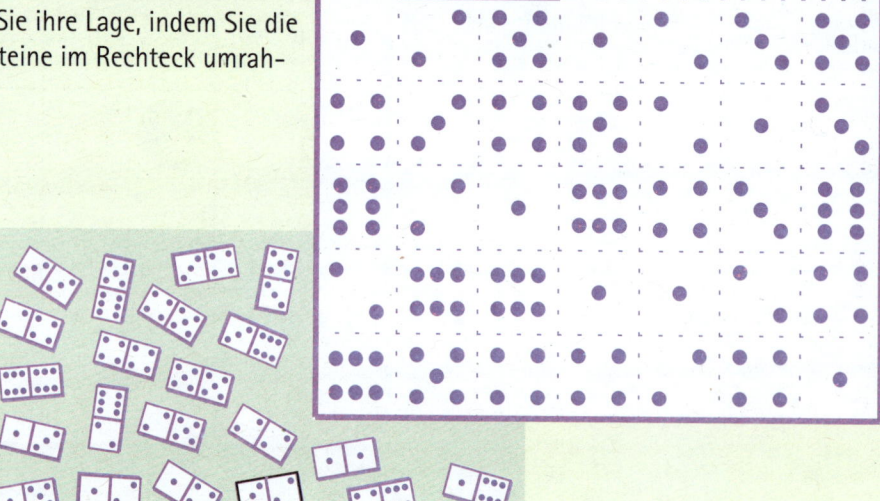

Logikrätsel 169

✳✳✳ Inseln verbinden

Bei diesem Rätsel sollen alle Inseln durch Brücken verbunden werden, wobei jede Insel von jeder anderen aus erreichbar sein muss. Die Brücken dürfen dabei nur waagerecht oder senkrecht gebaut werden und nicht über andere Brücken oder Inseln hinweggehen. Zwischen zwei Inseln dürfen sich maximal zwei Brücken befinden.
Die Zahlen in den Inseln geben an, wie viele Brücken von dieser Insel aus wegführen.

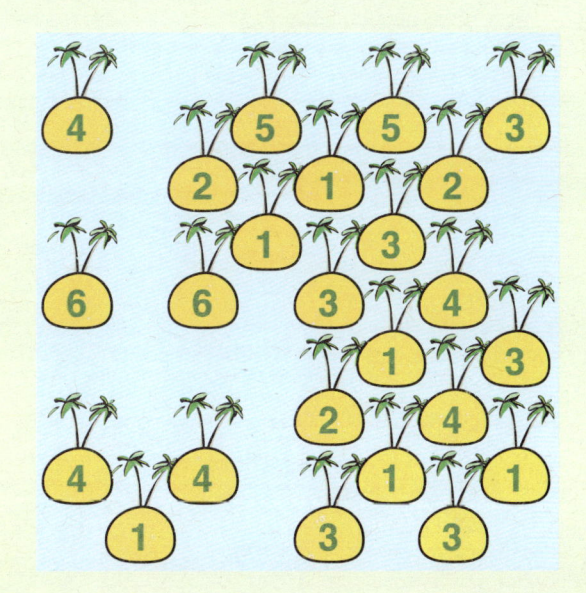

✳✳✳ Leuchtturm

Zeichnen Sie in einige der Felder jeweils ein Schiff so ein, dass kein Schiff ein anderes Schiff oder einen Leuchtturm berührt, auch nicht diagonal. Die Zahlen in den Leuchttürmen geben an, wie viele Schiffe von diesem aus in waagerechter oder senkrechter Richtung gesehen werden können. Dabei stört es nicht, wenn zwischen dem Schiff und dem Leuchtturm ein weiteres Schiff oder ein anderer Leuchtturm steht. Alle Schiffe werden von mindestens einem Leuchtturm gesehen.

Zahlen- und Rechenrätsel

★★★ Größer > Kleiner

Tragen Sie die Ziffern von 1 bis 5 so in das Diagramm ein, dass in jeder Zeile und jeder Spalte jede der Ziffern von 1 bis 5 genau einmal vorkommt. Die Kleiner-Zeichen zwischen zwei Feldern geben an, in welchem der beiden Felder die kleinere Zahl steht.

★★★ Kakuro

In die leeren Felder sollen Sie die Zahlen von 1 bis 9 in beliebiger Reihenfolge eintragen. Dabei sollen sich waagerecht und senkrecht die vorgegebenen Summen in den hellrosa Kästchen ergeben. In keiner Summe darf sich eine Zahl wiederholen. Viel Spaß beim Knobeln!

Zahlen- und Rechenrätsel

⭐⭐⭐ Zahlen gesucht

Wir haben 21 Zahlenkombinationen in dem Setzkasten versteckt. Die Kombinationen können in jede Richtung laufen, auch diagonal, rückwärts oder von unten nach oben.

172 – 2250 – 2540 – 269 – 3108 – 384 – 386 – 423 – 498 – 5143 – 5433 – 54534 – 591 – 673 – 6891 – 72892 – 845 – 886 – 943 – 9493 – 97912

Die vier übrig bleibenden Zahlen im Setzkasten nennen das Jahr, in dem Elizabeth II. Königin von Großbritannien und Nordirland wurde.

9	5	4	5	3	4	0	4	0	8	1	3	7	6	1	9	7	9	1	2
6	8	0	1	3	4	2	5	5	4	9	3	8	4	1	3	9	4	9	9
2	4	9	8	5	3	2	9	5	5	8	5	4	3	3	7	5	1	4	3
6	8	3	2	2	2	1	9	4	3	6	2	9	8	2	7	2	6	8	8

⭐⭐⭐ Gebiete

Tragen Sie Ziffern so in das Diagramm ein, dass in jeder Zeile und jeder Spalte jede der Ziffern von 1 bis 6 genau einmal vorkommt. Die kleinen Zahlen in den Gebieten geben die Summe der Ziffern in diesem Gebiet an. Beachten Sie, dass innerhalb eines Gebiets gleiche Ziffern sein können, sofern diese in unterschiedlichen Zeilen und Spalten stehen.

172 Logikrätsel

★★★ Pünktchen-Sudoku

Tragen Sie die Ziffern von 1 bis 6 so in das Diagramm ein, dass jede Ziffer in jeder Zeile und jeder Spalte genau einmal vorkommt. Befindet sich zwischen zwei Feldern ein schwarzer Kreis, so muss eine der beiden Ziffern in diesen beiden Feldern exakt das Doppelte der anderen sein. Ein weißer Kreis hingegen bedeutet, dass eine der beiden Ziffern um eins größer sein muss als die andere. Befindet sich kein Kreis zwischen zwei Ziffern, so darf auch keine der beiden Eigenschaften zutreffen.

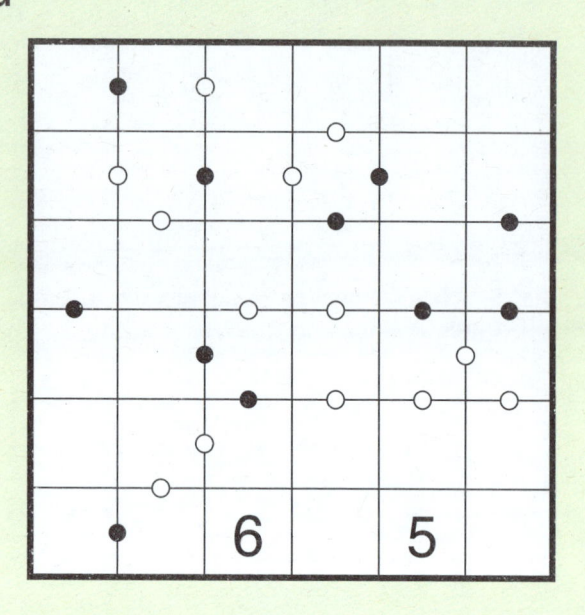

★★★ Verflixte Wabe

Tragen Sie in jedes weiße Feld eine der Zahlen von 1 bis 6 ein, sodass an jedem der schwarzen Felder jede der sechs Zahlen genau einmal steht. Beachten Sie dabei, dass in benachbarten Feldern keine zwei gleichen Zahlen stehen dürfen. So darf also zum Beispiel eine 1 nicht direkt neben einer weiteren 1 stehen.

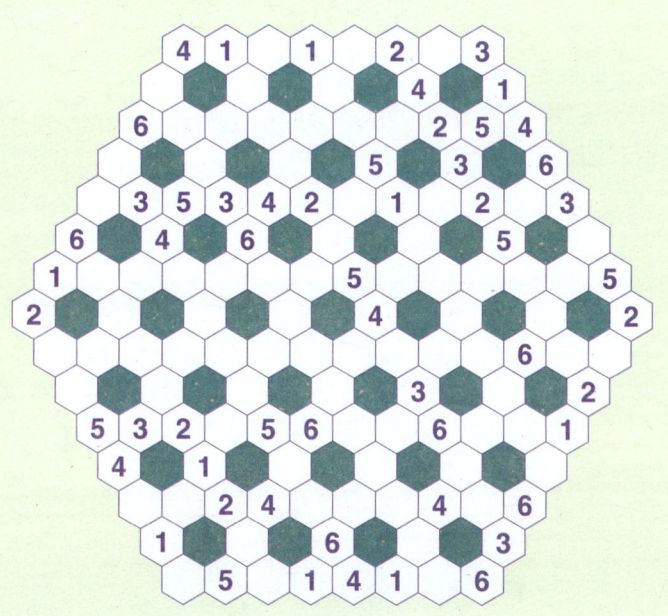

Logikrätsel 173

★★★ Hitori

4	7	1	■	12	14	7	2	5	13	3	9	1	11	10	8
7	8	12	3	10	1	1	5	11	2	1	13	10	4	6	5
8	6	7	14	2	9	9	13	5	10	12	8	6	1	12	4
13	1	3	4	2	8	14	3	13	12	10	5	7	14	9	2
11	12	11	14	14	5	1	10	4	7	9	6	10	2	12	7
14	13	2	6	1	1	10	4	4	11	5	14	13	8	3	2
1	11	13	3	5	3	10	9	10	12	7	4	2	8	8	12
12	4	9	8	10	9	12	1	4	7	2	4	14	6	11	6
2	14	5	10	3	10	11	11	7	10	8	8	9	1	4	1
13	3	11	2	13	12	9	7	14	2	11	3	1	10	5	2
3	5	14	4	8	7	4	9	13	6	1	2	12	9	13	10
10	4	4	1	5	6	14	14	2	8	2	12	6	5	13	9

Schwärzen Sie einige der Felder, sodass zwei geschwärzte Felder niemals waagerecht oder senkrecht benachbart sind und dass in jeder Zeile und jeder Spalte jede Ziffer nur maximal einmal ungeschwärzt übrig bleibt. Beachten Sie dabei, dass die weißen Felder alle zusammenhängen müssen, mit anderen Worten: Die geschwärzten Felder dürfen das Rätsel nicht in zwei oder mehr Stücke teilen. Ein geschwärztes Feld haben wir als Starthilfe vorgegeben.

★★★ Sudoku

Tragen Sie in jedes Feld eine der Ziffern von 1 bis 9 so ein, dass in jeder Zeile, jeder Spalte und jedem 3x3-Gebiet jede der Ziffern von 1 bis 9 genau einmal vorkommt.

5	8							
	6	4	9		3		8	
		3			6			
4				5		7		
			2				1	
			8		7			4
			7			2		
	3		2		5	9	4	
							7	1

174 Bilderrätsel

★★★ Liegestuhl

Bei der Spiegelung des oberen Bildes sind unserem Zeichner 3 Fehler unterlaufen. Können Sie sie finden?

★★★ Fotoausschnitt

Einer der Ausschnitte aus dem Bild ist fehlerhaft. Welcher ist es?

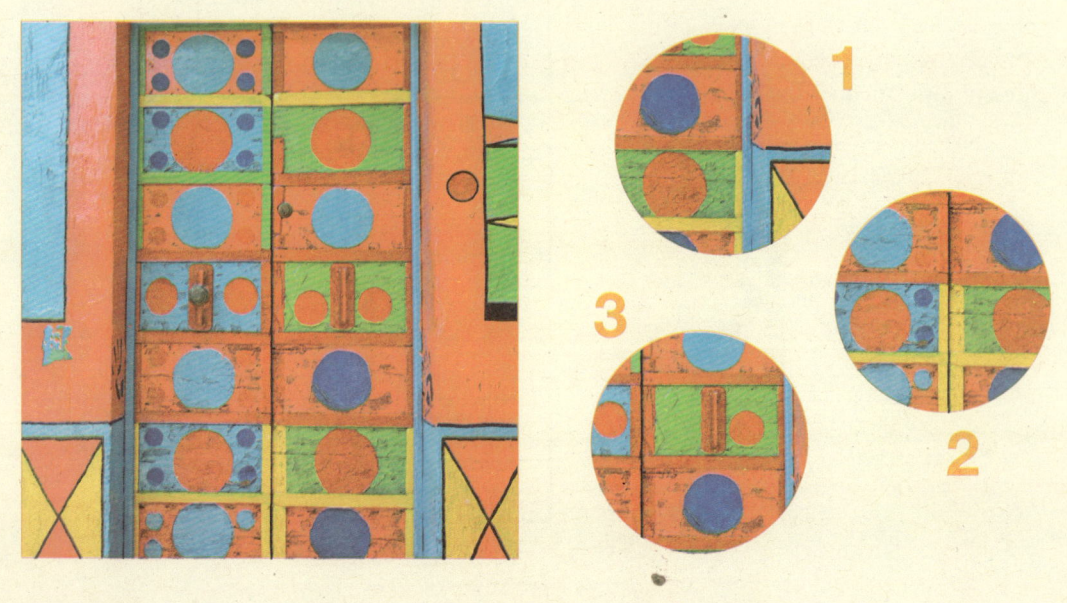

Bilderrätsel 175

★★★ Fotopuzzle

Welche Zahlenreihe ergeben die Puzzleteile, wenn sie an der richtigen Position liegen (angefangen von links nach rechts, von oben nach unten)?

Logikrätsel

★★★ Rundweg

Zeichnen Sie einen Rundweg entlang der gestrichelten Linien ein. Am Ende soll der Rundweg wieder an dem Punkt ankommen, an dem er gestartet ist. Die Zahlen in den Feldern geben dabei an, wie viele Seiten dieses Feldes durch den Rundweg belegt sind. In den Feldern ohne Zahl ist ungewiss, wie viele Seiten (von keiner bis alle vier) durch den Rundweg genutzt werden. Als kleine Hilfe haben wir die „0" und ein kleines Stück Weg vorgegeben.

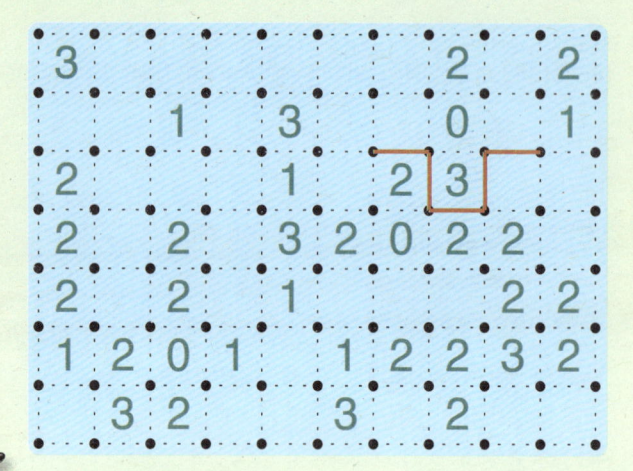

★★ Schiffe versenken

Tragen Sie die abgebildete Flotte in das Diagramm ein. Die Schiffe sollen nur waagerecht oder senkrecht liegen und dürfen sich nicht berühren, auch nicht diagonal. Die Schiffe dürfen dabei beliebig gedreht werden. In Felder mit Wellen können keine Schiffsteile eingetragen werden. Die Zahlen am Rand geben an, wie viele Schiffsteile in der entsprechenden Zeile oder Spalte zu finden sind.

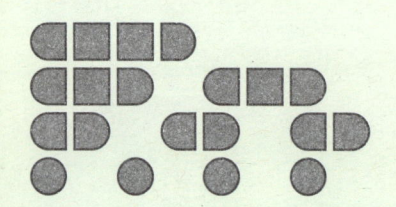

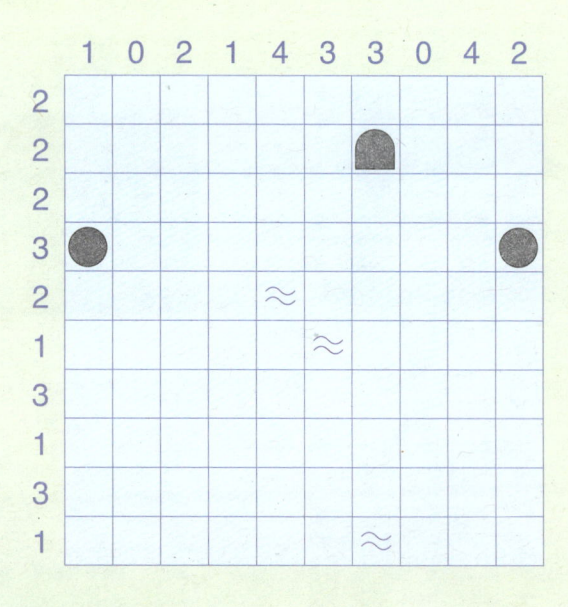

Logikrätsel 177

★★★ Zahlenlabyrinth

Finden Sie einen Weg durch das Labyrinth, der die Zahlen von 1 bis 15 in aufsteigender Reihenfolge jeweils genau einmal durchläuft. Der Weg darf sich an den Kreuzungen berühren oder auch kreuzen, jedoch darf kein Wegstück mehr als einmal durchlaufen werden.

★★★ Camping

Tragen Sie waagerecht oder senkrecht neben jedem Baum ein Zelt ein, das zu diesem Baum gehört. Die Zelte dürfen sich dabei nicht berühren, auch nicht diagonal. Die Zahlen am Rand geben an, wie viele Zelte sich in der entsprechenden Zeile oder Spalte befinden.

178 Zahlen- und Rechenrätsel

★★★ Rechenproblem

Die Rechnungen unten sind nicht ganz vollständig. Tragen Sie die fehlenden Ziffern so in die leeren Kästchen ein, dass die Rechnungen stimmen.

$$\boxed{}\,1\,2\, -\, 2\,\boxed{}\,9\, =\, 2\,7\,\boxed{}$$
$$+\qquad\qquad -\qquad\qquad +$$
$$3\,\boxed{}\,1\, +\, \boxed{}\,0\,\boxed{}\, =\, 4\,\boxed{}\,9$$
$$\overline{}$$
$$8\,\boxed{}\,3\, -\, \boxed{}\,3\,1\, =\, 7\,\boxed{}\,2$$

★★★ Magisches Quadrat

Die leeren Kästchen des Quadrates sind mit den fehlenden Zahlen von 1 bis 25 so zu füllen, dass sich in jeder Reihe, jeder Spalte und auch jeder Diagonalen die Summe 65 ergibt.

	23		1	
18	7		22	
	4	17		25
		21	9	14
10	16	3		12

Jede Reihe, jede Spalte und jede Diagonale = 65

Zahlen- und Rechenrätsel

★★★ Römisches Rätsel

Tragen Sie in jedes Feld eine der römischen Ziffern von I bis IV ein. Die Zahlen am Rand geben dabei an, wie oft jede der Ziffern in der entsprechenden Zeile oder Spalte vorkommt. Zudem dürfen in waagerecht oder senkrecht benachbarten Feldern keine gleichen Ziffern stehen.

				I	0	0	2	2	0
				II	2	2	2	1	2
				III	3	1	1	2	0
I	II	III	IV		0	2	0	0	3
1	0	2	2						
1	3	1	0		II		II		II
1	1	2	1						
1	3	0	1						
0	2	2	1						

★★★ Weintraube

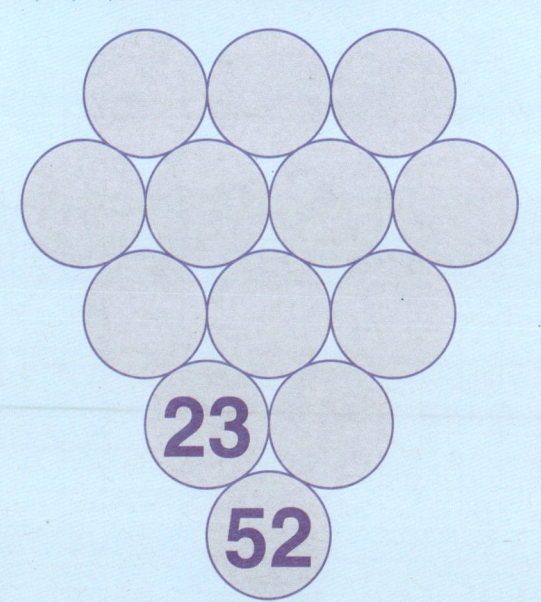

Füllen Sie die leeren Felder der Traube so auf, dass in jedem Feld die Summe der Zahlen in den beiden darüberliegenden Feldern steht und in den Feldern der obersten Reihe nur einstellige Zahlen stehen. In den beiden Feldern am linken und rechten Rand steht dabei der gleiche Wert wie im Feld schräg oberhalb.

23
52

Logikrätsel

★★★ Hanjie

Die Zahlen vor den Zeilen und Spalten geben an, wie viele aufeinanderfolgende Kästchen ausgemalt werden müssen. Zwischen diesen zusammenhängenden Kästchen bleibt mindestens eines frei.

Wenn alles richtig ausgemalt wurde, ergibt sich ein Bild.

★★★ Sikaku

Ziel ist, das Rätselfeld vollständig in Rechtecke und Quadrate zu zerlegen, die sich nicht überschneiden dürfen. In jedem dieser Rechtecke und Quadrate darf nur eine der vorgegebenen Zahlen stehen. Diese Zahl gibt an, wie viele Kästchen das Rechteck oder Quadrat umfasst. Ein Rechteck haben wir als Starthilfe vorgegeben.

Logikrätsel 181

★★★ Doppel-Sudoku

Die Doppelpackung in Sachen Sudoku basiert auf den gleichen Regeln wie das klassische Sudoku. Der Unterschied besteht darin, dass hier zwei Diagramme zu einem verschmelzen. Dabei haben die beiden Teile je zwei 3x3-Quadrate mit dem Schlüsselelement gemeinsam. Dies erscheint zunächst schwieriger, ist aber zugleich eine versteckte Hilfe, da sich mit einem gewissen Überblick über beide Rätselteile zusätzliche Zahlen ausschließen, welche im „Nachbardiagramm" schon vorhanden sind. Stellen Sie sich diesem japanischen Zahlenwerk!

182 Bilderrätsel

⭐⭐⭐ Labyrinth

Finden Sie den Weg durch dieses Labyrinth?

⭐⭐⭐ Knoten

Zwei der vier gezeigten Knoten werden nicht halten, wenn an den belasteten Enden (rote Pfeile) gezogen wird. Welche?

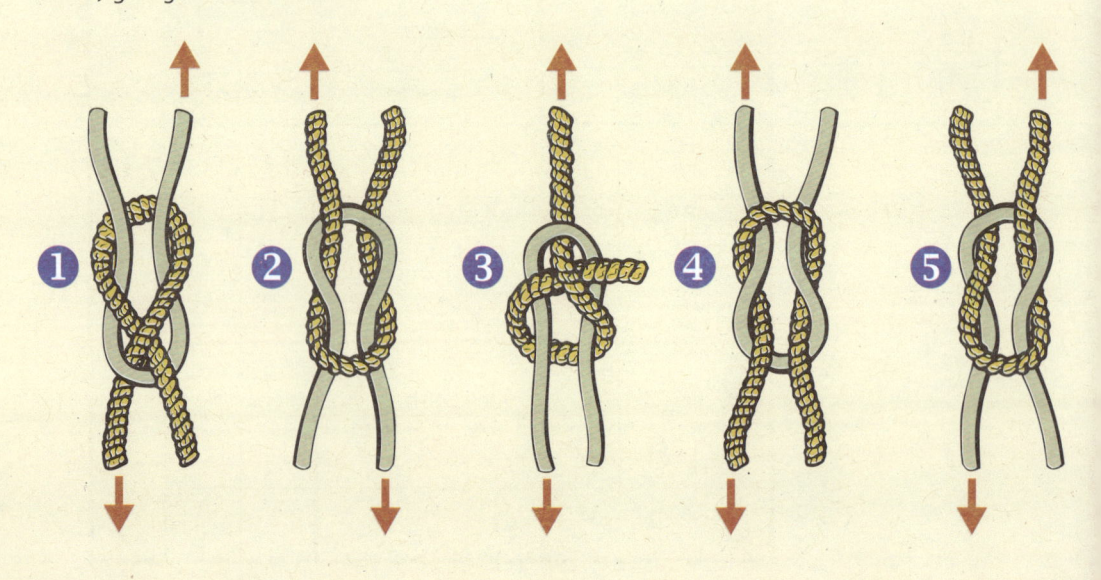

Bilderrätsel 183

⭐⭐⭐ Buntes Treiben!
Wie viele bunte Luftballons steigen in den Himmel auf?

Logikrätsel

⭐⭐⭐ Orangenpause

In einem Zimmer befinden sich sechs Kinder und ein Korb mit sechs Orangen. Jedes der Kind schnappt sich eine Orange und geht damit aus dem Raum. Trotzdem befindet sich im Korb noch eine Orange. Wie ist das möglich?

⭐⭐⭐ Pfeilschnell

Zeichnen Sie in jedes Feld am Rand einen Pfeil so ein, dass die mit Streichhölzern gelegten Zahlen in den Feldern genau die Anzahl der Pfeile angibt, die auf diese Zahl zeigt. Beachten Sie dabei auch die Pfeile, die von der anderen Seite (vom anderen „Ufer") des Diagramms auf die Zahl zeigen können. Die Pfeile müssen immer auf mindestens eine Zahl zeigen und dürfen waagerecht, senkrecht oder im 45°-Winkel eingezeichnet werden. Einen Pfeil haben wir als Starthilfe eingezeichnet.

Logikrätsel 185

★★★ Magnetisch

Füllen Sie das Diagramm mit neutralen (schwarzen) und magnetischen Platten. Jede Magnetplatte hat zwei Pole (+ und –). Zwei Hälften mit gleichen Polen dürfen nicht waagerecht oder senkrecht benachbart sein. Die Zahlen an den Rändern geben an, wie viele Plus- und Minuspole in der entsprechenden Zeile oder Spalte vorkommen.

★★★ Speichen

Verbinden Sie die Felder durch Speichen, die waagerecht, senkrecht oder diagonal eingezeichnet werden dürfen. Die Speichen dürfen sich aber nicht überschneiden. Die Zahlen in den Feldern geben an, wie viele Speichen von dem entsprechenden Feld ausgehen.

Bilderrätsel

★★★ Würfel zusammensetzen

Welche der Figuren A bis F ergeben zusammengesetzt einen vollständigen Würfel?

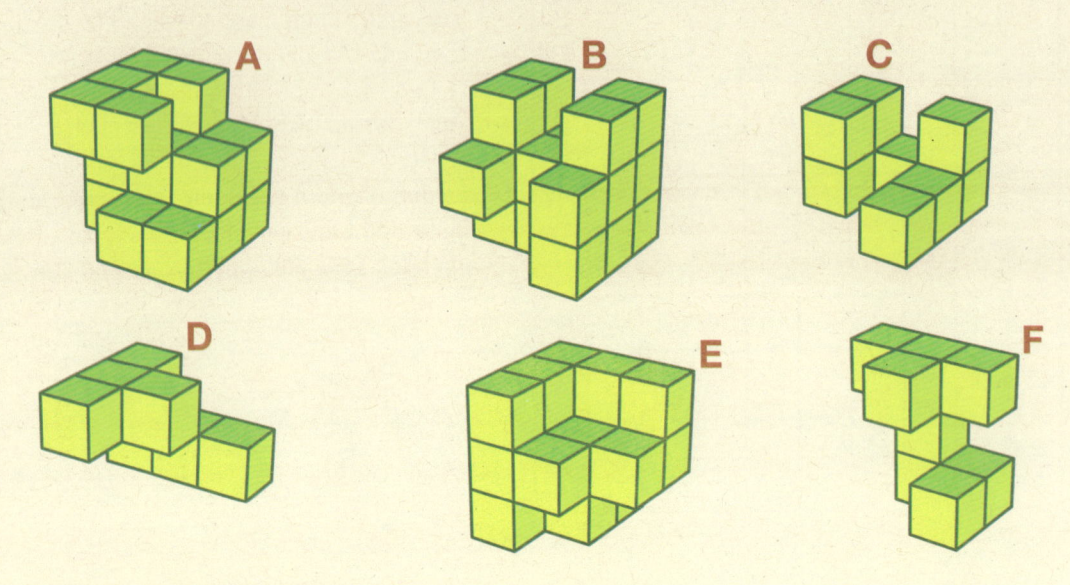

★★★ Faltproblem

Welcher der Würfel A bis D ist aus der Vorlage gefaltet worden?

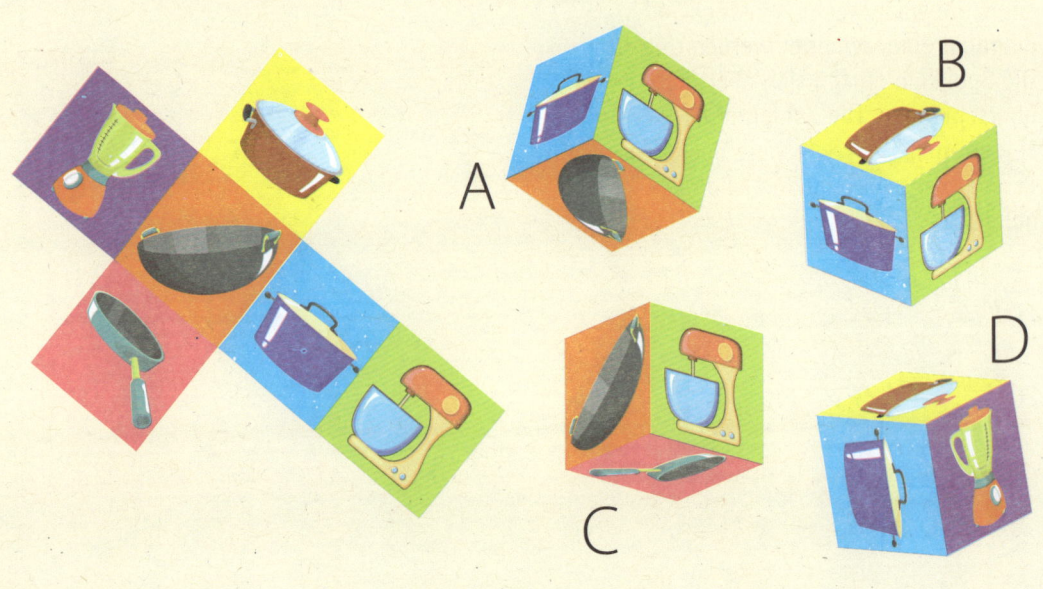

Bilderrätsel 187

⭐⭐⭐ Fürs Auge

Nur zwei der Rechtecke in der nebenstehenden Figur sind genau gleich. Welche sind es?

⭐⭐⭐ Richtiger Weg

Zeichnen Sie in das Rätsel einen Rundweg ein, der durch jedes Feld mit einem Kreis hindurchgeht und in den Feldern im 90°-Winkel abbiegen kann. In Feldern mit einem schwarzen Kreis muss er dabei im 90°-Winkel abbiegen und in beiden Richtungen im nächsten Feld geradeaus hindurchgehen. Durch Felder mit einem weißen Kreis muss er geradeaus hindurchgehen und in mindestens einem der beiden Nachbarfelder im 90°-Winkel abbiegen.

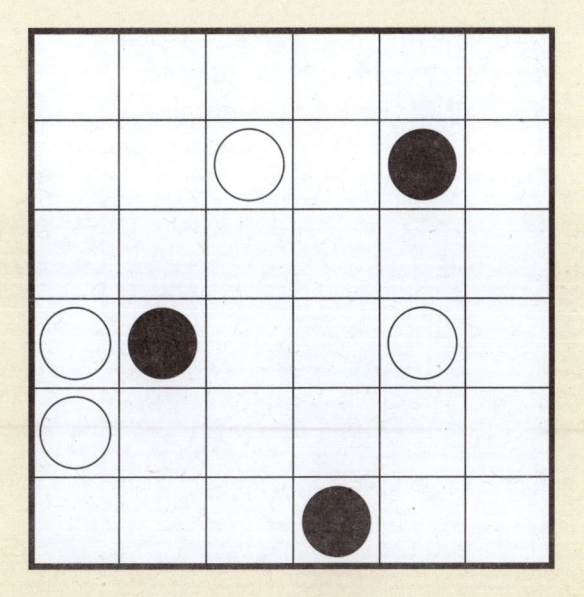

Logikrätsel

★★★ Fillomino

	2	2		2				1	8
1		2	1		3	7	2	3	8
	6		3	2	1		8		1
3	1	1	5		7				3
3	6	8			7	2		1	
2		2	1	5	7	2		2	2
	1	2	3		1	1		6	
2	2		3			3	2	5	1	3
	4	3				1			1
		1		1	5	1		2	2
3	1	4	2	2	3	2		4	2

Schreiben Sie in jedes Feld des Diagramms eine Zahl. Felder mit gleichen Zahlen müssen horizontal und vertikal zusammenhängende Bereiche bilden, die aus genauso vielen Feldern bestehen, wie die Zahl angibt. Zwei verschiedene, horizontal oder vertikal zusammenstoßende Bereiche dürfen nicht die gleiche Größe haben und können flächenmäßig um die Ecke laufen. Einen Bereich haben wir als Starthilfe vorgegeben.

★★★ Domino

Im nebenstehenden Rechteck sind 21 Dominosteine enthalten. Unten finden Sie die Steine, die verbaut wurden. Bestimmen Sie ihre Lage, indem Sie die jeweiligen Steine im Rechteck umrahmen!

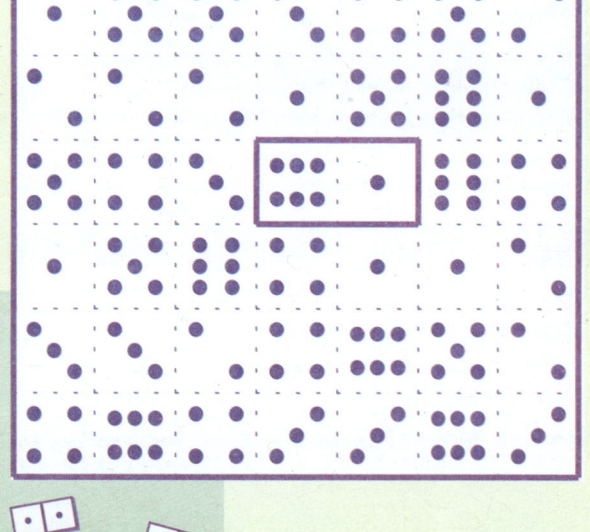

Logikrätsel 189

⭐⭐⭐ Inseln verbinden

Bei diesem Rätsel sollen alle Inseln durch Brücken verbunden werden, wobei jede Insel von jeder anderen aus erreichbar sein muss. Die Brücken dürfen dabei nur waagerecht oder senkrecht gebaut werden und nicht über andere Brücken oder Inseln hinweggehen. Zwischen zwei Inseln dürfen sich maximal zwei Brücken befinden.
Die Zahlen in den Inseln geben an, wie viele Brücken von dieser Insel aus wegführen.

⭐⭐⭐ Leuchtturm

Zeichnen Sie in einige der Felder jeweils ein Schiff so ein, dass kein Schiff ein anderes Schiff oder einen Leuchtturm berührt, auch nicht diagonal. Die Zahlen in den Leuchttürmen geben an, wie viele Schiffe von diesem aus in waagerechter oder senkrechter Richtung gesehen werden können. Dabei stört es nicht, wenn zwischen dem Schiff und dem Leuchtturm ein weiteres Schiff oder ein anderer Leuchtturm steht. Alle Schiffe werden von mindestens einem Leuchtturm gesehen.

190 Zahlen- und Rechenrätsel

★★★ Größer > Kleiner

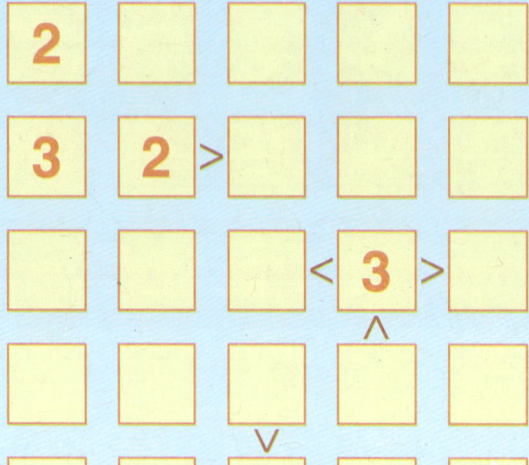

Tragen Sie die Ziffern von 1 bis 5 so in das Diagramm ein, dass in jeder Zeile und jeder Spalte jede der Ziffern von 1 bis 5 genau einmal vorkommt. Die Kleiner-Zeichen zwischen zwei Feldern geben an, in welchem der beiden Felder die kleinere Zahl steht.

★★★ Kakuro

In die leeren Felder sollen Sie die Zahlen von 1 bis 9 in beliebiger Reihenfolge eintragen. Dabei sollen sich waagerecht und senkrecht die vorgegebenen Summen in den hellrosa Kästchen ergeben. In keiner Summe darf sich eine Zahl wiederholen. Viel Spaß beim Knobeln!

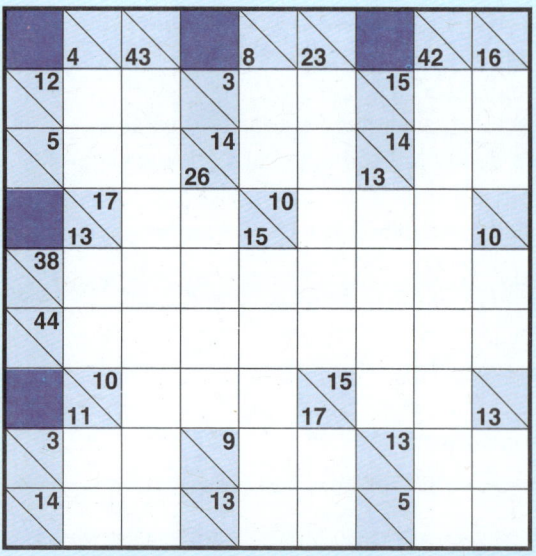

Zahlen- und Rechenrätsel

⭐⭐⭐ Zahlen gesucht

Wir haben 21 Zahlenkombinationen in dem Setzkasten versteckt. Die Kombinationen können in jede Richtung laufen, auch diagonal, rückwärts oder von unten nach oben.

183 – 240 – 258 – 2855 – 33429 – 431 – 4682 – 4739 – 537 – 5505 – 5535 – 5962 – 67309 – 679 – 6961 – 710 – 794 – 829 – 8716 – 9151 – 966

Die vier übrig bleibenden Zahlen im Setzkasten nennen das Jahr, in dem Max Schmeling Weltmeister im Schwergewicht wurde.

4	4	2	8	6	4	5	1	3	3	4	2	9	1	6	5	7	1	0	1
9	7	5	9	6	2	9	5	6	8	5	3	7	6	5	1	0	4	2	5
7	3	9	7	6	4	3	1	0	9	2	3	9	3	8	6	1	7	8	1
0	9	5	5	8	2	2	5	8	5	6	9	5	3	6	7	3	0	9	9

⭐⭐⭐ Gebiete

Tragen Sie Ziffern so in das Diagramm ein, dass in jeder Zeile und jeder Spalte jede der Ziffern von 1 bis 6 genau einmal vorkommt. Die kleinen Zahlen in den Gebieten geben die Summe der Ziffern in diesem Gebiet an. Beachten Sie, dass innerhalb eines Gebiets gleiche Ziffern sein können, sofern diese in unterschiedlichen Zeilen und Spalten stehen.

Logikrätsel

★★★ Pünktchen-Sudoku

Tragen Sie die Ziffern von 1 bis 6 so in das Diagramm ein, dass jede Ziffer in jeder Zeile und jeder Spalte genau einmal vorkommt. Befindet sich zwischen zwei Feldern ein schwarzer Kreis, so muss eine der beiden Ziffern in diesen beiden Feldern exakt das Doppelte der anderen sein. Ein weißer Kreis hingegen bedeutet, dass eine der beiden Ziffern um eins größer sein muss als die andere. Befindet sich kein Kreis zwischen zwei Ziffern, so darf auch keine der beiden Eigenschaften zutreffen.

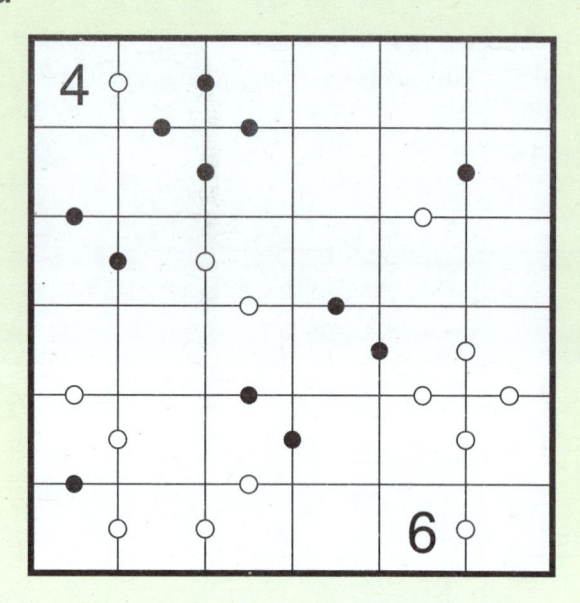

★★★ Verflixte Wabe

Tragen Sie in jedes weiße Feld eine der Zahlen von 1 bis 6 ein, sodass an jedem der schwarzen Felder jede der sechs Zahlen genau einmal steht. Beachten Sie dabei, dass in benachbarten Feldern keine zwei gleichen Zahlen stehen dürfen. So darf also zum Beispiel eine 1 nicht direkt neben einer weiteren 1 stehen.

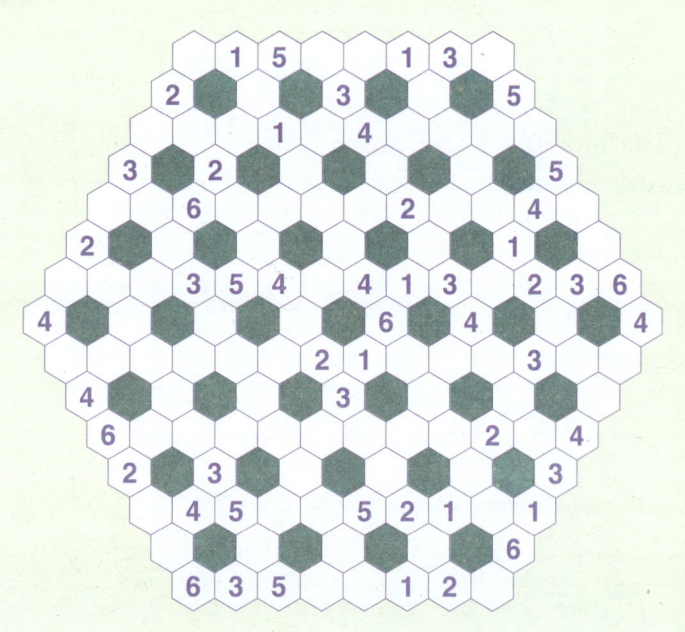

Logikrätsel 193

⭐⭐⭐ Hitori

11	7	2	3	6	6	9	7	4	8	14	13	12	8	11	1
1	3	14	6	1	9	4	3	2	7	4	11	10	4	13	9
4	10	8	10	9	2	11	12	14	13	5	7	3	11	7	6
11	13	12	10	4	8	14	9	2	3	10	5	8	4	6	7
13	3	10	8	6	4	6	12	5	9	11	7	5	1	14	11
10	4	3	8	7	10	6	2	1	8	4	6	13	12	1	14
14	2	3	4	11	9	10	6	7	13	3	12	6	4	1	5
12	11	12	9	7	13	1	8	5	2	10	10	5	14	7	12
2	6	4	7	12	5	■	7	11	10	1	14	12	9	12	8
5	9	11	13	13	7	8	2	12	12	10	9	14	5	4	2
11	5	11	14	13	3	12	4	13	1	2	8	7	3	10	9
11	14	6	5	11	3	11	13	8	13	9	9	1	14	10	4

Schwärzen Sie einige der Felder, sodass zwei geschwärzte Felder niemals waagerecht oder senkrecht benachbart sind und dass in jeder Zeile und jeder Spalte jede Ziffer nur maximal einmal ungeschwärzt übrig bleibt. Beachten Sie dabei, dass die weißen Felder alle zusammenhängen müssen, mit anderen Worten: Die geschwärzten Felder dürfen das Rätsel nicht in zwei oder mehr Stücke teilen. Ein geschwärztes Feld haben wir als Starthilfe vorgegeben.

⭐⭐⭐ Sudoku

Tragen Sie in jedes Feld eine der Ziffern von 1 bis 9 so ein, dass in jeder Zeile, jeder Spalte und jedem 3x3-Gebiet jede der Ziffern von 1 bis 9 genau einmal vorkommt.

1			7		5			3
	8	3				9	1	
		2				8		
4			5	2	6			9
			3		8			
3			4	1	7			2
		1				4		
	5	6				3	2	
2			8		9			7

194 Bilderrätsel

⭐⭐⭐ Partytime

Bei der Spiegelung des oberen Bildes sind unserem Zeichner 3 Fehler unterlaufen. Können Sie sie finden?

⭐⭐⭐ Fotoausschnitt

Einer der Ausschnitte aus dem Bild ist fehlerhaft. Welcher ist es?

Bilderrätsel 195

⭐⭐⭐ Fotopuzzle

Welche Zahlenreihe ergeben die Puzzleteile, wenn sie an der richtigen Position liegen (angefangen von links nach rechts, von oben nach unten)?

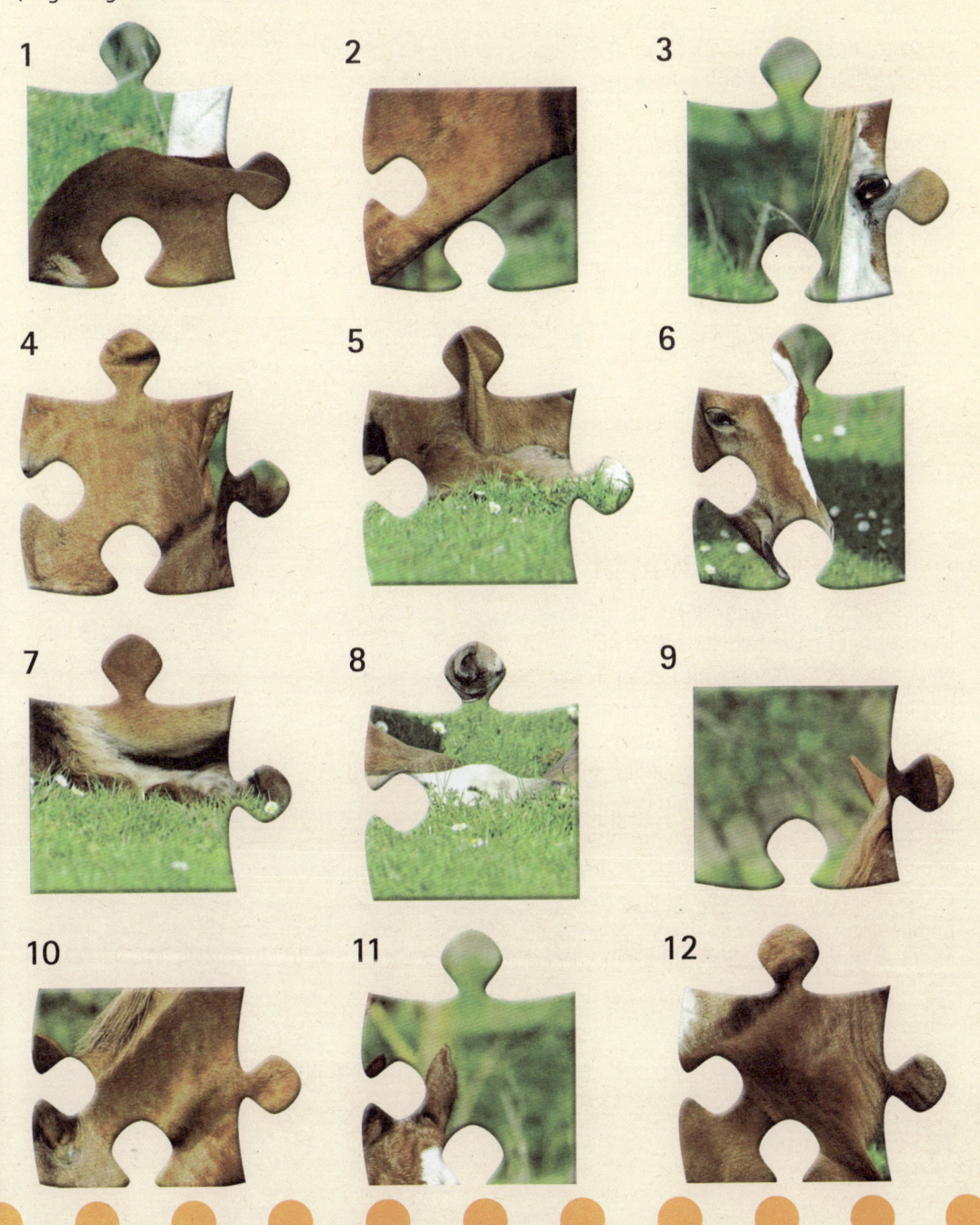

Logikrätsel

★★★ Rundweg

Zeichnen Sie einen Rundweg entlang der gestrichelten Linien ein. Am Ende soll der Rundweg wieder an dem Punkt ankommen, an dem er gestartet ist. Die Zahlen in den Feldern geben dabei an, wie viele Seiten dieses Feldes durch den Rundweg belegt sind. In den Feldern ohne Zahl ist ungewiss, wie viele Seiten (von keiner bis alle vier) durch den Rundweg genutzt werden. Als kleine Hilfe haben wir die „0" und ein kleines Stück Weg vorgegeben.

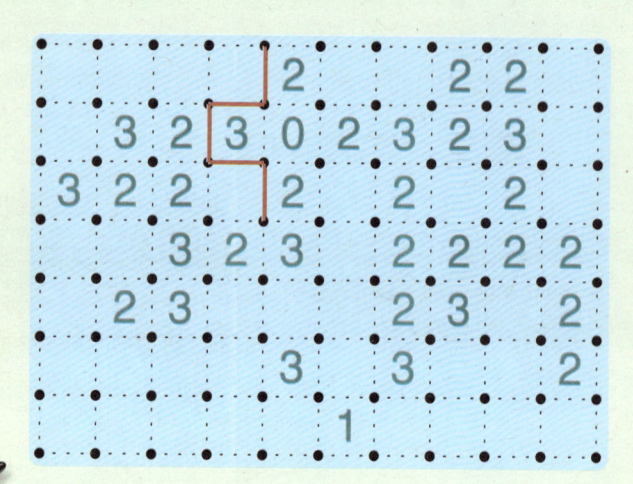

★★★ Schiffe versenken

Tragen Sie die abgebildete Flotte in das Diagramm ein. Die Schiffe sollen nur waagerecht oder senkrecht liegen und dürfen sich nicht berühren, auch nicht diagonal. Die Schiffe dürfen dabei beliebig gedreht werden. In Felder mit Wellen können keine Schiffsteile eingetragen werden. Die Zahlen am Rand geben an, wie viele Schiffsteile in der entsprechenden Zeile oder Spalte zu finden sind.

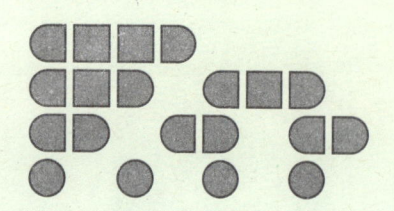

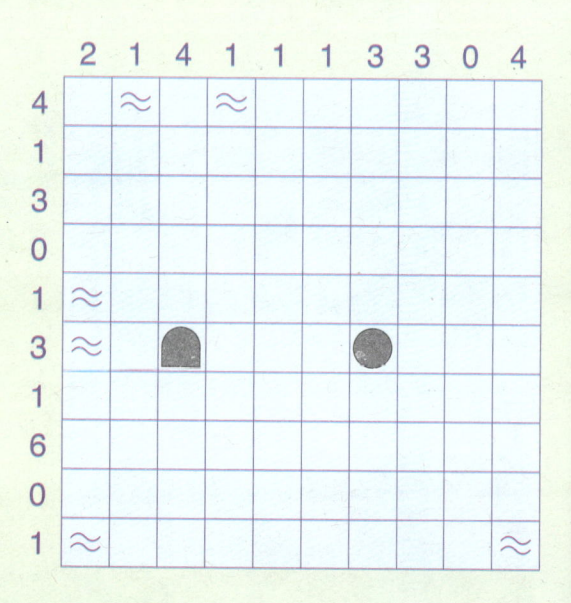

Logikrätsel 197

⭐⭐ Zahlenlabyrinth

Finden Sie einen Weg durch das Labyrinth, der die Zahlen von 1 bis 15 in aufsteigender Reihenfolge jeweils genau einmal durchläuft. Der Weg darf sich an den Kreuzungen berühren oder auch kreuzen, jedoch darf kein Wegstück mehr als einmal durchlaufen werden.

⭐⭐ Camping

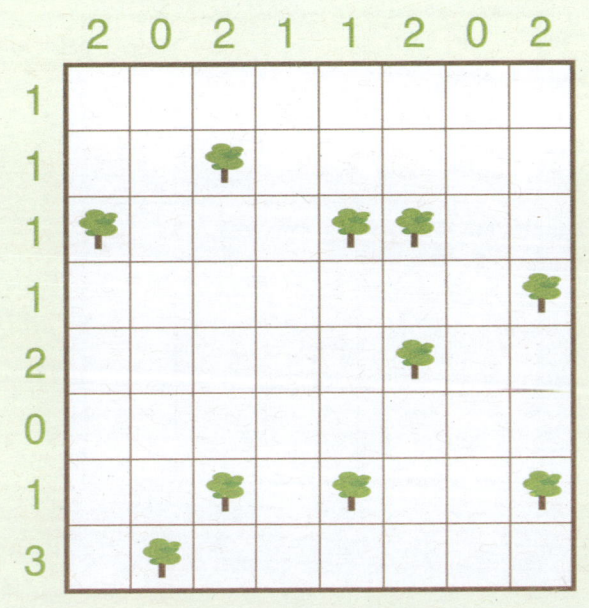

Tragen Sie waagerecht oder senkrecht neben jedem Baum ein Zelt ein, das zu diesem Baum gehört. Die Zelte dürfen sich dabei nicht berühren, auch nicht diagonal. Die Zahlen am Rand geben an, wie viele Zelte sich in der entsprechenden Zeile oder Spalte befinden.

Zahlen- und Rechenrätsel

★★★ Rechenmeister

Welche Zahlen gehören in die freien Felder, damit die Rechnungen stimmen?

8	−	6	+	=4
−		+		+
3	−		+	=2
−		−		+
	+		−	=6
=4		=5		=9

★★★ Magisches Quadrat

Die leeren Kästchen des Quadrates sind mit den fehlenden Zahlen von 1 bis 25 so zu füllen, dass sich in jeder Reihe, jeder Spalte und auch jeder Diagonalen die Summe 65 ergibt.

			24		= 65
8	20	4		16	= 65
12	18		6	19	= 65
9			15	22	= 65
	11	21			= 65

= 65 = 65 = 65 = 65 = 65

Zahlen- und Rechenrätsel

★★★ Römisches Rätsel

Tragen Sie in jedes Feld eine der römischen Ziffern von I bis IV ein. Die Zahlen am Rand geben dabei an, wie oft jede der Ziffern in der entsprechenden Zeile oder Spalte vorkommt. Zudem dürfen in waagerecht oder senkrecht benachbarten Feldern keine gleichen Ziffern stehen.

				I	0	0	0	3	0
				II	2	1	1	0	1
				III	1	2	1	1	1
I	II	III	IV		2	2	3	1	3
1	0	1	3						
0	3	1	1						
1	0	1	3	IV		IV		IV	
0	1	2	2						
1	1	1	2						

★★★ Weintraube

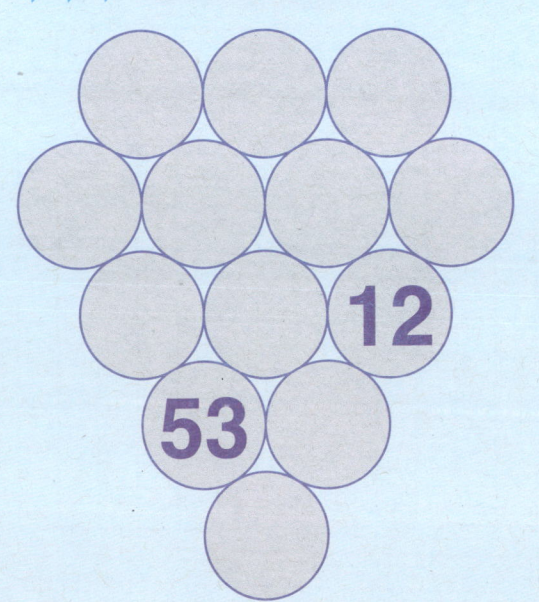

Füllen Sie die leeren Felder der Traube so auf, dass in jedem Feld die Summe der Zahlen in den beiden darüberliegenden Feldern steht und in den Feldern der obersten Reihe nur einstellige Zahlen stehen. In den beiden Feldern am linken und rechten Rand steht dabei der gleiche Wert wie im Feld schräg oberhalb.

12

53

Logikrätsel

★★★ Hanjie

Die Zahlen vor den Zeilen und Spalten geben an, wie viele aufeinanderfolgende Kästchen ausgemalt werden müssen. Zwischen diesen zusammenhängenden Kästchen bleibt mindestens eines frei.

Wenn alles richtig ausgemalt wurde, ergibt sich ein Bild.

★★★ Sikaku

Ziel ist, das Rätselfeld vollständig in Rechtecke und Quadrate zu zerlegen, die sich nicht überschneiden dürfen. In jedem dieser Rechtecke und Quadrate darf nur eine der vorgegebenen Zahlen stehen. Diese Zahl gibt an, wie viele Kästchen das Rechteck oder Quadrat umfasst. Ein Rechteck haben wir als Starthilfe vorgegeben.

Logikrätsel 201

✭✭✭ Doppel-Sudoku

Die Doppelpackung in Sachen Sudoku basiert auf den gleichen Regeln wie das klassische Sudoku. Der Unterschied besteht darin, dass hier zwei Diagramme zu einem verschmelzen. Dabei haben die beiden Teile je zwei 3x3-Quadrate mit dem Schlüsselelement gemeinsam. Dies erscheint zunächst schwieriger, ist aber zugleich eine versteckte Hilfe, da sich mit einem gewissen Überblick über beide Rätselteile zusätzliche Zahlen ausschließen, welche im „Nachbardiagramm" schon vorhanden sind. Stellen Sie sich diesem japanischen Zahlenwerk!

Oberes Diagramm (9×9):

	1	9	7			4		
		7		8				
6			3					2
			1	9		8		
				5		2		3
			4		8		9	1
2	4	6					6	2	4
7	8								1
		5					9	5	

Unteres Diagramm (9×9, überlappend in den oberen zwei 3×3-Blöcken):

			5		2	7		
			4	8		6	1	
				1			2		9
			1	5	8	2		7
							5	
			6			4		2	3

202 Bilderrätsel

★★★ Labyrinth
Finden Sie den Weg durch dieses Labyrinth?

★★★ Fehlersuche
Welche zwei Bilder sind identisch?

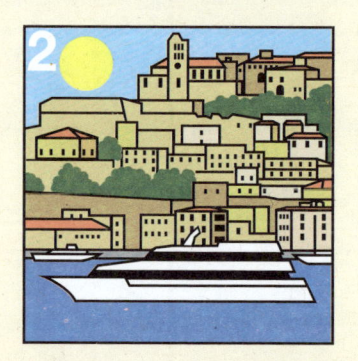

Bilderrätsel 203

★★★ „Pfeil und Bogen"

Wie viele Pfeile sind auf dem Bild zu sehen?

★★★ Schachmatt

Wenn Sie die fünf unten stehenden Elemente zu einem Schachbrett zusammenfügen, werden Sie entdecken, dass ein Element ein Feld zu viel hat. Welches ist es?

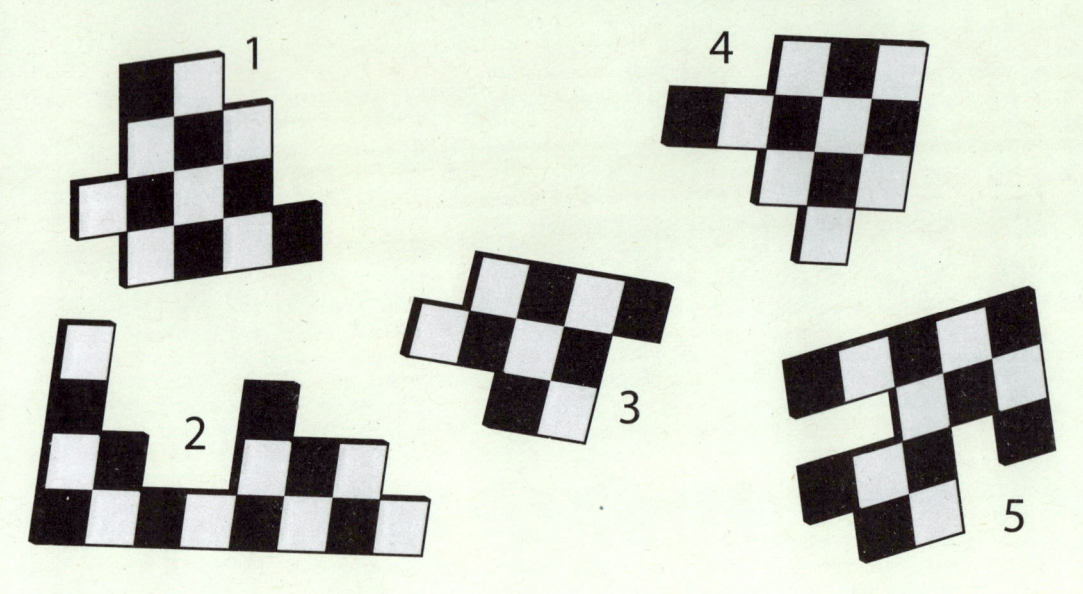

★★★ Pfeilschnell

Zeichnen Sie in jedes Feld am Rand einen Pfeil so ein, dass die mit Streichhölzern gelegten Zahlen in den Feldern genau die Anzahl der Pfeile angibt, die auf diese Zahl zeigt. Beachten Sie dabei auch die Pfeile, die von der anderen Seite (vom anderen „Ufer") des Diagramms auf die Zahl zeigen können. Die Pfeile müssen immer auf mindestens eine Zahl zeigen und dürfen waagerecht, senkrecht oder im 45°-Winkel eingezeichnet werden. Einen Pfeil haben wir als Starthilfe eingezeichnet.

Logikrätsel 205

★★★ Magnetisch

+	4	2	3	3	1	2	2	3
	–	3	3	3	3	1	2	2	3
3	4							
3	3							
1	2							
4	1							
2	3					+		
2	3					–		
2	2							
3	2							

Füllen Sie das Diagramm mit neutralen (schwarzen) und magnetischen Platten. Jede Magnetplatte hat zwei Pole (+ und –). Zwei Hälften mit gleichen Polen dürfen nicht waagerecht oder senkrecht benachbart sein. Die Zahlen an den Rändern geben an, wie viele Plus- und Minuspole in der entsprechenden Zeile oder Spalte vorkommen.

★★★ Speichen

Verbinden Sie die Felder durch Speichen, die waagerecht, senkrecht oder diagonal eingezeichnet werden dürfen. Die Speichen dürfen sich aber nicht überschneiden. Die Zahlen in den Feldern geben an, wie viele Speichen von dem entsprechenden Feld ausgehen.

2	4	3	1
4	6	4	2
4	4	7	4
1	3	3	2

206 Bilderrätsel

★★★ Zahnräder

Muss das erste Rad oben links im Uhrzeigersinn oder gegen den Uhrzeigersinn gedreht werden, damit der Hammer die Glocke schlägt?

★★★ Logisch!

Welche Zahlen gehören an die Stelle der beiden Fragezeichen?

9
36
14
31
19
26
24
21
?
?

Bilderrätsel 207

⭐⭐⭐ Optische Täuschung

Welcher der Körper von Nr. 1 bis 5 beinhaltet keine optische Täuschung?

⭐⭐⭐ Richtiger Weg

Zeichnen Sie in das Rätsel einen Rundweg ein, der durch jedes Feld mit einem Kreis hindurchgeht und in den Feldern im 90°-Winkel abbiegen kann. In Feldern mit einem schwarzen Kreis muss er dabei im 90°-Winkel abbiegen und in beiden Richtungen im nächsten Feld geradeaus hindurchgehen. Durch Felder mit einem weißen Kreis muss er geradeaus hindurchgehen und in mindestens einem der beiden Nachbarfelder im 90°-Winkel abbiegen.

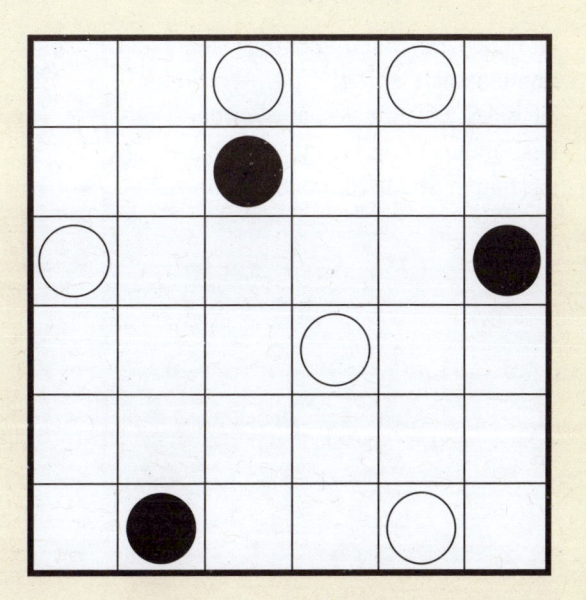

Logikrätsel

⭐⭐⭐ Fillomino

4	4	3			6	3			4	2		1
			1	2		2				4		
1	2	5		2			3	2	4			4
	1	4	1			1		3				1
3	5	3		2	1			2				
2		3		5	5	4			1		5	1	2
3		2			3	1				1		2
		6	1		1			3	2	3	4	4
1		5	6			1		2			4	
2	3	1	6		6	1			4			2
				1	2		4			3		3	3

Schreiben Sie in jedes Feld des Diagramms eine Zahl. Felder mit gleichen Zahlen müssen horizontal und vertikal zusammenhängende Bereiche bilden, die aus genauso vielen Feldern bestehen, wie die Zahl angibt. Zwei verschiedene, horizontal oder vertikal zusammenstoßende Bereiche dürfen nicht die gleiche Größe haben und können flächenmäßig um die Ecke laufen. Einen Bereich haben wir als Starthilfe vorgegeben.

⭐⭐⭐ Domino

Im nebenstehenden Rechteck sind 21 Dominosteine enthalten. Unten finden Sie die Steine, die verbaut wurden. Bestimmen Sie ihre Lage, indem Sie die jeweiligen Steine im Rechteck umrahmen!

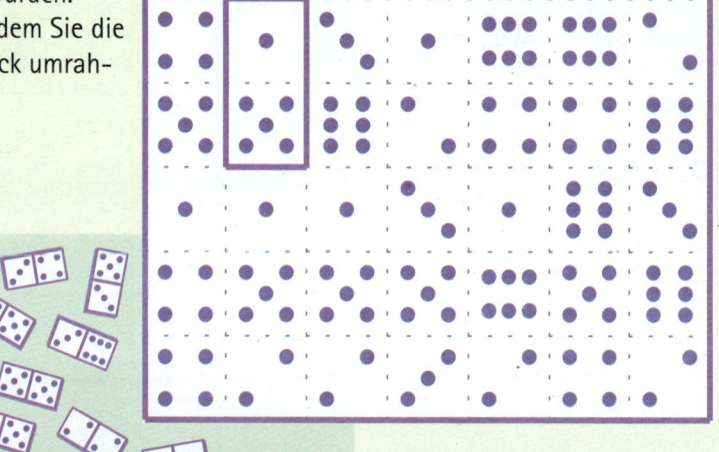

Logikrätsel 209

✸✸✸ Inseln verbinden

Bei diesem Rätsel sollen alle Inseln durch Brücken verbunden werden, wobei jede Insel von jeder anderen aus erreichbar sein muss. Die Brücken dürfen dabei nur waagerecht oder senkrecht gebaut werden und nicht über andere Brücken oder Inseln hinweggehen. Zwischen zwei Inseln dürfen sich maximal zwei Brücken befinden.
Die Zahlen in den Inseln geben an, wie viele Brücken von dieser Insel aus wegführen.

✸✸✸ Leuchtturm

Zeichnen Sie in einige der Felder jeweils ein Schiff so ein, dass kein Schiff ein anderes Schiff oder einen Leuchtturm berührt, auch nicht diagonal. Die Zahlen in den Leuchttürmen geben an, wie viele Schiffe von diesem aus in waagerechter oder senkrechter Richtung gesehen werden können. Dabei stört es nicht, wenn zwischen dem Schiff und dem Leuchtturm ein weiteres Schiff oder ein anderer Leuchtturm steht. Alle Schiffe werden von mindestens einem Leuchtturm gesehen.

Zahlen- und Rechenrätsel

★★★ Größer > Kleiner

Tragen Sie die Ziffern von 1 bis 5 so in das Diagramm ein, dass in jeder Zeile und jeder Spalte jede der Ziffern von 1 bis 5 genau einmal vorkommt. Die Kleiner-Zeichen zwischen zwei Feldern geben an, in welchem der beiden Felder die kleinere Zahl steht.

★★★ Kakuro

In die leeren Felder sollen Sie die Zahlen von 1 bis 9 in beliebiger Reihenfolge eintragen. Dabei sollen sich waagerecht und senkrecht die vorgegebenen Summen in den hellrosa Kästchen ergeben. In keiner Summe darf sich eine Zahl wiederholen. Viel Spaß beim Knobeln!

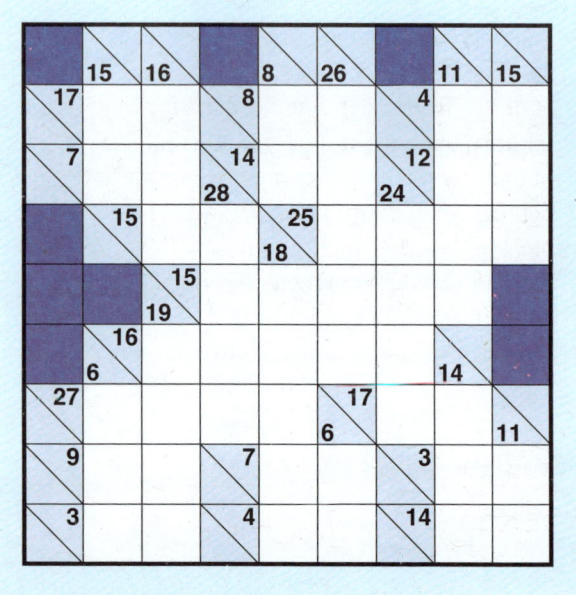

Zahlen- und Rechenrätsel

★★★ Zahlen gesucht

Wir haben 22 Zahlenkombinationen in dem Setzkasten versteckt. Die Kombinationen können in jede Richtung laufen, auch diagonal, rückwärts oder von unten nach oben.

1394 – 257 – 268 – 284 – 28575 – 326 – 438 – 508 – 5218 – 5237 – 560 – 611 – 687 – 6893 – 730 – 7409 – 743 – 755 – 8485 – 9378 – 947 – 9751

Die vier übrig bleibenden Zahlen im Setzkasten nennen das Jahr, in dem James Cook die Hawaii-Inseln entdeckte.

```
3 4 7 9 5 6 0 0 3 7 7 5 5 9 3 1 7 6 1 1
4 3 8 5 0 6 8 7 7 2 8 4 3 9 2 4 7 3 2 5
8 1 2 5 0 4 7 5 8 4 8 7 8 5 9 2 8 5 7 5
4 9 3 1 8 8 7 6 2 3 8 6 7 1 5 7 9 8 6 2
```

★★★ Gebiete

Tragen Sie Ziffern so in das Diagramm ein, dass in jeder Zeile und jeder Spalte jede der Ziffern von 1 bis 6 genau einmal vorkommt. Die kleinen Zahlen in den Gebieten geben die Summe der Ziffern in diesem Gebiet an. Beachten Sie, dass innerhalb eines Gebiets gleiche Ziffern sein können, sofern diese in unterschiedlichen Zeilen und Spalten stehen.

Logikrätsel

⭐⭐⭐ Pünktchen-Sudoku

Tragen Sie die Ziffern von 1 bis 6 so in das Diagramm ein, dass jede Ziffer in jeder Zeile und jeder Spalte genau einmal vorkommt. Befindet sich zwischen zwei Feldern ein schwarzer Kreis, so muss eine der beiden Ziffern in diesen beiden Feldern exakt das Doppelte der anderen sein. Ein weißer Kreis hingegen bedeutet, dass eine der beiden Ziffern um eins größer sein muss als die andere. Befindet sich kein Kreis zwischen zwei Ziffern, so darf auch keine der beiden Eigenschaften zutreffen.

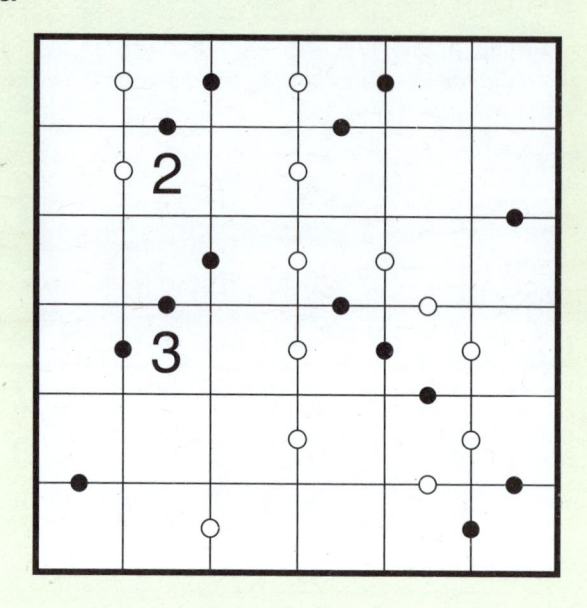

⭐⭐⭐ Verflixte Wabe

Tragen Sie in jedes weiße Feld eine der Zahlen von 1 bis 6 ein, sodass an jedem der schwarzen Felder jede der sechs Zahlen genau einmal steht. Beachten Sie dabei, dass in benachbarten Feldern keine zwei gleichen Zahlen stehen dürfen. So darf also zum Beispiel eine 1 nicht direkt neben einer weiteren 1 stehen.

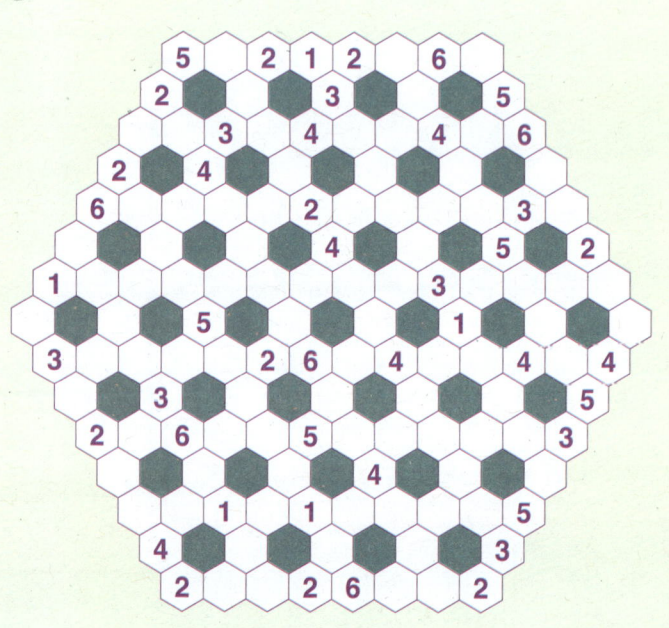

Logikrätsel 213

★★★ Hitori

7	7	1	5	10	9	4	4	10	12	6	4	3	1	8	7
4	9	3	1	8	5	10	6	11	13	12	7	10	1	2	14
8	4	3	1	8	14	11	2	2	7	1	12	13	7	5	13
1	12	9	7	5	13	3	5	14	4	11	8	4	8	10	2
8	13	5	9	14	4	7	4	6	12	13	3	7	2	9	2
9	7	8	3	4	6	12	8	6	5	8	14	1	6	13	10
10	■	4	13	13	8	2	11	12	10	1	9	5	14	13	6
9	1	11	1	6	4	2	5	3	8	7	4	6	10	14	3
12	13	2	8	7	4	6	3	13	5	10	6	9	4	11	5
14	5	7	2	7	10	8	4	4	9	3	8	11	13	12	14
6	14	14	11	13	2	5	7	6	1	4	10	12	8	4	8
13	3	14	12	5	3	8	9	8	13	7	5	14	6	1	1

Schwärzen Sie einige der Felder, sodass zwei geschwärzte Felder niemals waagerecht oder senkrecht benachbart sind und dass in jeder Zeile und jeder Spalte jede Ziffer nur maximal einmal ungeschwärzt übrig bleibt. Beachten Sie dabei, dass die weißen Felder alle zusammenhängen müssen, mit anderen Worten: Die geschwärzten Felder dürfen das Rätsel nicht in zwei oder mehr Stücke teilen. Ein geschwärztes Feld haben wir als Starthilfe vorgegeben.

★★★ Sudoku

Tragen Sie in jedes Feld eine der Ziffern von 1 bis 9 so ein, dass in jeder Zeile, jeder Spalte und jedem 3x3-Gebiet jede der Ziffern von 1 bis 9 genau einmal vorkommt.

	6	3		4	9			
	3					6		
		8		1		6		3
8				3				2
		9	5		1	3		
3				4				7
	2		7		9		1	
		1				8		
		7	8		5	2		

Bilderrätsel

⭐⭐⭐ Räderwerk

Bei der Spiegelung des oberen Bildes sind unserem Zeichner 3 Fehler unterlaufen. Können Sie sie finden?

⭐⭐⭐ Fotoausschnitt

Einer der Ausschnitte aus dem Bild ist fehlerhaft. Welcher ist es?

Bilderrätsel 215

★★★ Fotopuzzle

Welche Zahlenreihe ergeben die Puzzleteile, wenn sie an der richtigen Position liegen (angefangen von links nach rechts, von oben nach unten)?

216 Logikrätsel

★★★ Rundweg

Zeichnen Sie einen Rundweg entlang der gestrichelten Linien ein. Am Ende soll der Rundweg wieder an dem Punkt ankommen, an dem er gestartet ist. Die Zahlen in den Feldern geben dabei an, wie viele Seiten dieses Feldes durch den Rundweg belegt sind. In den Feldern ohne Zahl ist ungewiss, wie viele Seiten (von keiner bis alle vier) durch den Rundweg genutzt werden. Als kleine Hilfe haben wir die „0" und ein kleines Stück Weg vorgegeben.

★★★ Schiffe versenken

Tragen Sie die abgebildete Flotte in das Diagramm ein. Die Schiffe sollen nur waagerecht oder senkrecht liegen und dürfen sich nicht berühren, auch nicht diagonal. Die Schiffe dürfen dabei beliebig gedreht werden. In Felder mit Wellen können keine Schiffsteile eingetragen werden. Die Zahlen am Rand geben an, wie viele Schiffsteile in der entsprechenden Zeile oder Spalte zu finden sind.

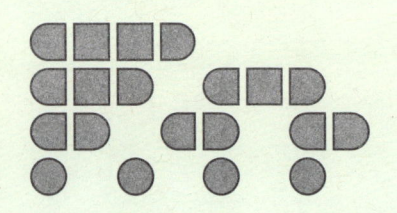

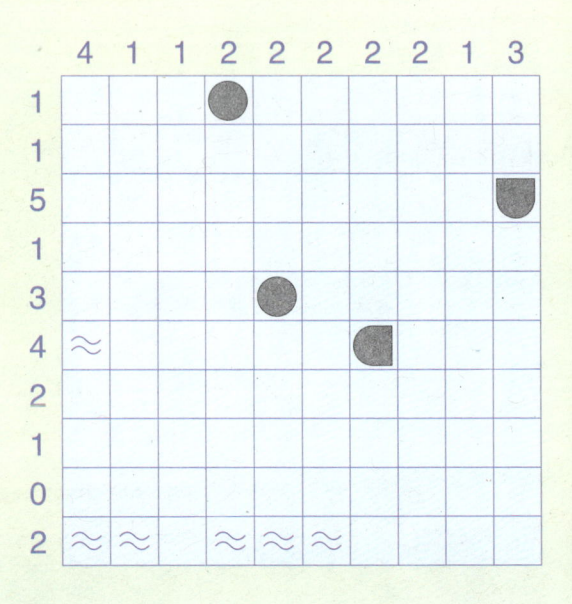

Logikrätsel 217

★★★ Zahlenlabyrinth

Finden Sie einen Weg durch das Labyrinth, der die Zahlen von 1 bis 15 in aufsteigender Reihenfolge jeweils genau einmal durchläuft. Der Weg darf sich an den Kreuzungen berühren oder auch kreuzen, jedoch darf kein Wegstück mehr als einmal durchlaufen werden.

★★★ Camping

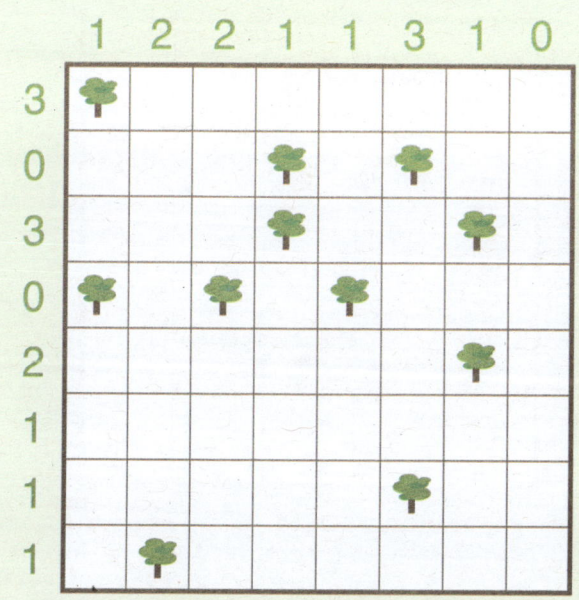

Tragen Sie waagerecht oder senkrecht neben jedem Baum ein Zelt ein, das zu diesem Baum gehört. Die Zelte dürfen sich dabei nicht berühren, auch nicht diagonal. Die Zahlen am Rand geben an, wie viele Zelte sich in der entsprechenden Zeile oder Spalte befinden.

Zahlen- und Rechenrätsel

★★★ Rechenproblem

Welche Zahl gehört an die Stelle des Fragezeichens?

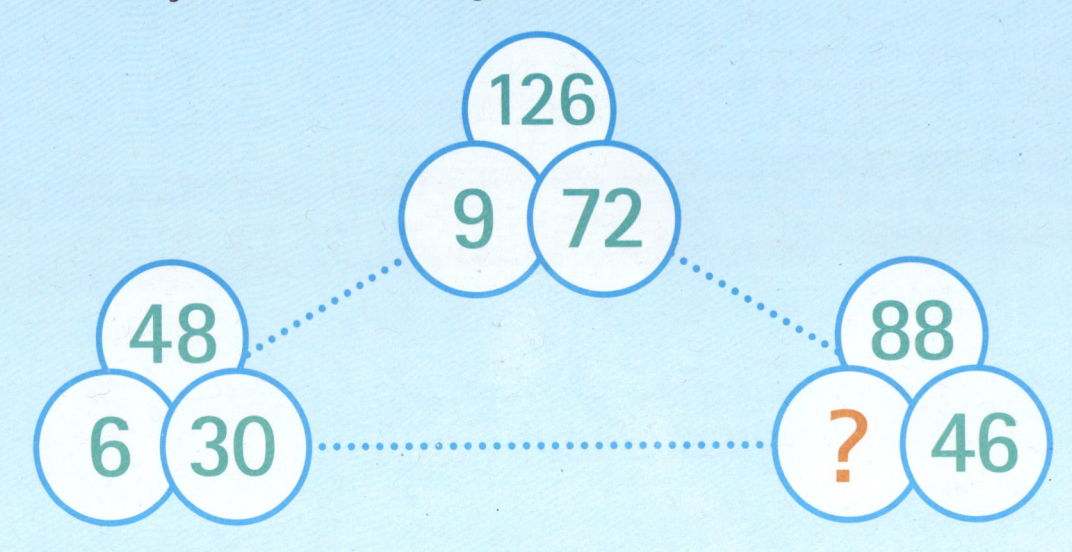

126
9 72

48
6 30

88
? 46

★★★ Magisches Quadrat

Die leeren Kästchen des Quadrates sind mit den fehlenden Zahlen von 1 bis 25 so zu füllen, dass sich in jeder Reihe, jeder Spalte und auch jeder Diagonalen die Summe 65 ergibt.

	4	24			= 65
	25	2		10	= 65
8	15		17		= 65
1		18	21		= 65
23		16	14	3	= 65
= 65	= 65	= 65	= 65	= 65	= 65

Zahlen- und Rechenrätsel

★★★ Römisches Rätsel

Tragen Sie in jedes Feld eine der römischen Ziffern von I bis IV ein. Die Zahlen am Rand geben dabei an, wie oft jede der Ziffern in der entsprechenden Zeile oder Spalte vorkommt. Zudem dürfen in waagerecht oder senkrecht benachbarten Feldern keine gleichen Ziffern stehen.

				I	0	1	1	1	1
				II	2	1	3	1	2
				III	1	1	1	1	0
I	II	III	IV		2	2	0	2	2
0	2	1	2					II	
0	2	1	2						
2	1	2	0					II	
1	2	0	2						
1	2	0	2					II	

★★★ Weintraube

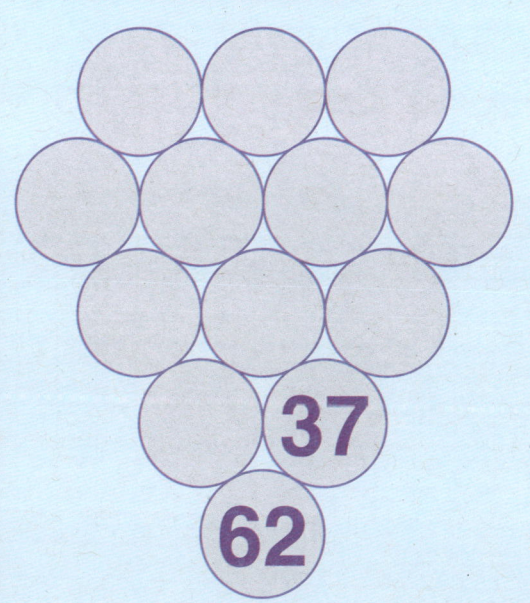

Füllen Sie die leeren Felder der Traube so auf, dass in jedem Feld die Summe der Zahlen in den beiden darüberliegenden Feldern steht und in den Feldern der obersten Reihe nur einstellige Zahlen stehen. In den beiden Feldern am linken und rechten Rand steht dabei der gleiche Wert wie im Feld schräg oberhalb.

37

62

220 Logikrätsel

★★★ Hanjie

Die Zahlen vor den Zeilen und Spalten geben an, wie viele aufeinanderfolgende Kästchen ausgemalt werden müssen. Zwischen diesen zusammenhängenden Kästchen bleibt mindestens eines frei.

Wenn alles richtig ausgemalt wurde, ergibt sich ein Bild.

★★★ Sikaku

Ziel ist, das Rätselfeld vollständig in Rechtecke und Quadrate zu zerlegen, die sich nicht überschneiden dürfen. In jedem dieser Rechtecke und Quadrate darf nur eine der vorgegebenen Zahlen stehen. Diese Zahl gibt an, wie viele Kästchen das Rechteck oder Quadrat umfasst. Ein Rechteck haben wir als Starthilfe vorgegeben.

Logikrätsel 221

★★★ Doppel-Sudoku

Die Doppelpackung in Sachen Sudoku basiert auf den gleichen Regeln wie das klassische Sudoku. Der Unterschied besteht darin, dass hier zwei Diagramme zu einem verschmelzen. Dabei haben die beiden Teile je zwei 3x3-Quadrate mit dem Schlüsselelement gemeinsam. Dies erscheint zunächst schwieriger, ist aber zugleich eine versteckte Hilfe, da sich mit einem gewissen Überblick über beide Rätselteile zusätzliche Zahlen ausschließen, welche im „Nachbardiagramm" schon vorhanden sind. Stellen Sie sich diesem japanischen Zahlenwerk!

222 Bilderrätsel

⭐⭐⭐ Labyrinth

Finden Sie den Weg durch dieses Labyrinth?

⭐⭐⭐ Symbolisch

Welches der Quadrate A bis F muss gedreht werden, um das große Bild zu erhalten?

Bilderrätsel 223

★★★ Haushalt auf einem Blick

Wie oft kommt die rechts im blauen Feld abgebildete Symbolkombination hier vor?

Logikrätsel

⭐⭐⭐ Abgewogen

Was muss an die Stelle des Fragezeichens auf die Waagschale gelegt werden, um die Waage ins Gleichgewicht zu bringen?

⭐⭐⭐ Pfeilschnell

Zeichnen Sie in jedes Feld am Rand einen Pfeil so ein, dass die mit Streichhölzern gelegten Zahlen in den Feldern genau die Anzahl der Pfeile angibt, die auf diese Zahl zeigt. Beachten Sie dabei auch die Pfeile, die von der anderen Seite (vom anderen „Ufer") des Diagramms auf die Zahl zeigen können. Die Pfeile müssen immer auf mindestens eine Zahl zeigen und dürfen waagerecht, senkrecht oder im 45°-Winkel eingezeichnet werden. Einen Pfeil haben wir als Starthilfe eingezeichnet.

Logikrätsel 225

★★★ Magnetisch

+		4	2	1	2	3	3	4
	−	3	3	2	2	2	4	4
3	4							
3	2							
2	3			−				
4	2			+				
2	4							
4	3							
1	3							
3	1							

Füllen Sie das Diagramm mit neutralen (schwarzen) und magnetischen Platten. Jede Magnetplatte hat zwei Pole (+ und −). Zwei Hälften mit gleichen Polen dürfen nicht waagerecht oder senkrecht benachbart sein. Die Zahlen an den Rändern geben an, wie viele Plus- und Minuspole in der entsprechenden Zeile oder Spalte vorkommen.

★★★ Speichen

Verbinden Sie die Felder durch Speichen, die waagerecht, senkrecht oder diagonal eingezeichnet werden dürfen. Die Speichen dürfen sich aber nicht überschneiden. Die Zahlen in den Feldern geben an, wie viele Speichen von dem entsprechenden Feld ausgehen.

1	2	4	2
2	7	5	3
1	6	4	4
2	4	3	2

226 Bilderrätsel

★★★ Puzzle

Nur zwei der hier abgebildeten Teile lassen sich zu einem Würfel zusammenfügen. Welche sind es?

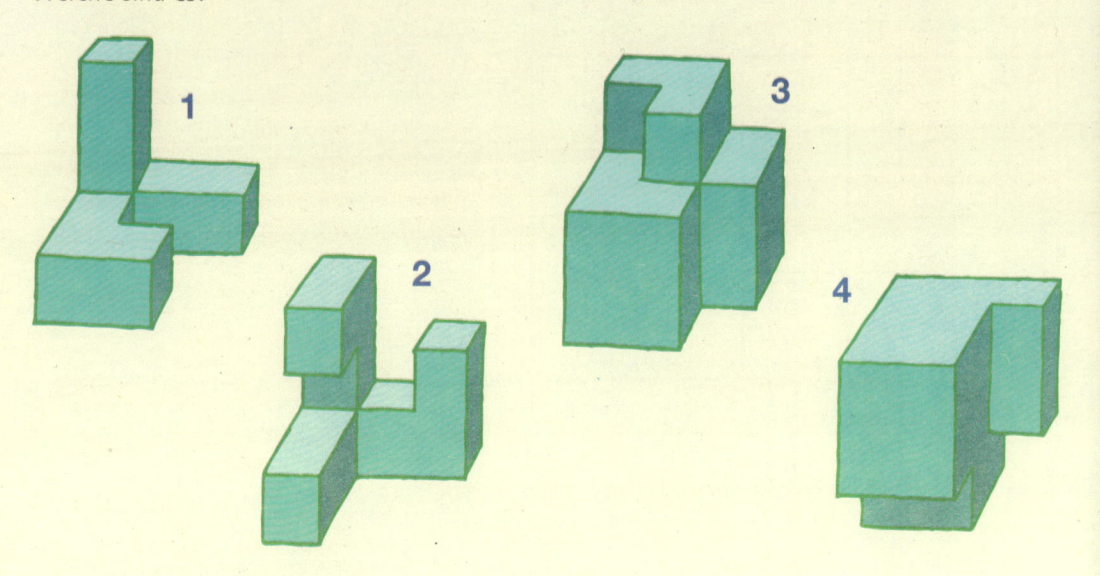

★★★ Faltproblem

Welcher der Würfel A bis D ist aus der Vorlage gefaltet worden?

Bilderrätsel 227

★★★ Schnittfläche

Aus einem dieser fünf Sets können Sie einen Stern wie den gelben links zusammensetzen. Welches ist es?

★★★ Richtiger Weg

Zeichnen Sie in das Rätsel einen Rundweg ein, der durch jedes Feld mit einem Kreis hindurchgeht und in den Feldern im 90°-Winkel abbiegen kann. In Feldern mit einem schwarzen Kreis muss er dabei im 90°-Winkel abbiegen und in beiden Richtungen im nächsten Feld geradeaus hindurchgehen. Durch Felder mit einem weißen Kreis muss er geradeaus hindurchgehen und in mindestens einem der beiden Nachbarfelder im 90°-Winkel abbiegen.

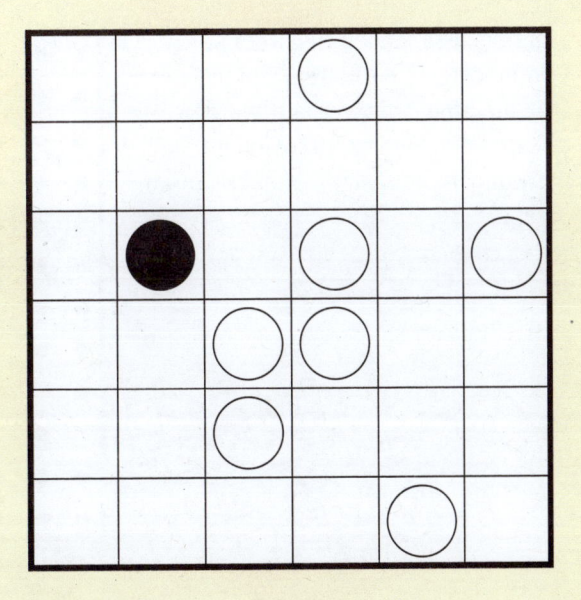

Logikrätsel

⭐⭐⭐ Fillomino

		3	4	1			2	2	1
	2		2		1	3	8		8
3	1			4		1		8	1
	3	2			1	3		2	2
2		2	1	7		2		1	5	3
1			4	2		1	7		2	5	1
	7				2		7		5	6	4
	4	2		3		1				1
4			4	1	4			2	3	1
1				4	3	7		4		2	2
2			5	1	4		3		2	2		3

Schreiben Sie in jedes Feld des Diagramms eine Zahl. Felder mit gleichen Zahlen müssen horizontal und vertikal zusammenhängende Bereiche bilden, die aus genauso vielen Feldern bestehen, wie die Zahl angibt. Zwei verschiedene, horizontal oder vertikal zusammenstoßende Bereiche dürfen nicht die gleiche Größe haben und können flächenmäßig um die Ecke laufen. Einen Bereich haben wir als Starthilfe vorgegeben.

⭐⭐⭐ Domino

Im nebenstehenden Rechteck sind 21 Dominosteine enthalten. Unten finden Sie die Steine, die verbaut wurden. Bestimmen Sie ihre Lage, indem Sie die jeweiligen Steine im Rechteck umrahmen!

Logikrätsel 229

⭐⭐⭐ Inseln verbinden

Bei diesem Rätsel sollen alle Inseln durch Brücken verbunden werden, wobei jede Insel von jeder anderen aus erreichbar sein muss. Die Brücken dürfen dabei nur waagerecht oder senkrecht gebaut werden und nicht über andere Brücken oder Inseln hinweggehen. Zwischen zwei Inseln dürfen sich maximal zwei Brücken befinden.
Die Zahlen in den Inseln geben an, wie viele Brücken von dieser Insel aus wegführen.

⭐⭐⭐ Leuchtturm

Zeichnen Sie in einige der Felder jeweils ein Schiff so ein, dass kein Schiff ein anderes Schiff oder einen Leuchtturm berührt, auch nicht diagonal. Die Zahlen in den Leuchttürmen geben an, wie viele Schiffe von diesem aus in waagerechter oder senkrechter Richtung gesehen werden können. Dabei stört es nicht, wenn zwischen dem Schiff und dem Leuchtturm ein weiteres Schiff oder ein anderer Leuchtturm steht. Alle Schiffe werden von mindestens einem Leuchtturm gesehen.

230 Zahlen- und Rechenrätsel

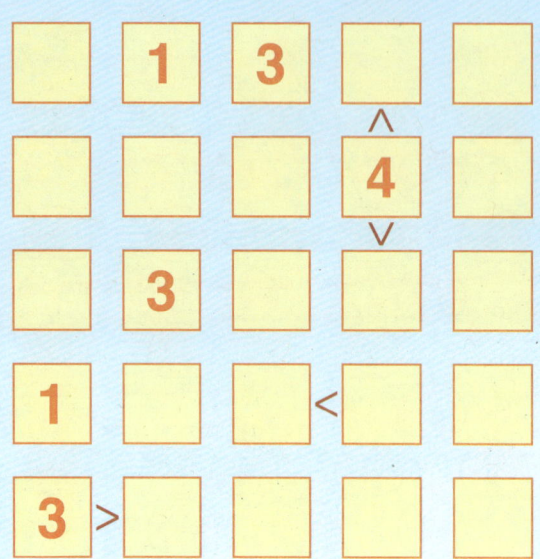

★★★ Größer > Kleiner

Tragen Sie die Ziffern von 1 bis 5 so in das Diagramm ein, dass in jeder Zeile und jeder Spalte jede der Ziffern von 1 bis 5 genau einmal vorkommt. Die Kleiner-Zeichen zwischen zwei Feldern geben an, in welchem der beiden Felder die kleinere Zahl steht.

★★★ Kakuro

In die leeren Felder sollen Sie die Zahlen von 1 bis 9 in beliebiger Reihenfolge eintragen. Dabei sollen sich waagerecht und senkrecht die vorgegebenen Summen in den hellrosa Kästchen ergeben. In keiner Summe darf sich eine Zahl wiederholen. Viel Spaß beim Knobeln!

Zahlen- und Rechenrätsel

★★★ Zahlen gesucht

Wir haben 21 Zahlenkombinationen in dem Setzkasten versteckt. Die Kombinationen können in jede Richtung laufen, auch diagonal, rückwärts oder von unten nach oben.

128 – 1328 – 1374 – 1493 – 3162 – 347 – 375 – 399 – 422 – 425 – 426 – 4905 – 5637 – 574 – 82588 – 8851 – 895 – 9262 – 932 – 9562 – 97816

Die vier übrig bleibenden Zahlen im Setzkasten nennen das Jahr, in dem Kaiser Heinrich IV. nach Canossa ging.

3	1	6	2	1	8	4	2	7	3	6	5	8	6	1	8	7	9	3	9
4	7	3	1	2	2	6	0	5	0	9	4	4	2	8	8	5	1	7	9
9	3	2	1	5	2	2	2	4	7	7	4	3	7	3	6	2	4	5	3
3	9	4	1	9	9	5	6	2	8	8	5	2	8	5	1	5	9	8	7

★★★ Gebiete

Tragen Sie Ziffern so in das Diagramm ein, dass in jeder Zeile und jeder Spalte jede der Ziffern von 1 bis 6 genau einmal vorkommt. Die kleinen Zahlen in den Gebieten geben die Summe der Ziffern in diesem Gebiet an. Beachten Sie, dass innerhalb eines Gebiets gleiche Ziffern sein können, sofern diese in unterschiedlichen Zeilen und Spalten stehen.

232 Logikrätsel

★★★ Pünktchen-Sudoku

Tragen Sie die Ziffern von 1 bis 6 so in das Diagramm ein, dass jede Ziffer in jeder Zeile und jeder Spalte genau einmal vorkommt. Befindet sich zwischen zwei Feldern ein schwarzer Kreis, so muss eine der beiden Ziffern in diesen beiden Feldern exakt das Doppelte der anderen sein. Ein weißer Kreis hingegen bedeutet, dass eine der beiden Ziffern um eins größer sein muss als die andere. Befindet sich kein Kreis zwischen zwei Ziffern, so darf auch keine der beiden Eigenschaften zutreffen.

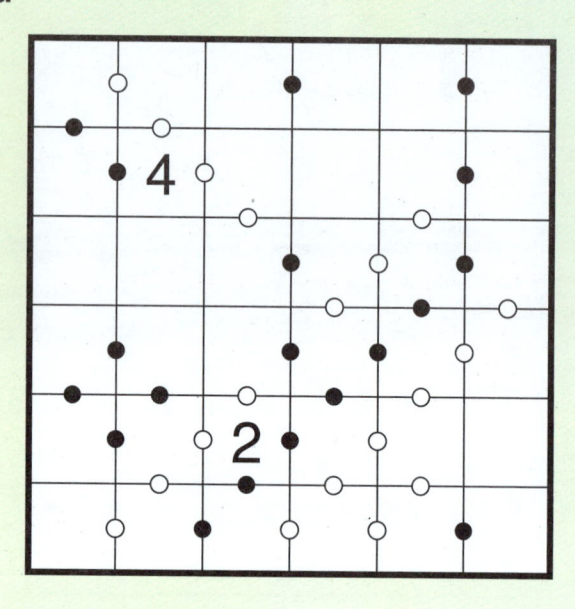

★★★ Verflixte Wabe

Tragen Sie in jedes weiße Feld eine der Zahlen von 1 bis 6 ein, sodass an jedem der schwarzen Felder jede der sechs Zahlen genau einmal steht. Beachten Sie dabei, dass in benachbarten Feldern keine zwei gleichen Zahlen stehen dürfen. So darf also zum Beispiel eine 1 nicht direkt neben einer weiteren 1 stehen.

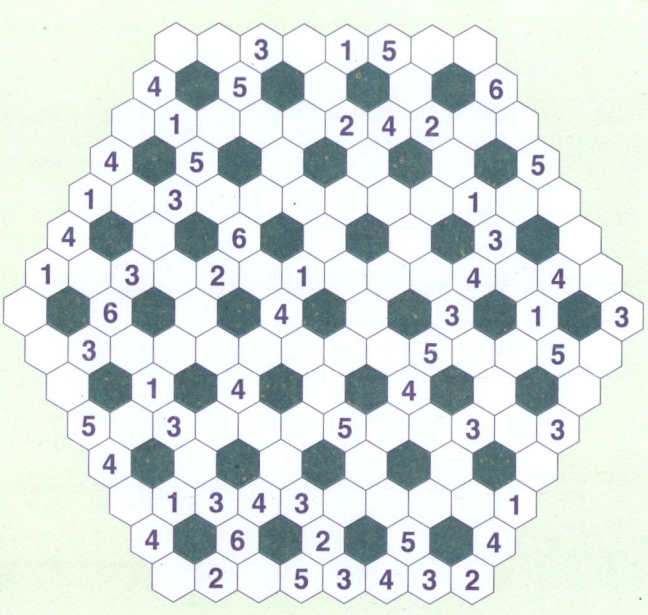

Logikrätsel 233

★★★ Hitori

9	13	5	13	13	11	10	12	6	10	6	3	1	8	1	11
3	2	9	4	11	10	4	14	1	1	5	6	13	1	7	8
8	13	1	3	7	4	5	11	1	14	12	13	7	10	5	5
11	6	3	12	10	7	9	1	4	8	1	14	11	14	9	2
14	9	10	12	13	■	5	6	9	4	2	8	2	7	11	3
11	4	8	4	12	3	10	14	6	9	14	1	14	11	12	2
11	1	11	5	12	1	2	8	3	14	4	14	2	11	9	7
13	10	3	14	14	6	11	8	5	1	12	12	7	12	4	14
4	1	11	9	1	5	12	3	14	2	13	13	5	9	8	10
6	5	13	7	9	14	6	10	1	12	10	2	1	4	9	13
10	13	4	6	12	5	14	7	12	4	9	3	10	6	2	11
5	3	13	3	7	8	9	4	14	6	14	11	9	12	9	1

Schwärzen Sie einige der Felder, sodass zwei geschwärzte Felder niemals waagerecht oder senkrecht benachbart sind und dass in jeder Zeile und jeder Spalte jede Ziffer nur maximal einmal ungeschwärzt übrig bleibt. Beachten Sie dabei, dass die weißen Felder alle zusammenhängen müssen, mit anderen Worten: Die geschwärzten Felder dürfen das Rätsel nicht in zwei oder mehr Stücke teilen. Ein geschwärztes Feld haben wir als Starthilfe vorgegeben.

★★★ Sudoku

Tragen Sie in jedes Feld eine der Ziffern von 1 bis 9 so ein, dass in jeder Zeile, jeder Spalte und jedem 3x3-Gebiet jede der Ziffern von 1 bis 9 genau einmal vorkommt.

	2	3				1	6	
3			9	5	6			8
	3	1				5	4	
7								2
	2	6				8	1	
8			7	2	4			5
		4	8		9	3		

水

234 Bilderrätsel

★★★ Herbstlaub

Bei der Spiegelung des oberen Bildes sind unserem Zeichner 3 Fehler unterlaufen. Können Sie sie finden?

★★★ Fotoausschnitt

Einer der Ausschnitte aus dem Bild ist fehlerhaft. Welcher ist es?

Bilderrätsel 235

★★★ Fotopuzzle

Welche Zahlenreihe ergeben die Puzzleteile, wenn sie an der richtigen Position liegen (angefangen von links nach rechts, von oben nach unten)?

236 Logikrätsel

★★★ Rundweg

Zeichnen Sie einen Rundweg entlang der gestrichelten Linien ein. Am Ende soll der Rundweg wieder an dem Punkt ankommen, an dem er gestartet ist. Die Zahlen in den Feldern geben dabei an, wie viele Seiten dieses Feldes durch den Rundweg belegt sind. In den Feldern ohne Zahl ist ungewiss, wie viele Seiten (von keiner bis alle vier) durch den Rundweg genutzt werden. Als kleine Hilfe haben wir die „0" und ein kleines Stück Weg vorgegeben.

★★☆ Schiffe versenken

Tragen Sie die abgebildete Flotte in das Diagramm ein. Die Schiffe sollen nur waagerecht oder senkrecht liegen und dürfen sich nicht berühren, auch nicht diagonal. Die Schiffe dürfen dabei beliebig gedreht werden. In Felder mit Wellen können keine Schiffsteile eingetragen werden. Die Zahlen am Rand geben an, wie viele Schiffsteile in der entsprechenden Zeile oder Spalte zu finden sind.

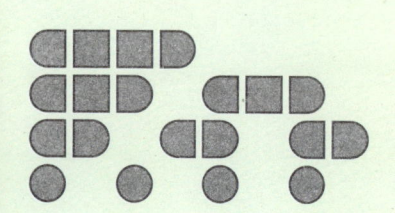

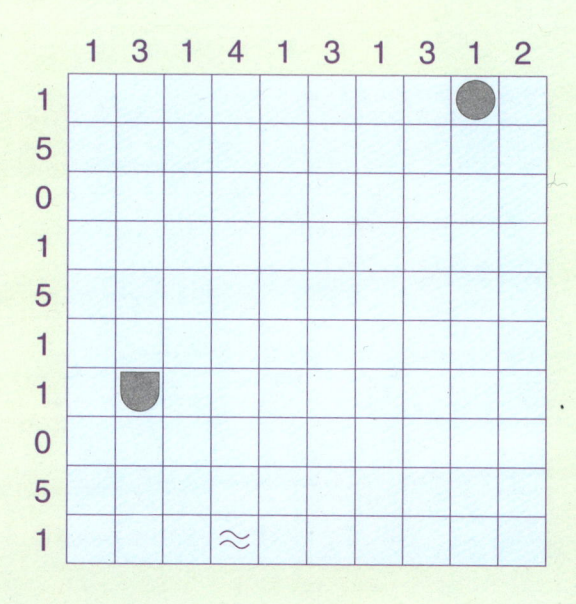

Logikrätsel 237

⭐⭐⭐ Zahlenlabyrinth

Finden Sie einen Weg durch das Labyrinth, der die Zahlen von 1 bis 15 in aufsteigender Reihenfolge jeweils genau einmal durchläuft. Der Weg darf sich an den Kreuzungen berühren oder auch kreuzen, jedoch darf kein Wegstück mehr als einmal durchlaufen werden.

⭐⭐⭐ Camping

Tragen Sie waagerecht oder senkrecht neben jedem Baum ein Zelt ein, das zu diesem Baum gehört. Die Zelte dürfen sich dabei nicht berühren, auch nicht diagonal. Die Zahlen am Rand geben an, wie viele Zelte sich in der entsprechenden Zeile oder Spalte befinden.

238 Zahlen- und Rechenrätsel

⭐⭐⭐ Pyramide

Ergänzen Sie die fehlenden Zahlen in der Pyramide. Die Zahlen zweier nebeneinanderliegender Bausteine ergeben dabei addiert immer die Zahl im Baustein darüber.

		39	30			
10	9					
		2		2	1	

⭐⭐⭐ Magisches Quadrat

Die leeren Kästchen des Quadrates sind mit den fehlenden Zahlen von 1 bis 25 so zu füllen, dass sich in jeder Reihe, jeder Spalte und auch jeder Diagonalen die Summe 65 ergibt.

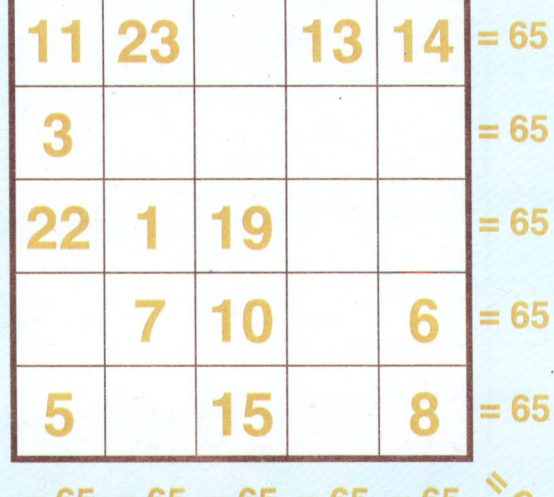

11	23		13	14	= 65
3					= 65
22	1	19			= 65
	7	10		6	= 65
5		15		8	= 65

= 65 = 65 = 65 = 65 = 65 = 65 (diag)

Zahlen- und Rechenrätsel 239

★★★ Römisches Rätsel

Tragen Sie in jedes Feld eine der römischen Ziffern von I bis IV ein. Die Zahlen am Rand geben dabei an, wie oft jede der Ziffern in der entsprechenden Zeile oder Spalte vorkommt. Zudem dürfen in waagerecht oder senkrecht benachbarten Feldern keine gleichen Ziffern stehen.

	I	II	III	IV				
I					0	1	2	0	2
II					2	1	2	2	1
III					2	2	0	1	0
IV					1	1	1	2	2
	I	II	III	IV				
0	3	1	1		II		II		II
2	0	2	1					
0	2	0	3					
2	1	1	1					
1	2	1	1					

★★★ Weintraube

Füllen Sie die leeren Felder der Traube so auf, dass in jedem Feld die Summe der Zahlen in den beiden darüberliegenden Feldern steht und in den Feldern der obersten Reihe nur einstellige Zahlen stehen. In den beiden Feldern am linken und rechten Rand steht dabei der gleiche Wert wie im Feld schräg oberhalb.

12

44

Logikrätsel

★★★ Hanjie

Die Zahlen vor den Zeilen und Spalten geben an, wie viele aufeinanderfolgende Kästchen ausgemalt werden müssen. Zwischen diesen zusammenhängenden Kästchen bleibt mindestens eines frei.

Wenn alles richtig ausgemalt wurde, ergibt sich ein Bild.

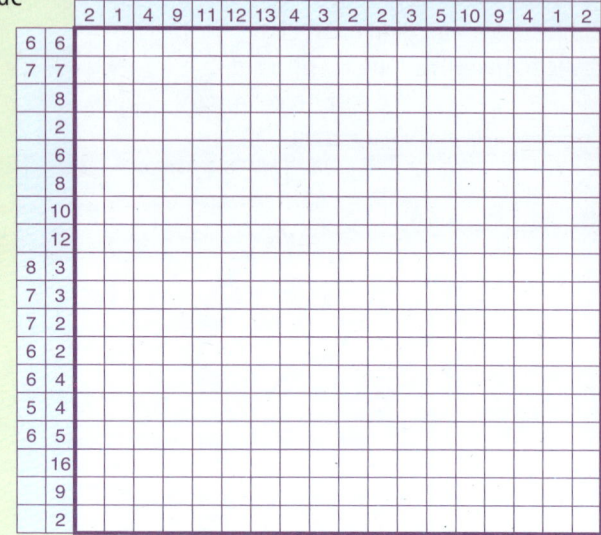

							1			1	2	3				
		2	2	2	2	3	2	9	10	9	5	4	5	2	2	2
		2	1	4	9	11	12	13	4	3	2	3	5	10	9	4	1	2

Row hints:
- 6 6
- 7 7
- 8
- 2
- 6
- 8
- 10
- 12
- 8 3
- 7 3
- 7 2
- 6 2
- 6 4
- 5 4
- 6 5
- 16
- 9
- 2

★★★ Sikaku

Ziel ist, das Rätselfeld vollständig in Rechtecke und Quadrate zu zerlegen, die sich nicht überschneiden dürfen. In jedem dieser Rechtecke und Quadrate darf nur eine der vorgegebenen Zahlen stehen. Diese Zahl gibt an, wie viele Kästchen das Rechteck oder Quadrat umfasst. Ein Rechteck haben wir als Starthilfe vorgegeben.

			22								10	
							16		12			
				4		3				6		
4	2		6	4								
5		3						9		3		
						6			20			
			10		15							
	12											
				15							5	

Logikrätsel

★★★ Doppel-Sudoku

Die Doppelpackung in Sachen Sudoku basiert auf den gleichen Regeln wie das klassische Sudoku. Der Unterschied besteht darin, dass hier zwei Diagramme zu einem verschmelzen. Dabei haben die beiden Teile je zwei 3x3-Quadrate mit dem Schlüsselelement gemeinsam. Dies erscheint zunächst schwieriger, ist aber zugleich eine versteckte Hilfe, da sich mit einem gewissen Überblick über beide Rätselteile zusätzliche Zahlen ausschließen, welche im „Nachbardiagramm" schon vorhanden sind. Stellen Sie sich diesem japanischen Zahlenwerk!

Oberes Diagramm (9×9):

1		7	9					5
			7		6		8	
	4							9
		5	4		8			2
		1		2				7
	6				9	3		8
3							6	1
7	2	8					2	7	8
	9	4					5	

Unteres Diagramm (9×9), überlappend in den mittleren zwei 3×3-Blöcken:

			7		9	6	4		8		
			6				1		3		
			4					8			
			1		5		3	7			
					2		4	1		5	
				4					7		

Bilderrätsel

⭐⭐⭐ Labyrinth

Finden Sie den Weg durch dieses Labyrinth?

⭐⭐⭐ Fehlersuche

Welche zwei Bilder sind identisch?

Bilderrätsel 243

⭐⭐⭐ Spinnereien

Wie viele Spinnen sind auf dem Bild zu sehen?

⭐⭐⭐ Grundstücksteilung

Ein Vater hat sechs Kinder und möchte sein Grundstück unter den Geschwistern aufteilen. Jeder soll ein gleich großes Stück in der gleichen Form erhalten, auf dem jeweils eine der großen alten Eichen steht, die schon seine Vorfahren gepflanzt haben. Wie kann er das Grundstück aufteilen?

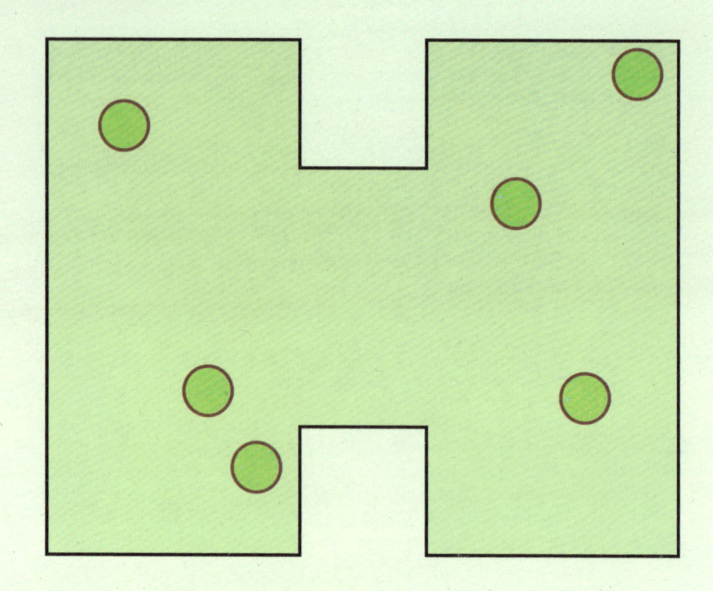

⭐⭐⭐ Pfeilschnell

Zeichnen Sie in jedes Feld am Rand einen Pfeil so ein, dass die mit Streichhölzern gelegten Zahlen in den Feldern genau die Anzahl der Pfeile angibt, die auf diese Zahl zeigt. Beachten Sie dabei auch die Pfeile, die von der anderen Seite (vom anderen „Ufer") des Diagramms auf die Zahl zeigen können. Die Pfeile müssen immer auf mindestens eine Zahl zeigen und dürfen waagerecht, senkrecht oder im 45°-Winkel eingezeichnet werden. Einen Pfeil haben wir als Starthilfe eingezeichnet.

Logikrätsel 245

★★★ Magnetisch

Füllen Sie das Diagramm mit neutralen (schwarzen) und magnetischen Platten. Jede Magnetplatte hat zwei Pole (+ und –). Zwei Hälften mit gleichen Polen dürfen nicht waagerecht oder senkrecht benachbart sein. Die Zahlen an den Rändern geben an, wie viele Plus- und Minuspole in der entsprechenden Zeile oder Spalte vorkommen.

★★★ Speichen

Verbinden Sie die Felder durch Speichen, die waagerecht, senkrecht oder diagonal eingezeichnet werden dürfen. Die Speichen dürfen sich aber nicht überschneiden. Die Zahlen in den Feldern geben an, wie viele Speichen von dem entsprechenden Feld ausgehen.

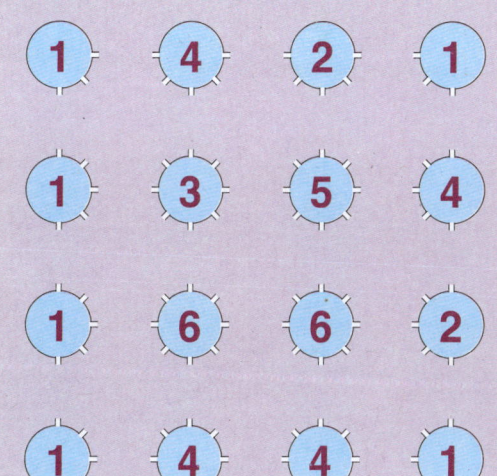

246 Bilderrätsel

⭐⭐⭐ Gut gewürfelt

Nur zwei der Figuren lassen sich zu einem Würfel zusammensetzen. Welche sind es?

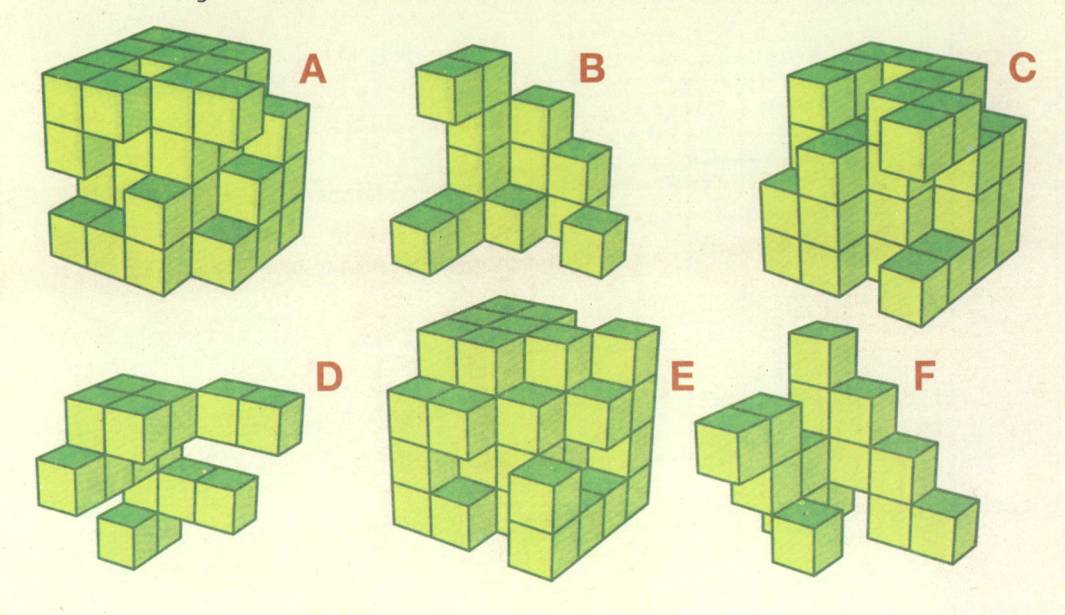

⭐⭐⭐ Faltproblem

Welcher der Würfel A bis D ist aus der Vorlage gefaltet worden?

Bilderrätsel 247

⭐⭐⭐ Tretmobil

Werden die zwei Fahrer des Tretmobils das Fahrzeug vorwärts bewegen, rückwärts, oder werden sie gegeneinanderarbeiten, wenn sie beide vorwärts in die Pedalen treten?

⭐⭐⭐ Richtiger Weg

Zeichnen Sie in das Rätsel einen Rundweg ein, der durch jedes Feld mit einem Kreis hindurchgeht und in den Feldern im 90°-Winkel abbiegen kann. In Feldern mit einem schwarzen Kreis muss er dabei im 90°-Winkel abbiegen und in beiden Richtungen im nächsten Feld geradeaus hindurchgehen. Durch Felder mit einem weißen Kreis muss er geradeaus hindurchgehen und in mindestens einem der beiden Nachbarfelder im 90°-Winkel abbiegen.

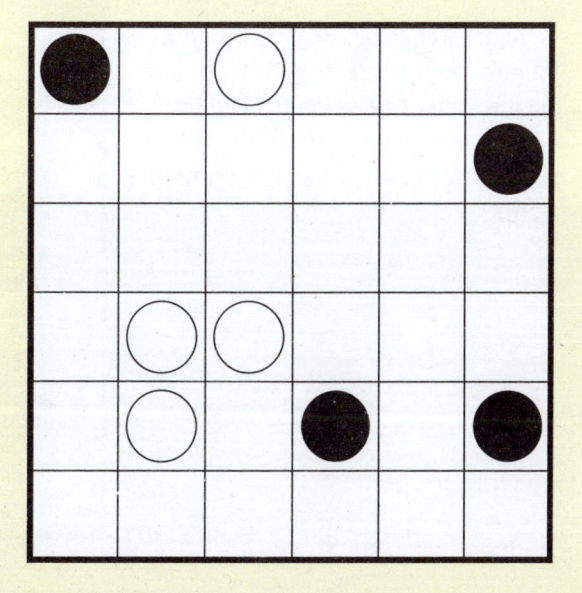

Logikrätsel

★★★ Fillomino

	2	2	3		1		2		1		
6	1			3	2	6	6	3		7	4
		3	3						7		2
2			4		4		1	6		6	1	2
				2	1		2		2		
1	3		3		2	4	4		6	3	2		3
	1		4	4		4					
2		3		4		2		1		6	4
	6		1	2	5		2	3	3		4	1
	1						4			4	3
		2		3	5		1		2	4	

Schreiben Sie in jedes Feld des Diagramms eine Zahl. Felder mit gleichen Zahlen müssen horizontal und vertikal zusammenhängende Bereiche bilden, die aus genauso vielen Feldern bestehen, wie die Zahl angibt. Zwei verschiedene, horizontal oder vertikal zusammenstoßende Bereiche dürfen nicht die gleiche Größe haben und können flächenmäßig um die Ecke laufen. Einen Bereich haben wir als Starthilfe vorgegeben.

★★★ Domino

Im nebenstehenden Rechteck sind 21 Dominosteine enthalten. Unten finden Sie die Steine, die verbaut wurden. Bestimmen Sie ihre Lage, indem Sie die jeweiligen Steine im Rechteck umrahmen!

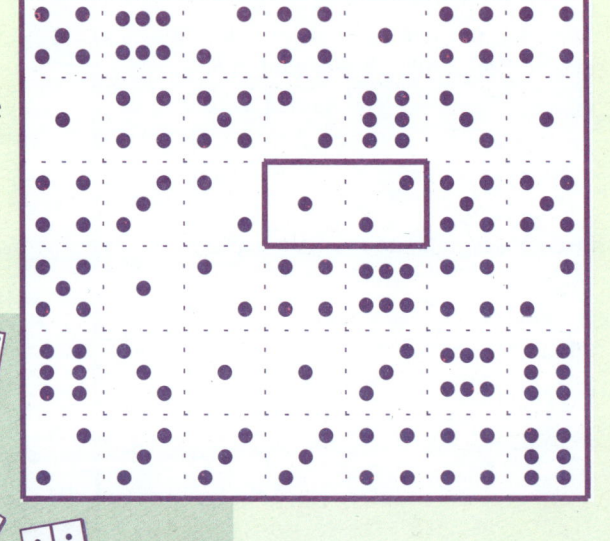

Logikrätsel

⭐⭐⭐ Inseln verbinden

Bei diesem Rätsel sollen alle Inseln durch Brücken verbunden werden, wobei jede Insel von jeder anderen aus erreichbar sein muss. Die Brücken dürfen dabei nur waagerecht oder senkrecht gebaut werden und nicht über andere Brücken oder Inseln hinweggehen. Zwischen zwei Inseln dürfen sich maximal zwei Brücken befinden.
Die Zahlen in den Inseln geben an, wie viele Brücken von dieser Insel aus wegführen.

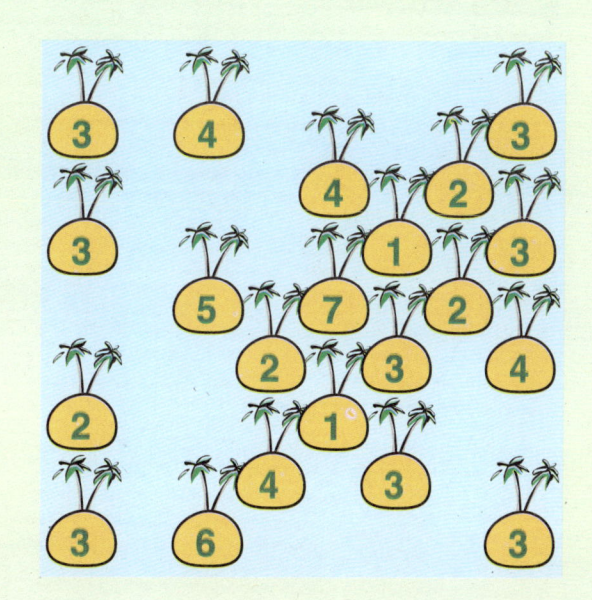

⭐⭐⭐ Leuchtturm

Zeichnen Sie in einige der Felder jeweils ein Schiff so ein, dass kein Schiff ein anderes Schiff oder einen Leuchtturm berührt, auch nicht diagonal. Die Zahlen in den Leuchttürmen geben an, wie viele Schiffe von diesem aus in waagerechter oder senkrechter Richtung gesehen werden können. Dabei stört es nicht, wenn zwischen dem Schiff und dem Leuchtturm ein weiteres Schiff oder ein anderer Leuchtturm steht. Alle Schiffe werden von mindestens einem Leuchtturm gesehen.

250 Zahlen- und Rechenrätsel

★★★ Größer > Kleiner

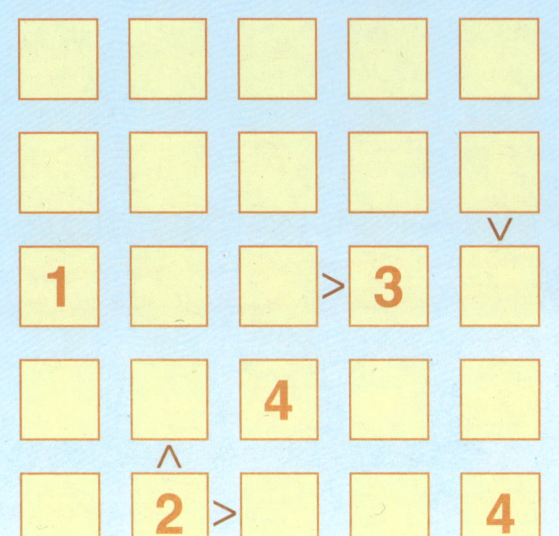

Tragen Sie die Ziffern von 1 bis 5 so in das Diagramm ein, dass in jeder Zeile und jeder Spalte jede der Ziffern von 1 bis 5 genau einmal vorkommt. Die Kleiner-Zeichen zwischen zwei Feldern geben an, in welchem der beiden Felder die kleinere Zahl steht.

★★★ Kakuro

In die leeren Felder sollen Sie die Zahlen von 1 bis 9 in beliebiger Reihenfolge eintragen. Dabei sollen sich waagerecht und senkrecht die vorgegebenen Summen in den hellrosa Kästchen ergeben. In keiner Summe darf sich eine Zahl wiederholen. Viel Spaß beim Knobeln!

Zahlen- und Rechenrätsel

★★★ Zahlen gesucht

Wir haben 22 Zahlenkombinationen in dem Setzkasten versteckt. Die Kombinationen können in jede Richtung laufen, auch diagonal, rückwärts oder von unten nach oben.

3213 – 326 – 3723 – 402 – 41225 – 460 – 4843 – 591 – 651 – 660 – 670 – 6832 – 691 – 718 – 7312 – 73905 – 859 – 861 – 914 – 9230 – 943 – 974

Die vier übrig bleibenden Zahlen im Setzkasten nennen das Jahr, in dem Beatrix Königin der Niederlande wurde.

4	3	4	7	9	1	1	2	1	3	7	6	8	3	2	1	9	1	5	6
1	0	2	9	4	3	6	0	6	6	9	0	6	4	9	2	8	5	9	6
9	8	7	1	1	9	6	8	5	0	9	3	7	5	3	3	4	8	4	2
4	0	2	6	3	8	1	7	4	1	2	2	5	0	3	7	2	3	0	3

★★★ Gebiete

Tragen Sie Ziffern so in das Diagramm ein, dass in jeder Zeile und jeder Spalte jede der Ziffern von 1 bis 6 genau einmal vorkommt. Die kleinen Zahlen in den Gebieten geben die Summe der Ziffern in diesem Gebiet an. Beachten Sie, dass innerhalb eines Gebiets gleiche Ziffern sein können, sofern diese in unterschiedlichen Zeilen und Spalten stehen.

⭐⭐⭐ Pünktchen-Sudoku

Tragen Sie die Ziffern von 1 bis 6 so in das Diagramm ein, dass jede Ziffer in jeder Zeile und jeder Spalte genau einmal vorkommt. Befindet sich zwischen zwei Feldern ein schwarzer Kreis, so muss eine der beiden Ziffern in diesen beiden Feldern exakt das Doppelte der anderen sein. Ein weißer Kreis hingegen bedeutet, dass eine der beiden Ziffern um eins größer sein muss als die andere. Befindet sich kein Kreis zwischen zwei Ziffern, so darf auch keine der beiden Eigenschaften zutreffen.

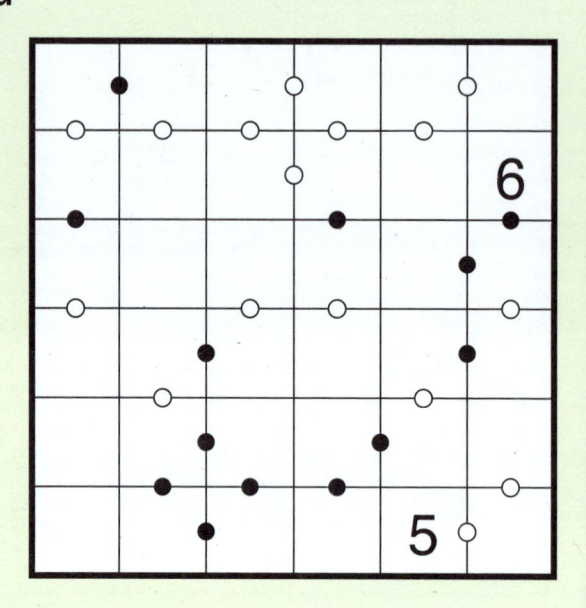

⭐⭐⭐ Verflixte Wabe

Tragen Sie in jedes weiße Feld eine der Zahlen von 1 bis 6 ein, sodass an jedem der schwarzen Felder jede der sechs Zahlen genau einmal steht. Beachten Sie dabei, dass in benachbarten Feldern keine zwei gleichen Zahlen stehen dürfen. So darf also zum Beispiel eine 1 nicht direkt neben einer weiteren 1 stehen.

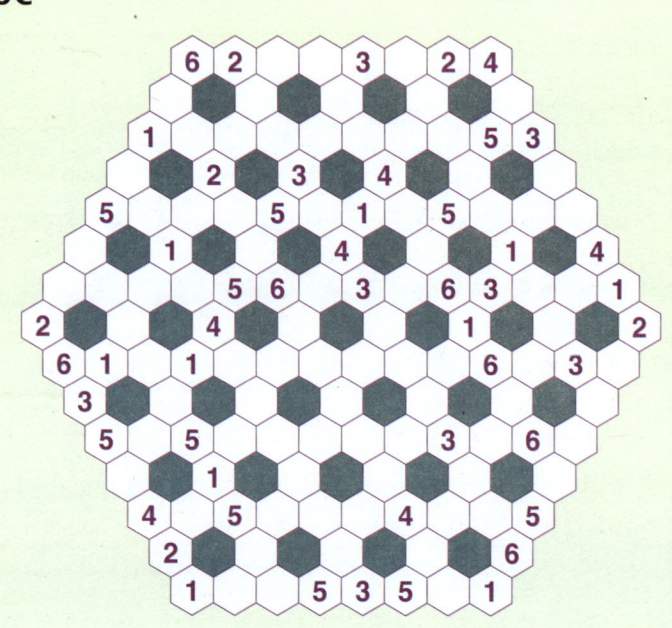

Logikrätsel 253

⭐⭐⭐ Hitori

11	8	11	1	5	6	4	3	11	7	4	7	13	14	10	2
8	2	6	10	9	12	1	7	4	12	3	14	5	5	4	6
10	13	6	6	14	8	3	2	2	2	10	1	7	11	4	■
12	13	2	3	7	11	11	10	12	14	5	3	4	9	12	1
13	6	10	12	11	10	2	11	8	11	7	5	4	4	1	3
13	14	4	10	6	5	13	10	3	10	6	12	9	11	2	7
14	10	12	7	3	4	5	6	8	9	13	7	1	1	11	11
3	5	9	1	11	14	9	1	12	3	3	4	6	9	13	8
11	1	3	2	10	4	9	14	1	5	13	9	1	12	7	5
10	12	8	14	2	10	11	4	11	13	11	7	5	12	3	9
2	4	7	5	4	13	7	14	9	3	1	11	10	6	5	14
3	11	5	13	10	5	6	8	11	4	14	13	12	11	9	11

Schwärzen Sie einige der Felder, sodass zwei geschwärzte Felder niemals waagerecht oder senkrecht benachbart sind und dass in jeder Zeile und jeder Spalte jede Ziffer nur maximal einmal ungeschwärzt übrig bleibt. Beachten Sie dabei, dass die weißen Felder alle zusammenhängen müssen, mit anderen Worten: Die geschwärzten Felder dürfen das Rätsel nicht in zwei oder mehr Stücke teilen. Ein geschwärztes Feld haben wir als Starthilfe vorgegeben.

⭐⭐⭐ Sudoku

Tragen Sie in jedes Feld eine der Ziffern von 1 bis 9 so ein, dass in jeder Zeile, jeder Spalte und jedem 3x3-Gebiet jede der Ziffern von 1 bis 9 genau einmal vorkommt.

		2				3		
	3	7	6		4	5	8	
8								7
	2		1		5		7	
6								3
	1		3		2		6	
3								2
	5	8	7		9	1	4	
		4				9		

254 Bilderrätsel

⭐⭐⭐ Achterbahnfahrt
Bei der Spiegelung dieser Achterbahn sind unserem Zeichner 3 Fehler unterlaufen. Können Sie sie finden?

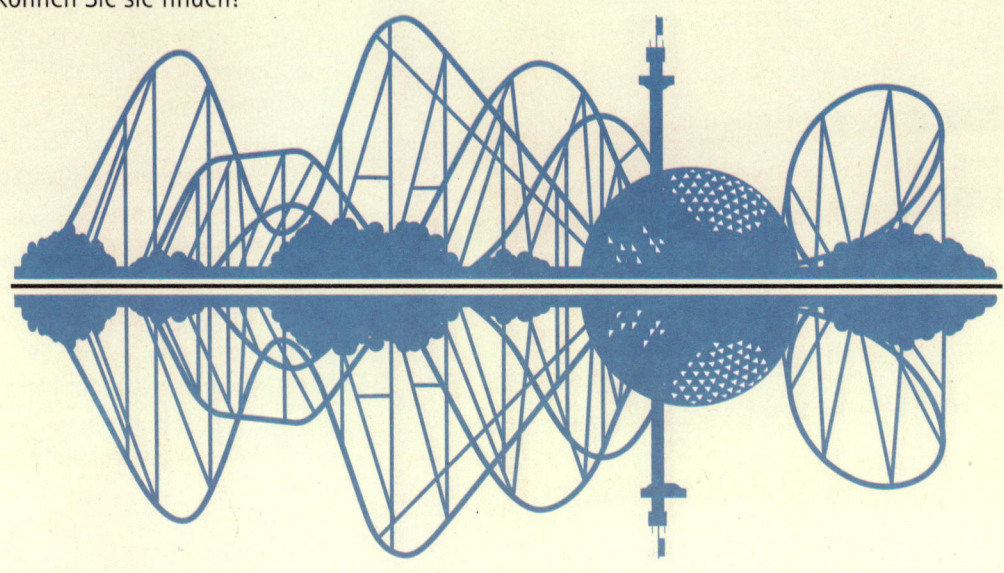

⭐⭐⭐ Fotoausschnitt
Einer der Ausschnitte aus dem Bild ist fehlerhaft. Welcher ist es?

Bilderrätsel 255

⭐⭐⭐ Fotopuzzle

Welche Zahlenreihe ergeben die Puzzleteile, wenn sie an der richtigen Position liegen (angefangen von links nach rechts, von oben nach unten)?

1
2
3
4
5
6
7
8
9
10
11
12

256 Logikrätsel

★★★ Rundweg

Zeichnen Sie einen Rundweg entlang der gestrichelten Linien ein. Am Ende soll der Rundweg wieder an dem Punkt ankommen, an dem er gestartet ist. Die Zahlen in den Feldern geben dabei an, wie viele Seiten dieses Feldes durch den Rundweg belegt sind. In den Feldern ohne Zahl ist ungewiss, wie viele Seiten (von keiner bis alle vier) durch den Rundweg genutzt werden. Als kleine Hilfe haben wir die „0" und ein kleines Stück Weg vorgegeben.

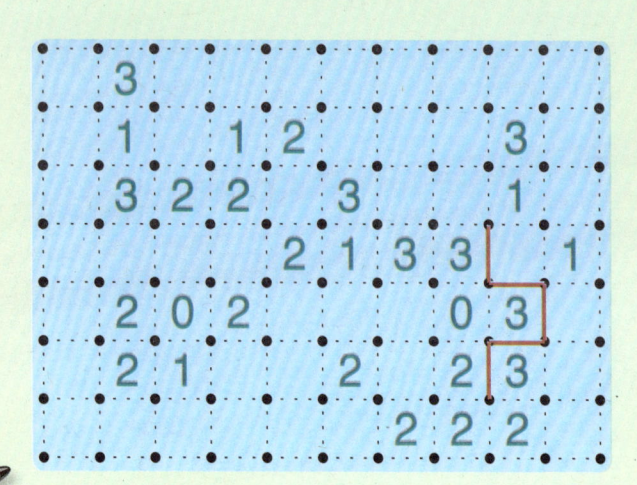

★★★ Schiffe versenken

Tragen Sie die abgebildete Flotte in das Diagramm ein. Die Schiffe sollen nur waagerecht oder senkrecht liegen und dürfen sich nicht berühren, auch nicht diagonal. Die Schiffe dürfen dabei beliebig gedreht werden. In Felder mit Wellen können keine Schiffsteile eingetragen werden. Die Zahlen am Rand geben an, wie viele Schiffsteile in der entsprechenden Zeile oder Spalte zu finden sind.

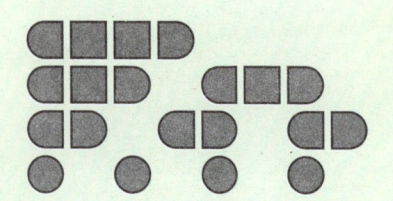

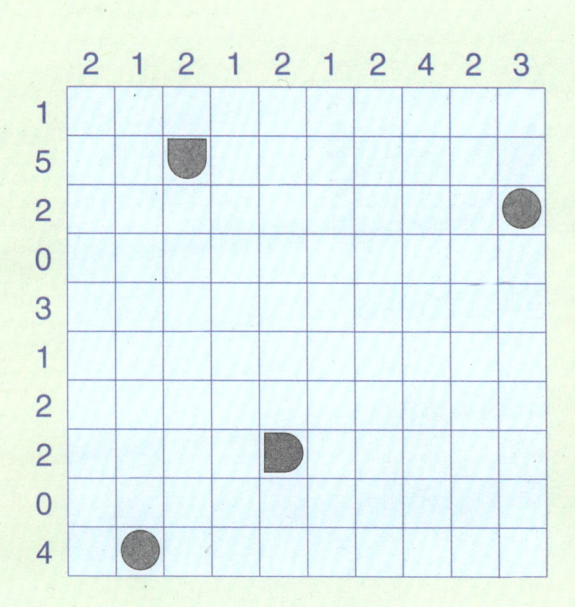

Logikrätsel 257

★★★ Zahlenlabyrinth

Finden Sie einen Weg durch das Labyrinth, der die Zahlen von 1 bis 15 in aufsteigender Reihenfolge jeweils genau einmal durchläuft. Der Weg darf sich an den Kreuzungen berühren oder auch kreuzen, jedoch darf kein Wegstück mehr als einmal durchlaufen werden.

★★★ Camping

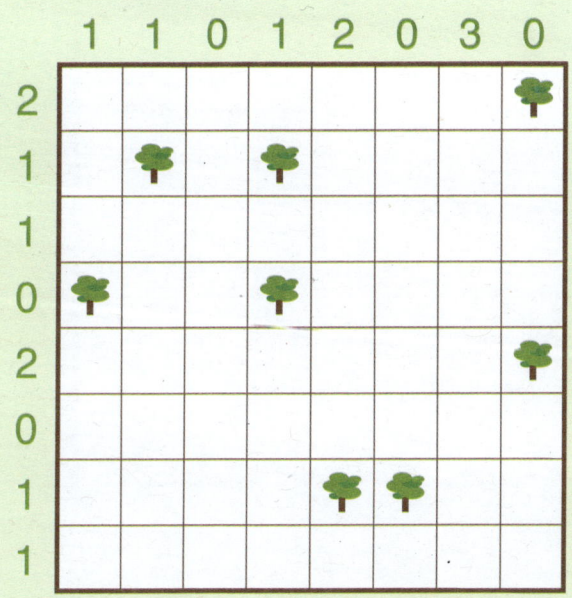

Tragen Sie waagerecht oder senkrecht neben jedem Baum ein Zelt ein, das zu diesem Baum gehört. Die Zelte dürfen sich dabei nicht berühren, auch nicht diagonal. Die Zahlen am Rand geben an, wie viele Zelte sich in der entsprechenden Zeile oder Spalte befinden.

258 Zahlen- und Rechenrätsel

★★★ Pyramide

Ergänzen Sie die fehlenden Zahlen in der Pyramide. Die Zahlen zweier nebeneinanderliegender Bausteine ergeben dabei addiert immer die Zahl im Baustein darüber.

			82			
				19		
	14			9		
9			4		2	

★★★ Magisches Quadrat

Die leeren Kästchen des Quadrates sind mit den fehlenden Zahlen von 1 bis 25 so zu füllen, dass sich in jeder Reihe, jeder Spalte und auch jeder Diagonalen die Summe 65 ergibt.

			2	7
	1			
25	12	3	17	
5	22		9	16
	6	4	18	23

Jede Zeile = 65, jede Spalte = 65, beide Diagonalen = 65.

Zahlen- und Rechenrätsel

259

★★★ Römisches Rätsel

Tragen Sie in jedes Feld eine der römischen Ziffern von I bis IV ein. Die Zahlen am Rand geben dabei an, wie oft jede der Ziffern in der entsprechenden Zeile oder Spalte vorkommt. Zudem dürfen in waagerecht oder senkrecht benachbarten Feldern keine gleichen Ziffern stehen.

				I	2	0	2	1	1
				II	2	0	1	2	1
				III	1	2	2	0	1
I	II	III	IV		0	3	0	2	2
2	0	1	2	IV
2	2	1	0	
0	0	3	2	IV
1	2	1	1	
1	2	0	2	IV

★★★ Weintraube

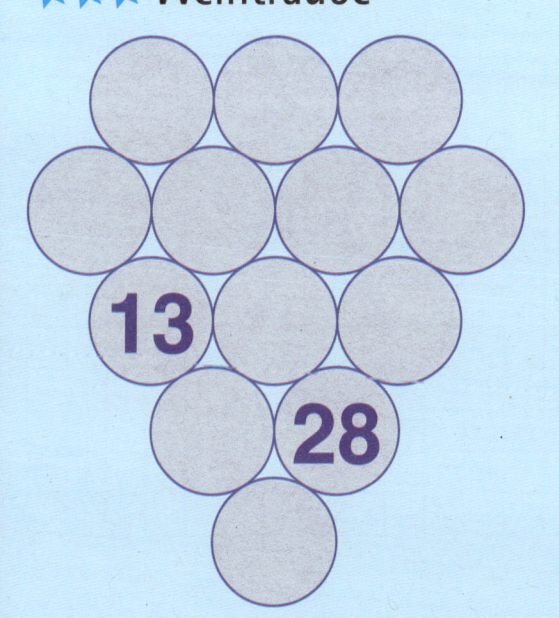

Füllen Sie die leeren Felder der Traube so auf, dass in jedem Feld die Summe der Zahlen in den beiden darüberliegenden Feldern steht und in den Feldern der obersten Reihe nur einstellige Zahlen stehen. In den beiden Feldern am linken und rechten Rand steht dabei der gleiche Wert wie im Feld schräg oberhalb.

13

28

Logikrätsel

★★★ Hanjie

Die Zahlen vor den Zeilen und Spalten geben an, wie viele aufeinanderfolgende Kästchen ausgemalt werden müssen. Zwischen diesen zusammenhängenden Kästchen bleibt mindestens eines frei.

Wenn alles richtig ausgemalt wurde, ergibt sich ein Bild.

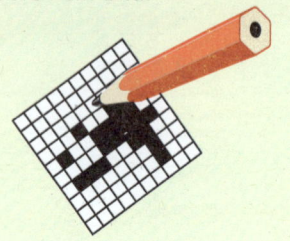

★★★ Sikaku

Ziel ist, das Rätselfeld vollständig in Rechtecke und Quadrate zu zerlegen, die sich nicht überschneiden dürfen. In jedem dieser Rechtecke und Quadrate darf nur eine der vorgegebenen Zahlen stehen. Diese Zahl gibt an, wie viele Kästchen das Rechteck oder Quadrat umfasst. Ein Rechteck haben wir als Starthilfe vorgegeben.

Logikrätsel 261

★★★ Doppel-Sudoku

Die Doppelpackung in Sachen Sudoku basiert auf den gleichen Regeln wie das klassische Sudoku. Der Unterschied besteht darin, dass hier zwei Diagramme zu einem verschmelzen. Dabei haben die beiden Teile je zwei 3x3-Quadrate mit dem Schlüsselelement gemeinsam. Dies erscheint zunächst schwieriger, ist aber zugleich eine versteckte Hilfe, da sich mit einem gewissen Überblick über beide Rätselteile zusätzliche Zahlen ausschließen, welche im „Nachbardiagramm" schon vorhanden sind. Stellen Sie sich diesem japanischen Zahlenwerk!

Bilderrätsel

⭐⭐⭐ Pfeile

Wie müssen die Pfeile 1, 2 und 3 angeordnet werden, wenn man entlang der Pfeile vom unteren roten Pfeil zum roten Pfeil links gelangen will, ohne ein Feld zweimal zu betreten?

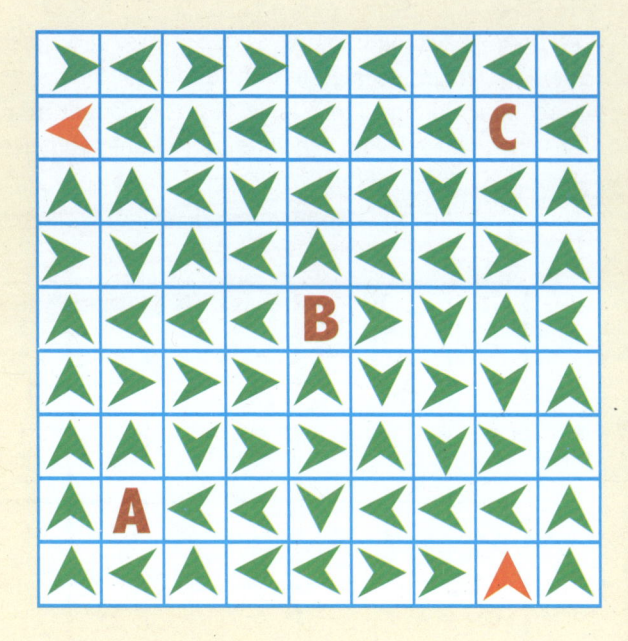

1 2 3

⭐⭐⭐ Symbolisch

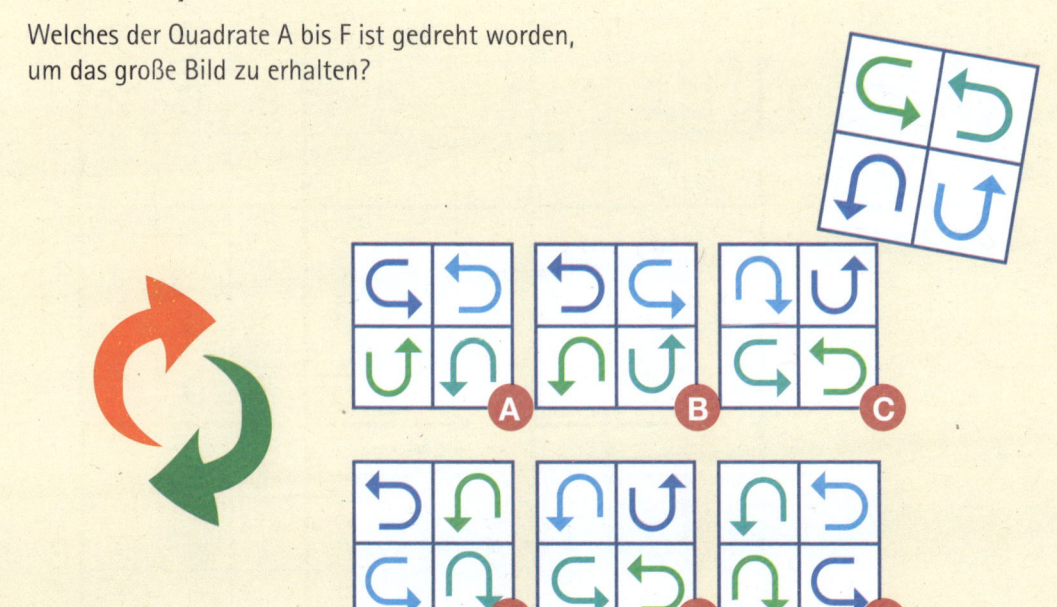

Welches der Quadrate A bis F ist gedreht worden, um das große Bild zu erhalten?

Bilderrätsel 263

⭐⭐⭐ Vitaminreich!

Welche der Gemüsesorten ist in diesem Wirrwarr am meisten vertreten?

Logikrätsel

⭐⭐⭐ Gewichtsproblem

Vier junge Löwen und drei Koalabären wiegen zusammen 37 kg. Drei junge Löwen und vier Koalabären wiegen zusammen 33 kg. Wie viel wiegt jeweils ein einzelner Löwe und ein Koalabär?

⭐⭐⭐ Pfeilschnell

Zeichnen Sie in jedes Feld am Rand einen Pfeil so ein, dass die mit Streichhölzern gelegten Zahlen in den Feldern genau die Anzahl der Pfeile angibt, die auf diese Zahl zeigt. Beachten Sie dabei auch die Pfeile, die von der anderen Seite (vom anderen „Ufer") des Diagramms auf die Zahl zeigen können. Die Pfeile müssen immer auf mindestens eine Zahl zeigen und dürfen waagerecht, senkrecht oder im 45°-Winkel eingezeichnet werden. Einen Pfeil haben wir als Starthilfe eingezeichnet.

Logikrätsel 265

★★★ Magnetisch

	+	1	3	2	4	3	4	3	3
	−	3	1	3	2	4	3	4	3
3	4								
4	2								
1	3								
3	2								
3	3					+	−		
3	2								
3	4								
3	3								

Füllen Sie das Diagramm mit neutralen (schwarzen) und magnetischen Platten. Jede Magnetplatte hat zwei Pole (+ und −). Zwei Hälften mit gleichen Polen dürfen nicht waagerecht oder senkrecht benachbart sein. Die Zahlen an den Rändern geben an, wie viele Plus- und Minuspole in der entsprechenden Zeile oder Spalte vorkommen.

★★★ Speichen

Verbinden Sie die Felder durch Speichen, die waagerecht, senkrecht oder diagonal eingezeichnet werden dürfen. Die Speichen dürfen sich aber nicht überschneiden. Die Zahlen in den Feldern geben an, wie viele Speichen von dem entsprechenden Feld ausgehen.

2	2	2	1
4	7	3	3
2	6	2	3
1	3	4	1

Bilderrätsel

★★★ Quadratisch
Wie viele Quadrate sind hier zu sehen?

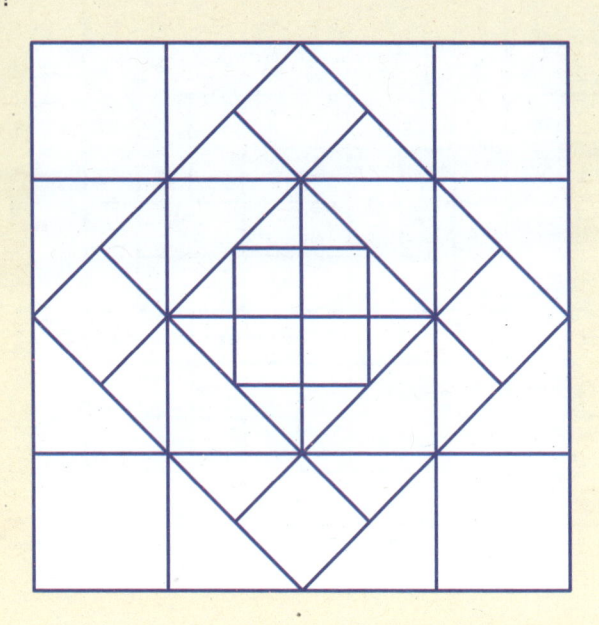

★★★ Faltproblem
Welcher der Würfel A bis D ist aus der Vorlage gefaltet worden?

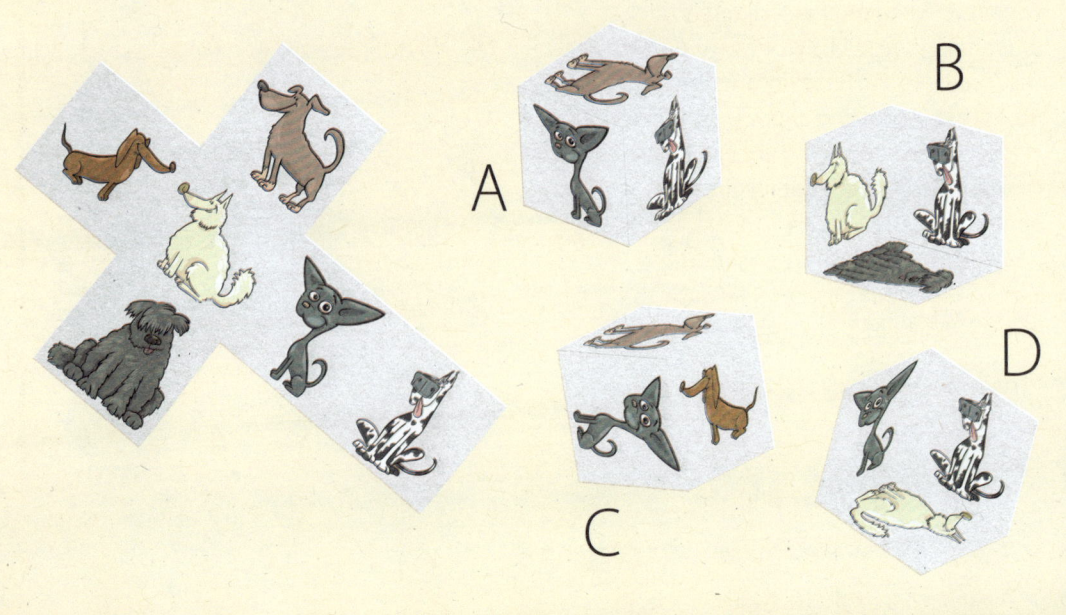

Bilderrätsel 267

★★★ Kreise vergleichen

Welche zwei Kreise sind gleich?

★★★ Richtiger Weg

Zeichnen Sie in das Rätsel einen Rundweg ein, der durch jedes Feld mit einem Kreis hindurchgeht und in den Feldern im 90°-Winkel abbiegen kann. In Feldern mit einem schwarzen Kreis muss er dabei im 90°-Winkel abbiegen und in beiden Richtungen im nächsten Feld geradeaus hindurchgehen. Durch Felder mit einem weißen Kreis muss er geradeaus hindurchgehen und in mindestens einem der beiden Nachbarfelder im 90°-Winkel abbiegen.

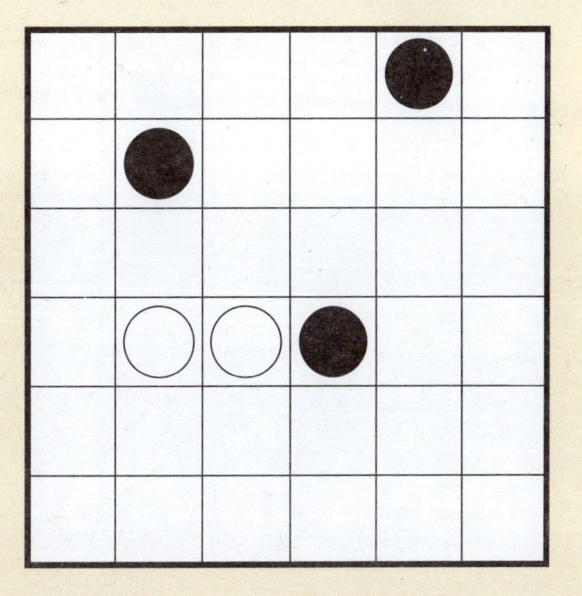

Logikrätsel

⭐⭐⭐ Fillomino

		4		6		3	1	2			2	1
	2	1				1						3
	7		1		3		2	2		5	1	
	7	7			6	1	4		5	2		4
1		3	4			2		4		2	3	1
		1		2	1			4		4	1	2
2		3			2			2		5		
	2		1				5		5		3	1
	3	6		5			2		2	3	1	2
1		1			2			1				
			3								3	

Schreiben Sie in jedes Feld des Diagramms eine Zahl. Felder mit gleichen Zahlen müssen horizontal und vertikal zusammenhängende Bereiche bilden, die aus genauso vielen Feldern bestehen, wie die Zahl angibt. Zwei verschiedene, horizontal oder vertikal zusammenstoßende Bereiche dürfen nicht die gleiche Größe haben und können flächenmäßig um die Ecke laufen. Einen Bereich haben wir als Starthilfe vorgegeben.

⭐⭐⭐ Domino

Im nebenstehenden Rechteck sind 21 Dominosteine enthalten. Unten finden Sie die Steine, die verbaut wurden. Bestimmen Sie ihre Lage, indem Sie die jeweiligen Steine im Rechteck umrahmen!

Logikrätsel

⭐⭐⭐ Inseln verbinden

Bei diesem Rätsel sollen alle Inseln durch Brücken verbunden werden, wobei jede Insel von jeder anderen aus erreichbar sein muss. Die Brücken dürfen dabei nur waagerecht oder senkrecht gebaut werden und nicht über andere Brücken oder Inseln hinweggehen. Zwischen zwei Inseln dürfen sich maximal zwei Brücken befinden.
Die Zahlen in den Inseln geben an, wie viele Brücken von dieser Insel aus wegführen.

⭐⭐⭐ Leuchtturm

Zeichnen Sie in einige der Felder jeweils ein Schiff so ein, dass kein Schiff ein anderes Schiff oder einen Leuchtturm berührt, auch nicht diagonal. Die Zahlen in den Leuchttürmen geben an, wie viele Schiffe von diesem aus in waagerechter oder senkrechter Richtung gesehen werden können. Dabei stört es nicht, wenn zwischen dem Schiff und dem Leuchtturm ein weiteres Schiff oder ein anderer Leuchtturm steht. Alle Schiffe werden von mindestens einem Leuchtturm gesehen.

Zahlen- und Rechenrätsel

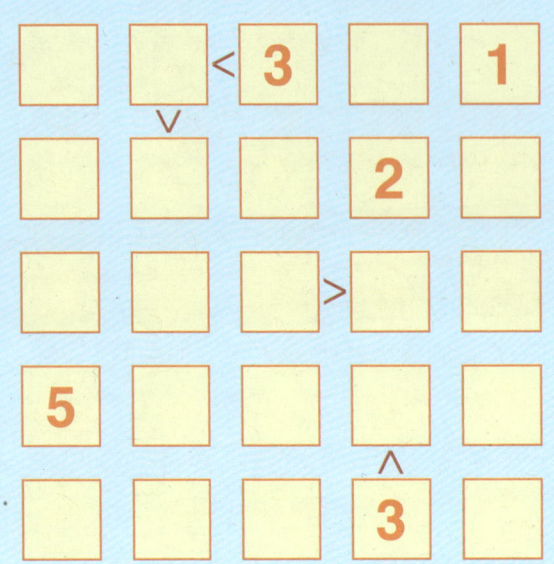

★★★ Größer > Kleiner

	< 3		1	
	∨			
		2		
		>		
5				
		∧		
		3		

Tragen Sie die Ziffern von 1 bis 5 so in das Diagramm ein, dass in jeder Zeile und jeder Spalte jede der Ziffern von 1 bis 5 genau einmal vorkommt. Die Kleiner-Zeichen zwischen zwei Feldern geben an, in welchem der beiden Felder die kleinere Zahl steht.

★★★ Kakuro

In die leeren Felder sollen Sie die Zahlen von 1 bis 9 in beliebiger Reihenfolge eintragen. Dabei sollen sich waagerecht und senkrecht die vorgegebenen Summen in den hellrosa Kästchen ergeben. In keiner Summe darf sich eine Zahl wiederholen. Viel Spaß beim Knobeln!

Zahlen- und Rechenrätsel

⭐⭐⭐ Zahlen gesucht

Wir haben 22 Zahlenkombinationen in dem Setzkasten versteckt. Die Kombinationen können in jede Richtung laufen, auch diagonal, rückwärts oder von unten nach oben.

144 – 157 – 165 – 1700 – 1958 – 2672 – 274 – 3347 – 351 – 385 – 38937 – 469 – 568 – 59357 – 6585 – 691 – 726 – 814 – 8803 – 9243 – 968 – 988

Die drei übrig bleibenden Zahlen im Setzkasten nennen das Jahr, in dem Karl der Große zum Kaiser gekrönt wurde.

```
8 3 4 1 8 3 2 1 4 4 4 6 9 7 6 0 8 6 9 2
6 5 9 2 4 3 0 7 7 5 1 5 4 9 0 5 8 5 6 7
2 1 7 3 9 8 3 8 4 0 6 3 1 7 5 9 3 5 7 6
7 5 8 3 1 9 5 8 8 1 3 0 1 8 8 9 5 6 8 2
```

⭐⭐⭐ Gebiete

Tragen Sie Ziffern so in das Diagramm ein, dass in jeder Zeile und jeder Spalte jede der Ziffern von 1 bis 6 genau einmal vorkommt. Die kleinen Zahlen in den Gebieten geben die Summe der Ziffern in diesem Gebiet an. Beachten Sie, dass innerhalb eines Gebiets gleiche Ziffern sein können, sofern diese in unterschiedlichen Zeilen und Spalten stehen.

★★★ Pünktchen-Sudoku

Tragen Sie die Ziffern von 1 bis 6 so in das Diagramm ein, dass jede Ziffer in jeder Zeile und jeder Spalte genau einmal vorkommt. Befindet sich zwischen zwei Feldern ein schwarzer Kreis, so muss eine der beiden Ziffern in diesen beiden Feldern exakt das Doppelte der anderen sein. Ein weißer Kreis hingegen bedeutet, dass eine der beiden Ziffern um eins größer sein muss als die andere. Befindet sich kein Kreis zwischen zwei Ziffern, so darf auch keine der beiden Eigenschaften zutreffen.

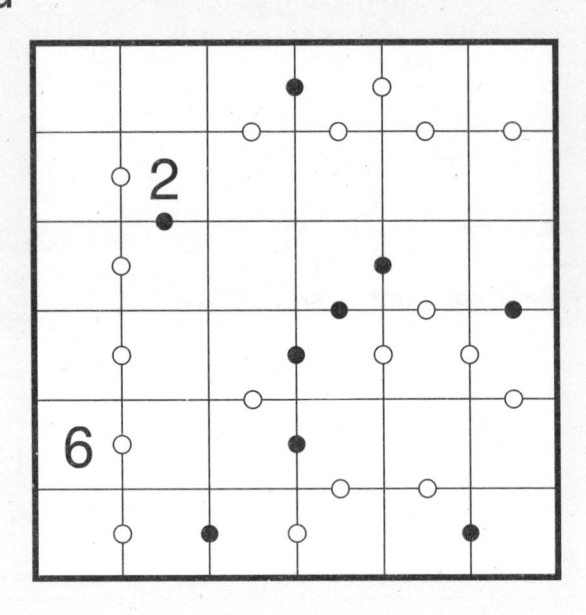

★★★ Verflixte Wabe

Tragen Sie in jedes weiße Feld eine der Zahlen von 1 bis 6 ein, sodass an jedem der schwarzen Felder jede der sechs Zahlen genau einmal steht. Beachten Sie dabei, dass in benachbarten Feldern keine zwei gleichen Zahlen stehen dürfen. So darf also zum Beispiel eine 1 nicht direkt neben einer weiteren 1 stehen.

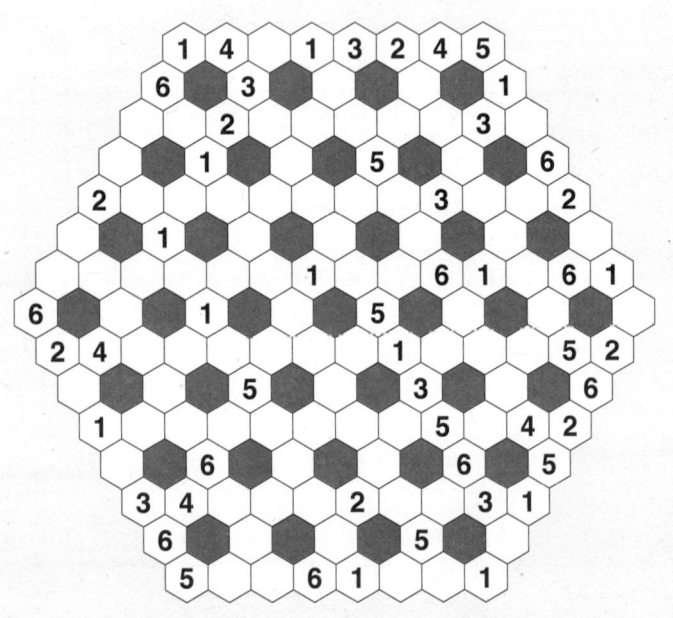

Logikrätsel 273

★★★ Hitori

1	10	6	10	14	10	13	12	5	■	9	1	4	11	4	13
12	9	14	7	11	1	8	5	11	13	4	2	11	10	3	6
6	2	4	10	11	5	7	3	9	5	8	13	2	8	8	14
3	5	12	7	13	4	12	9	10	3	14	1	11	13	6	3
7	10	5	8	5	3	5	6	11	11	7	9	1	2	14	7
13	1	8	11	5	7	9	10	7	4	2	6	5	14	10	12
10	8	1	2	9	6	10	5	4	4	12	7	7	13	9	7
8	7	1	1	4	12	2	3	12	10	6	14	13	10	5	9
2	13	3	12	14	5	11	10	8	9	1	10	5	1	7	1
11	13	9	1	2	14	3	7	6	2	3	12	8	5	8	10
7	5	13	4	9	5	6	4	11	2	11	10	14	12	1	3
6	14	10	9	4	2	4	9	13	6	3	7	12	9	11	13

Schwärzen Sie einige der Felder, sodass zwei geschwärzte Felder niemals waagerecht oder senkrecht benachbart sind und dass in jeder Zeile und jeder Spalte jede Ziffer nur maximal einmal ungeschwärzt übrig bleibt. Beachten Sie dabei, dass die weißen Felder alle zusammenhängen müssen, mit anderen Worten: Die geschwärzten Felder dürfen das Rätsel nicht in zwei oder mehr Stücke teilen. Ein geschwärztes Feld haben wir als Starthilfe vorgegeben.

★★★ Sudoku

Tragen Sie in jedes Feld eine der Ziffern von 1 bis 9 so ein, dass in jeder Zeile, jeder Spalte und jedem 3x3-Gebiet jede der Ziffern von 1 bis 9 genau einmal vorkommt.

5			8		3			2
8		2					5	
					7			
				4	1	9		
4		6				2		7
		5	8	7				
			1					
	1					6		3
3		8		2				1

274 Bilderrätsel

★★★ Tadsch Mahal

Bei der Spiegelung des Tadsch Mahal sind unserem Zeichner 3 Fehler unterlaufen. Können Sie sie finden?

★★★ Fotoausschnitt

Einer der Ausschnitte aus dem Bild ist fehlerhaft. Welcher ist es?

Bilderrätsel 275

★★★ Fotopuzzle

Welche Zahlenreihe ergeben die Puzzleteile, wenn sie an der richtigen Position liegen (angefangen von links nach rechts, von oben nach unten)?

1　　　　　　2　　　　　　3

4　　　　　　5　　　　　　6

7　　　　　　8　　　　　　9

10　　　　　11　　　　　12

Logikrätsel

★★★ Rundweg

Zeichnen Sie einen Rundweg entlang der gestrichelten Linien ein. Am Ende soll der Rundweg wieder an dem Punkt ankommen, an dem er gestartet ist. Die Zahlen in den Feldern geben dabei an, wie viele Seiten dieses Feldes durch den Rundweg belegt sind. In den Feldern ohne Zahl ist ungewiss, wie viele Seiten (von keiner bis alle vier) durch den Rundweg genutzt werden. Als kleine Hilfe haben wir die „0" und ein kleines Stück Weg vorgegeben.

★★☆ Schiffe versenken

Tragen Sie die abgebildete Flotte in das Diagramm ein. Die Schiffe sollen nur waagerecht oder senkrecht liegen und dürfen sich nicht berühren, auch nicht diagonal. Die Schiffe dürfen dabei beliebig gedreht werden. In Felder mit Wellen können keine Schiffsteile eingetragen werden. Die Zahlen am Rand geben an, wie viele Schiffsteile in der entsprechenden Zeile oder Spalte zu finden sind.

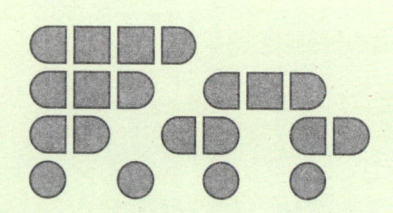

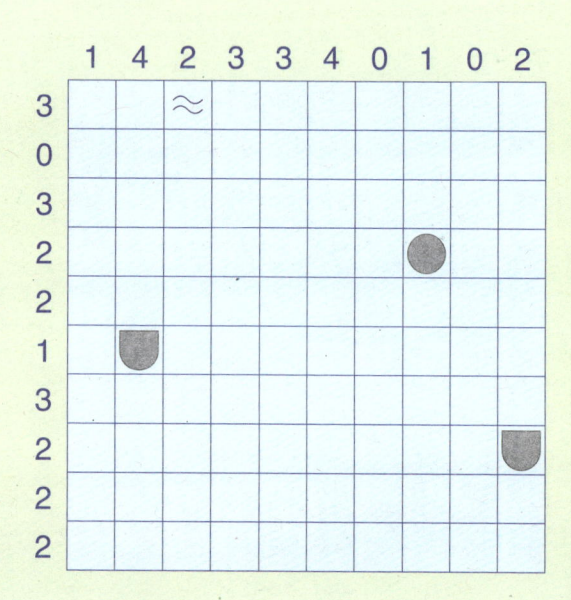

Logikrätsel 277

⭐⭐ Zahlenlabyrinth

Finden Sie einen Weg durch das Labyrinth, der die Zahlen von 1 bis 15 in aufsteigender Reihenfolge jeweils genau einmal durchläuft. Der Weg darf sich an den Kreuzungen berühren oder auch kreuzen, jedoch darf kein Wegstück mehr als einmal durchlaufen werden.

⭐⭐⭐ Camping

Tragen Sie waagerecht oder senkrecht neben jedem Baum ein Zelt ein, das zu diesem Baum gehört. Die Zelte dürfen sich dabei nicht berühren, auch nicht diagonal. Die Zahlen am Rand geben an, wie viele Zelte sich in der entsprechenden Zeile oder Spalte befinden.

Zahlen- und Rechenrätsel

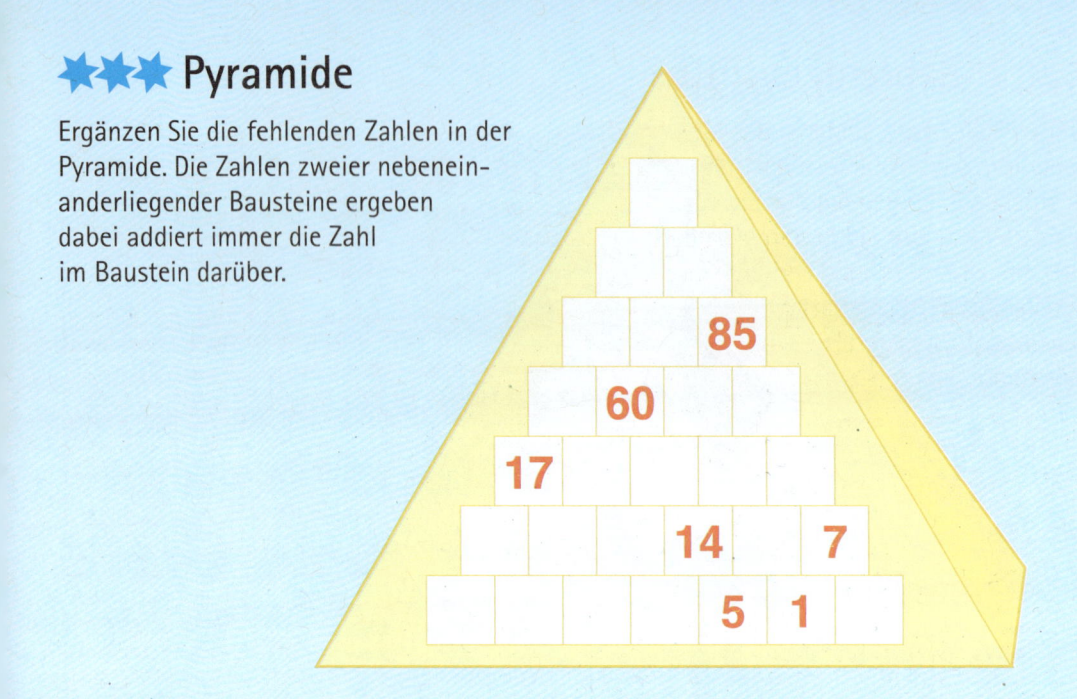

★★★ Pyramide

Ergänzen Sie die fehlenden Zahlen in der Pyramide. Die Zahlen zweier nebeneinanderliegender Bausteine ergeben dabei addiert immer die Zahl im Baustein darüber.

```
            [  ]
          [  ][  ]
        [  ][  ][85]
      [  ][60][  ][  ]
    [17][  ][  ][  ][  ]
  [  ][  ][14][ 7][  ][  ]
[  ][  ][  ][  ][ 5][ 1][  ]
```

★★★ Magisches Quadrat

Die leeren Kästchen des Quadrates sind mit den fehlenden Zahlen von 1 bis 25 so zu füllen, dass sich in jeder Reihe, jeder Spalte und auch jeder Diagonalen die Summe 65 ergibt.

	19				= 65
16		23	5	14	= 65
15	13		25	3	= 65
	24		12	10	= 65
	2	18		17	= 65

= 65 = 65 = 65 = 65 = 65

Zahlen- und Rechenrätsel

★★★ Römisches Rätsel

Tragen Sie in jedes Feld eine der römischen Ziffern von I bis IV ein. Die Zahlen am Rand geben dabei an, wie oft jede der Ziffern in der entsprechenden Zeile oder Spalte vorkommt. Zudem dürfen in waagerecht oder senkrecht benachbarten Feldern keine gleichen Ziffern stehen.

				I	0	1	2	0	1
				II	0	1	1	2	3
				III	3	1	1	2	0
I	II	III	IV		2	2	1	1	1
1	1	2	1						II
1	2	0	2						
0	2	2	1						II
2	1	1	1						
0	1	2	2						II

★★★ Weintraube

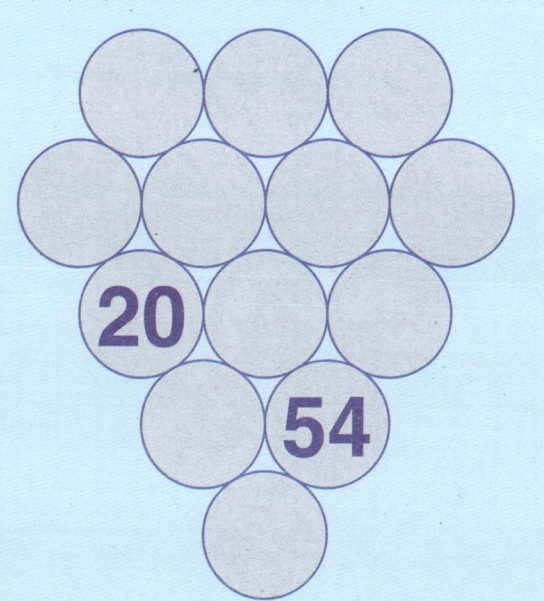

Füllen Sie die leeren Felder der Traube so auf, dass in jedem Feld die Summe der Zahlen in den beiden darüberliegenden Feldern steht und in den Feldern der obersten Reihe nur einstellige Zahlen stehen. In den beiden Feldern am linken und rechten Rand steht dabei der gleiche Wert wie im Feld schräg oberhalb.

20

54

280 Logikrätsel

★★★ Hanjie

Die Zahlen vor den Zeilen und Spalten geben an, wie viele aufeinanderfolgende Kästchen ausgemalt werden müssen. Zwischen diesen zusammenhängenden Kästchen bleibt mindestens eines frei.

Wenn alles richtig ausgemalt wurde, ergibt sich ein Bild.

★★★ Sikaku

Ziel ist, das Rätselfeld vollständig in Rechtecke und Quadrate zu zerlegen, die sich nicht überschneiden dürfen. In jedem dieser Rechtecke und Quadrate darf nur eine der vorgegebenen Zahlen stehen. Diese Zahl gibt an, wie viele Kästchen das Rechteck oder Quadrat umfasst. Ein Rechteck haben wir als Starthilfe vorgegeben.

Logikrätsel 281

★★★ Doppel-Sudoku

Die Doppelpackung in Sachen Sudoku basiert auf den gleichen Regeln wie das klassische Sudoku. Der Unterschied besteht darin, dass hier zwei Diagramme zu einem verschmelzen. Dabei haben die beiden Teile je zwei 3x3-Quadrate mit dem Schlüsselelement gemeinsam. Dies erscheint zunächst schwieriger, ist aber zugleich eine versteckte Hilfe, da sich mit einem gewissen Überblick über beide Rätselteile zusätzliche Zahlen ausschließen, welche im „Nachbardiagramm" schon vorhanden sind. Stellen Sie sich diesem japanischen Zahlenwerk!

Bilderrätsel

⭐⭐⭐ Labyrinth

Finden Sie den Weg durch dieses Labyrinth?

⭐⭐⭐ Deckungsgleich

Wenn man die unteren Bilder übereinanderschiebt, entsteht eines der oberen Bilder. Welches?

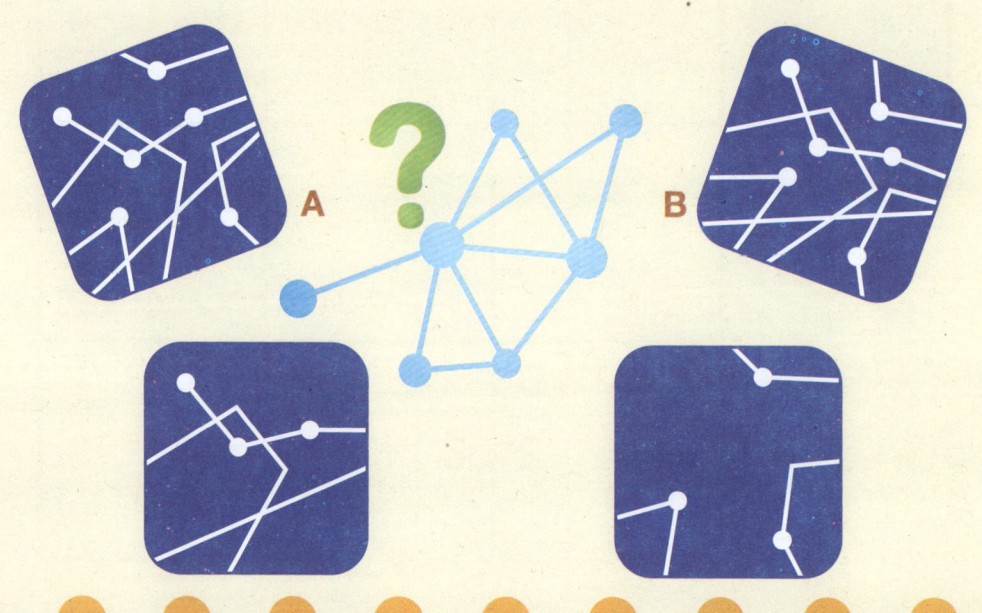

A   B

Bilderrätsel 283

★★★ Alle Vöglein sind schon da!

Wie viele Singvögel sind auf dem Bild zu sehen?

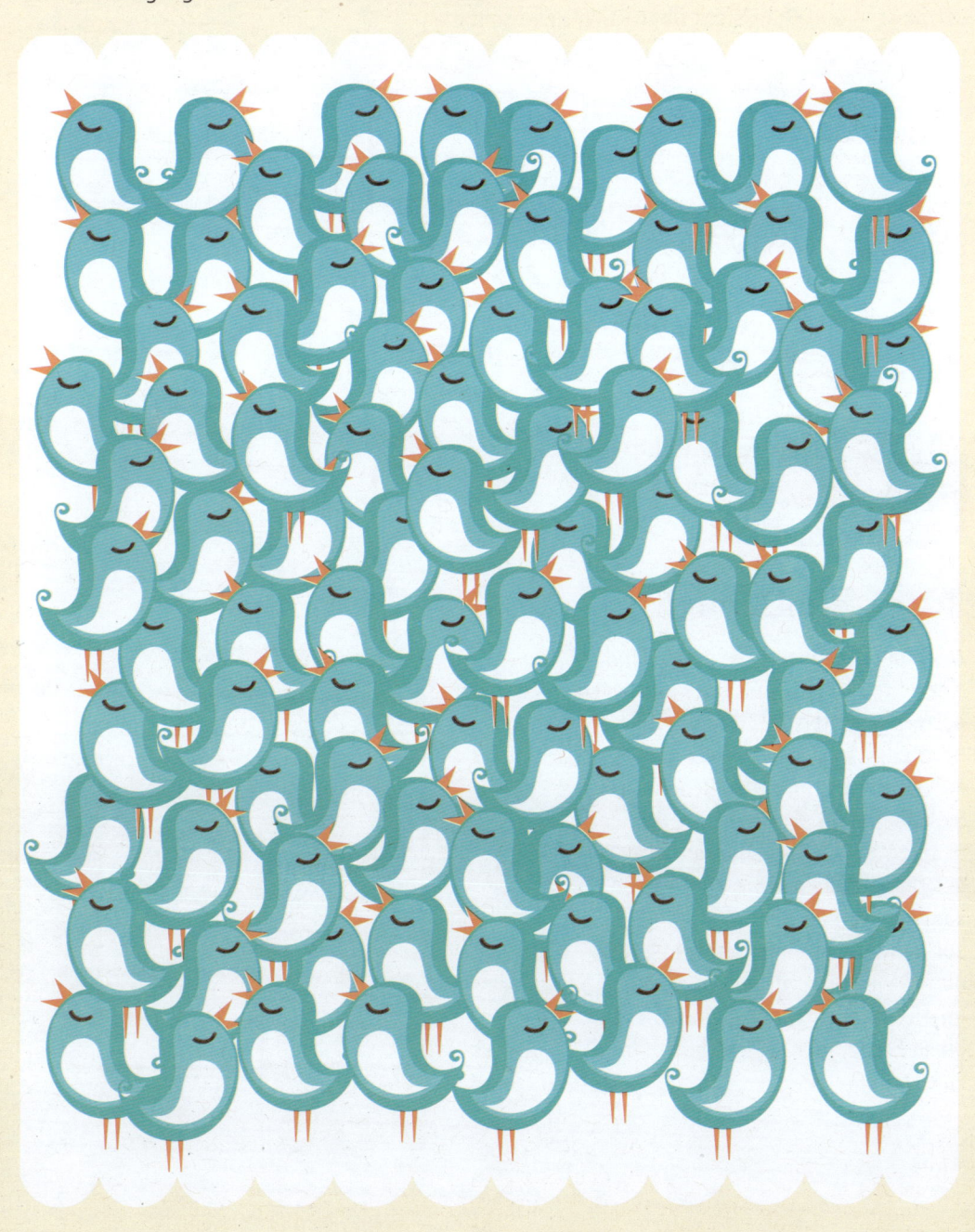

Logikrätsel

★★★ Bootsbau

Bei den Linien des Bootes stimmen zwei der einzelnen Spanten (Querschnitte) 1–8 nicht mit der Seiten- und Draufsicht überein. Welche sind es?

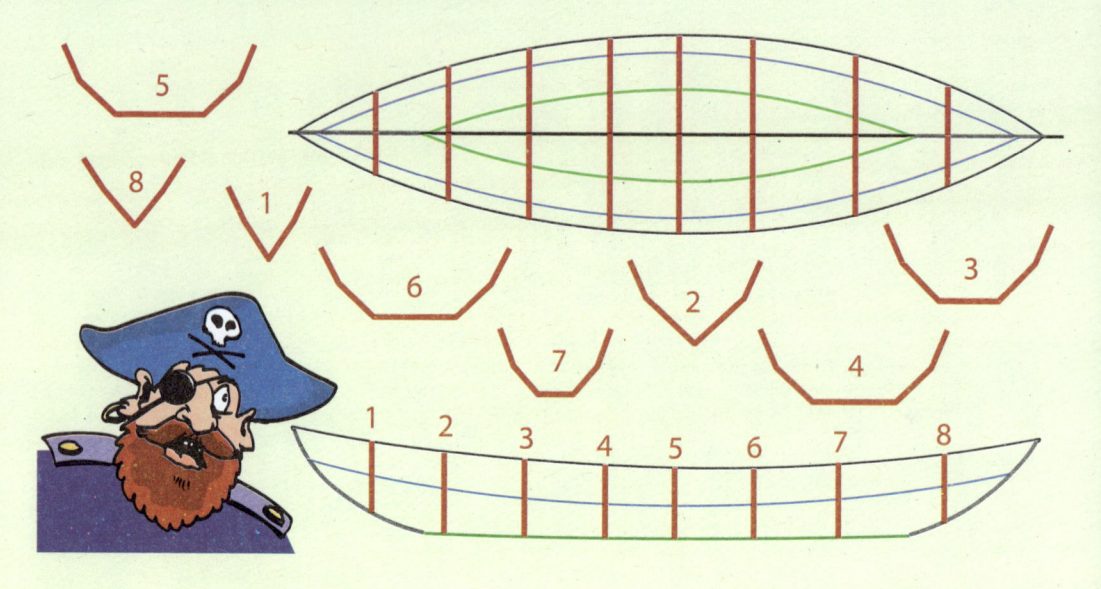

★★★ Pfeilschnell

Zeichnen Sie in jedes Feld am Rand einen Pfeil so ein, dass die mit Streichhölzern gelegten Zahlen in den Feldern genau die Anzahl der Pfeile angibt, die auf diese Zahl zeigt. Beachten Sie dabei auch die Pfeile, die von der anderen Seite (vom anderen „Ufer") des Diagramms auf die Zahl zeigen können. Die Pfeile müssen immer auf mindestens eine Zahl zeigen und dürfen waagerecht, senkrecht oder im 45°-Winkel eingezeichnet werden. Einen Pfeil haben wir als Starthilfe eingezeichnet.

Logikrätsel 285

★★★ Magnetisch

	+	2	4	3	3	1	3	3	3
	−	3	2	4	3	1	3	3	3
3	2			+	−				
3	4								
1	1								
3	3								
2	2								
4	3							+	
3	4							−	
3	3								

Füllen Sie das Diagramm mit neutralen (schwarzen) und magnetischen Platten. Jede Magnetplatte hat zwei Pole (+ und −). Zwei Hälften mit gleichen Polen dürfen nicht waagerecht oder senkrecht benachbart sein. Die Zahlen an den Rändern geben an, wie viele Plus- und Minuspole in der entsprechenden Zeile oder Spalte vorkommen.

★★★ Speichen

Verbinden Sie die Felder durch Speichen, die waagerecht, senkrecht oder diagonal eingezeichnet werden dürfen. Die Speichen dürfen sich aber nicht überschneiden. Die Zahlen in den Feldern geben an, wie viele Speichen von dem entsprechenden Feld ausgehen.

2	4	1	1
1	6	5	4
2	5	6	4
1	3	3	2

286 Bilderrätsel

⭐⭐⭐ Zahnräder

Jedes der vier Zahnräder ist halb so groß wie das vorige in der Folge. Wie oft dreht sich das kleinste Zahnrad, wenn das größte Zahnrad eine Umdrehung macht?

⭐⭐⭐ Faltkunst

Welche Pyramide ist aus dem Muster gefaltet worden?

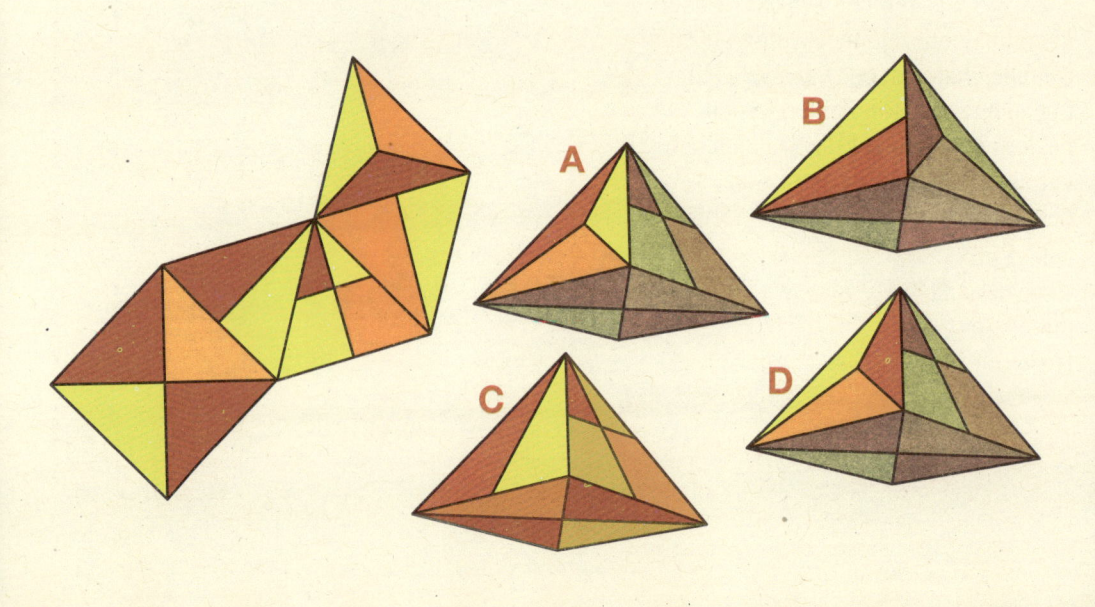

Bilderrätsel 287

★★★ Schilderwald

Welches Verkehrsschild kommt auf der linken Seite des Trennstreifens nicht vor?

★★★ Richtiger Weg

Zeichnen Sie in das Rätsel einen Rundweg ein, der durch jedes Feld mit einem Kreis hindurchgeht und in den Feldern im 90°-Winkel abbiegen kann. In Feldern mit einem schwarzen Kreis muss er dabei im 90°-Winkel abbiegen und in beiden Richtungen im nächsten Feld geradeaus hindurchgehen. Durch Felder mit einem weißen Kreis muss er geradeaus hindurchgehen und in mindestens einem der beiden Nachbarfelder im 90°-Winkel abbiegen.

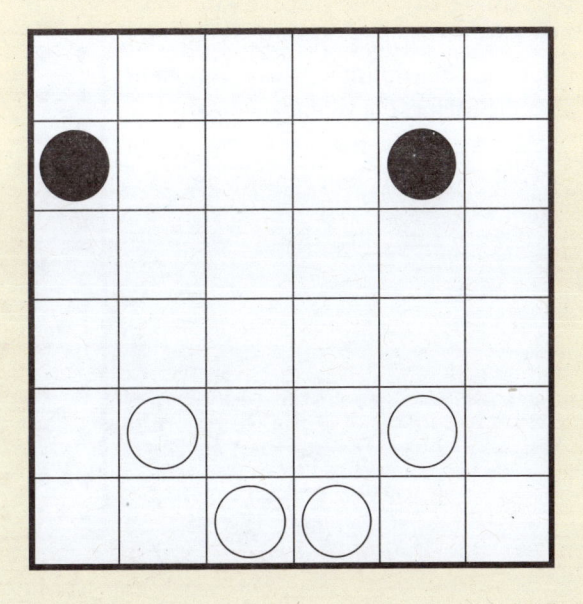

Logikrätsel

★★★ Fillomino

3			4		2	4			
1	3	2		2		4	1		1	2		2

3			4		2	4			
1	3	2		2	4		1	1	2		2
		1		3	4	5			2	3			1
	3	7	2		5		4			2			3
1			1		2		6		1				3
3	1			7		5		2	6		4	2	5
			1	2				5	1			4	
	2					2		3		1	5		1
3			1	5		3		2		1		1	
2		1		1	3							4	
	1			2	1		4	3		1	3		1

Schreiben Sie in jedes Feld des Diagramms eine Zahl. Felder mit gleichen Zahlen müssen horizontal und vertikal zusammenhängende Bereiche bilden, die aus genauso vielen Feldern bestehen, wie die Zahl angibt. Zwei verschiedene, horizontal oder vertikal zusammenstoßende Bereiche dürfen nicht die gleiche Größe haben und können flächenmäßig um die Ecke laufen. Einen Bereich haben wir als Starthilfe vorgegeben.

★★★ Domino

Im nebenstehenden Rechteck sind 21 Dominosteine enthalten. Unten finden Sie die Steine, die verbaut wurden. Bestimmen Sie ihre Lage, indem Sie die jeweiligen Steine im Rechteck umrahmen!

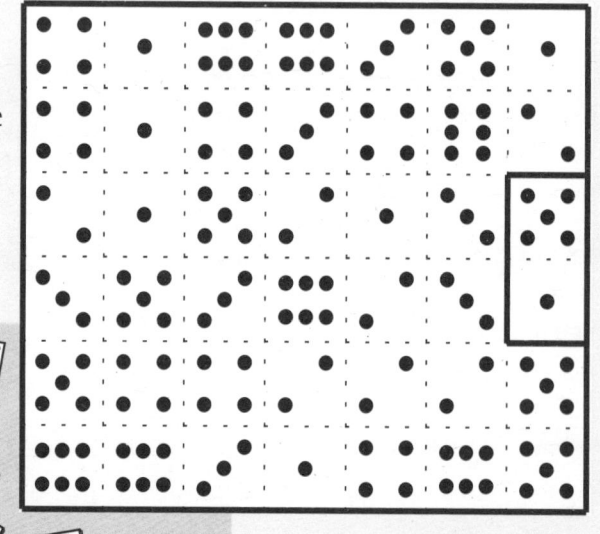

Logikrätsel

⭐⭐⭐ Inseln verbinden

Bei diesem Rätsel sollen alle Inseln durch Brücken verbunden werden, wobei jede Insel von jeder anderen aus erreichbar sein muss. Die Brücken dürfen dabei nur waagerecht oder senkrecht gebaut werden und nicht über andere Brücken oder Inseln hinweggehen. Zwischen zwei Inseln dürfen sich maximal zwei Brücken befinden.
Die Zahlen in den Inseln geben an, wie viele Brücken von dieser Insel aus wegführen.

⭐⭐⭐ Leuchtturm

Zeichnen Sie in einige der Felder jeweils ein Schiff so ein, dass kein Schiff ein anderes Schiff oder einen Leuchtturm berührt, auch nicht diagonal. Die Zahlen in den Leuchttürmen geben an, wie viele Schiffe von diesem aus in waagerechter oder senkrechter Richtung gesehen werden können. Dabei stört es nicht, wenn zwischen dem Schiff und dem Leuchtturm ein weiteres Schiff oder ein anderer Leuchtturm steht. Alle Schiffe werden von mindestens einem Leuchtturm gesehen.

Zahlen- und Rechenrätsel

★★★ Größer > Kleiner

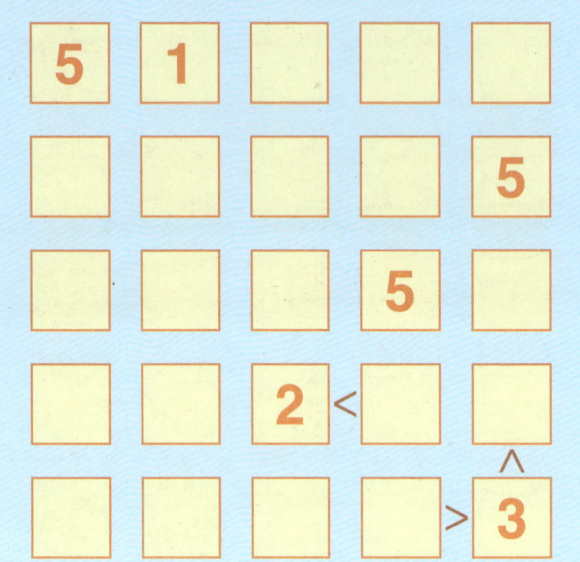

Tragen Sie die Ziffern von 1 bis 5 so in das Diagramm ein, dass in jeder Zeile und jeder Spalte jede der Ziffern von 1 bis 5 genau einmal vorkommt. Die Kleiner-Zeichen zwischen zwei Feldern geben an, in welchem der beiden Felder die kleinere Zahl steht.

★★★ Kakuro

In die leeren Felder sollen Sie die Zahlen von 1 bis 9 in beliebiger Reihenfolge eintragen. Dabei sollen sich waagerecht und senkrecht die vorgegebenen Summen in den hellrosa Kästchen ergeben. In keiner Summe darf sich eine Zahl wiederholen. Viel Spaß beim Knobeln!

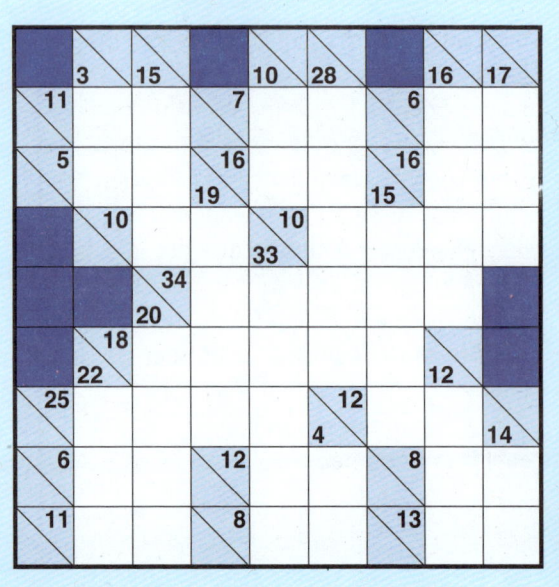

Zahlen- und Rechenrätsel 291

✦✦✦ Zahlen gesucht

Wir haben 21 Zahlenkombinationen in dem Setzkasten versteckt. Die Kombinationen können in jede Richtung laufen, auch diagonal, rückwärts oder von unten nach oben.

452 – 9212 – 33754 – 259 – 124 – 753 – 163 – 6319 – 3048 – 874 – 286 – 6188 – 13759 – 673 – 9296 – 3219 – 1935 – 6749 – 443 – 8123 – 329

Die vier übrig bleibenden Zahlen im Setzkasten nennen das Jahr, in dem die Schweiz das Frauenwahlrecht einführte.

```
2 1 2 4 9 2 3 5 1 6 4 4 3 3 6 7 3 6 8 2
1 9 1 2 3 9 3 1 9 1 3 7 5 9 0 4 5 7 3 3
2 4 7 8 7 9 6 2 2 5 9 9 1 3 6 4 9 4 7 6
9 3 5 7 1 3 9 8 1 2 3 8 8 1 6 1 8 4 5 2
```

✦✦✦ Gebiete

Tragen Sie Ziffern so in das Diagramm ein, dass in jeder Zeile und jeder Spalte jede der Ziffern von 1 bis 6 genau einmal vorkommt. Die kleinen Zahlen in den Gebieten geben die Summe der Ziffern in diesem Gebiet an. Beachten Sie, dass innerhalb eines Gebiets gleiche Ziffern sein können, sofern diese in unterschiedlichen Zeilen und Spalten stehen.

Logikrätsel

★★★ Pünktchen-Sudoku

Tragen Sie die Ziffern von 1 bis 6 so in das Diagramm ein, dass jede Ziffer in jeder Zeile und jeder Spalte genau einmal vorkommt. Befindet sich zwischen zwei Feldern ein schwarzer Kreis, so muss eine der beiden Ziffern in diesen beiden Feldern exakt das Doppelte der anderen sein. Ein weißer Kreis hingegen bedeutet, dass eine der beiden Ziffern um eins größer sein muss als die andere. Befindet sich kein Kreis zwischen zwei Ziffern, so darf auch keine der beiden Eigenschaften zutreffen.

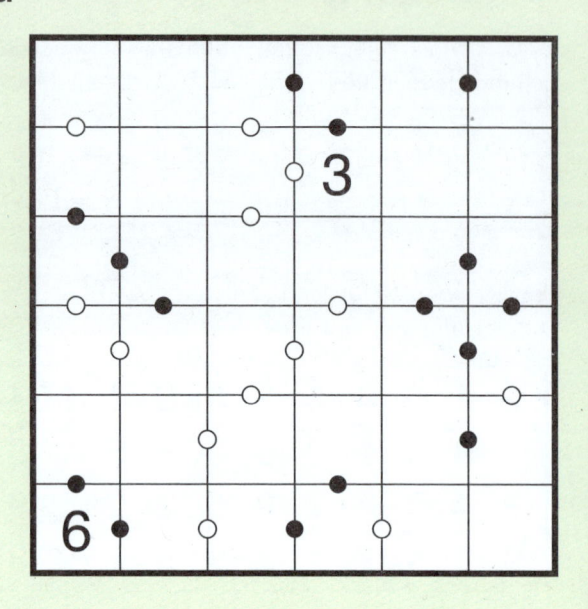

★★★ Verflixte Wabe

Tragen Sie in jedes weiße Feld eine der Zahlen von 1 bis 6 ein, sodass an jedem der schwarzen Felder jede der sechs Zahlen genau einmal steht. Beachten Sie dabei, dass in benachbarten Feldern keine zwei gleichen Zahlen stehen dürfen. So darf also zum Beispiel eine 1 nicht direkt neben einer weiteren 1 stehen.

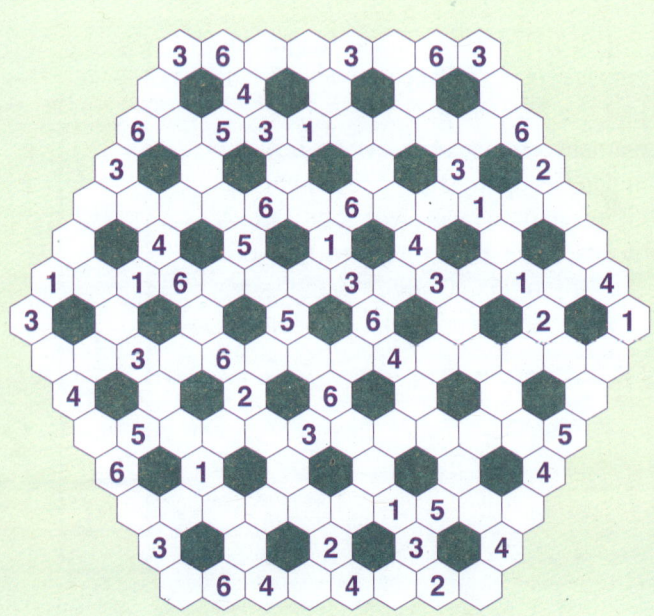

Logikrätsel 293

★★★ Hitori

7	1	13	9	6	10	2	11	8	4	2	11	3	12	8	1
2	4	8	11	12	6	7	3	9	11	1	13	5	14	10	5
4	6	7	4	13	5	10	2	14	7	3	8	1	1	5	14
5	3	12	7	10	2	5	8	11	1	8	3	14	3	13	6
6	12	7	10	13	14	1	11	7	3	9	13	2	5	7	13
10	13	4	3	14	12	7	5	5	8	10	1	3	9	3	
8	13	10	14	3	13	2	1	4	6	7	1	9	13	4	5
1	2	10	6	4	9	13	5	8	8	14	11	7	4	12	6
6	7	5	2	12	3	14	14	14	10	13	1	12	9	2	4
13	14	9	■	6	7	5	10	3	3	12	11	1	1	2	11
6	1	10	13	7	11	3	7	6	5	11	9	8	4	14	12
10	3	1	10	9	5	1	4	14	8	8	6	12	12	11	14

Schwärzen Sie einige der Felder, sodass zwei geschwärzte Felder niemals waagerecht oder senkrecht benachbart sind und dass in jeder Zeile und jeder Spalte jede Ziffer nur maximal einmal ungeschwärzt übrig bleibt. Beachten Sie dabei, dass die weißen Felder alle zusammenhängen müssen, mit anderen Worten: Die geschwärzten Felder dürfen das Rätsel nicht in zwei oder mehr Stücke teilen. Ein geschwärztes Feld haben wir als Starthilfe vorgegeben.

★★★ Sudoku

Tragen Sie in jedes Feld eine der Ziffern von 1 bis 9 so ein, dass in jeder Zeile, jeder Spalte und jedem 3x3-Gebiet jede der Ziffern von 1 bis 9 genau einmal vorkommt.

							7	
			8	5	3		2	
1						4		8
	3	9	1			5		
				9				
		8			7	2	3	
2		5						3
	9		4	2	6			
	4							

294 Bilderrätsel

★★★

Welches der Muster A bis K ist das Negativ zum Strichcode oben links?

A B C
D E F G
H I J K

★★★ Fotoausschnitt

Einer der Ausschnitte aus dem Bild ist fehlerhaft. Welcher ist es?

Bilderrätsel 295

⭐⭐⭐ Fotopuzzle

Welche Zahlenreihe ergeben die Puzzleteile, wenn sie an der richtigen Position liegen (angefangen von links nach rechts, von oben nach unten)?

Logikrätsel

★★★ Rundweg

Zeichnen Sie einen Rundweg entlang der gestrichelten Linien ein. Am Ende soll der Rundweg wieder an dem Punkt ankommen, an dem er gestartet ist. Die Zahlen in den Feldern geben dabei an, wie viele Seiten dieses Feldes durch den Rundweg belegt sind. In den Feldern ohne Zahl ist ungewiss, wie viele Seiten (von keiner bis alle vier) durch den Rundweg genutzt werden. Als kleine Hilfe haben wir die „0" und ein kleines Stück Weg vorgegeben.

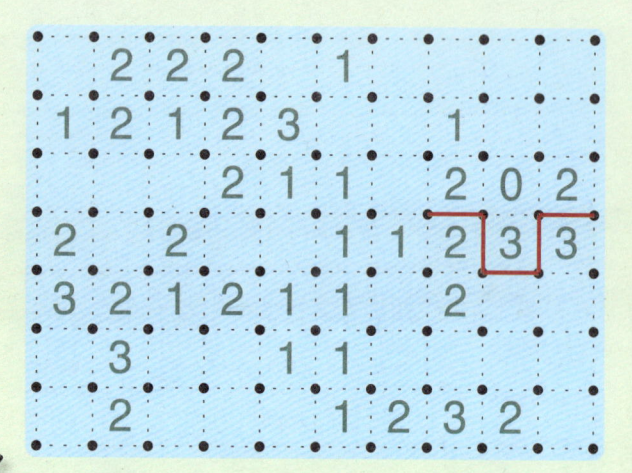

★★★ Schiffe versenken

Tragen Sie die abgebildete Flotte in das Diagramm ein. Die Schiffe sollen nur waagerecht oder senkrecht liegen und dürfen sich nicht berühren, auch nicht diagonal. Die Schiffe dürfen dabei beliebig gedreht werden. In Felder mit Wellen können keine Schiffsteile eingetragen werden. Die Zahlen am Rand geben an, wie viele Schiffsteile in der entsprechenden Zeile oder Spalte zu finden sind.

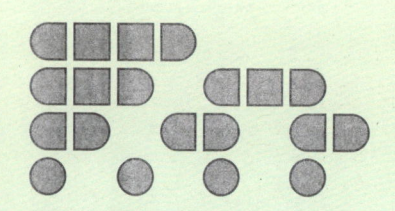

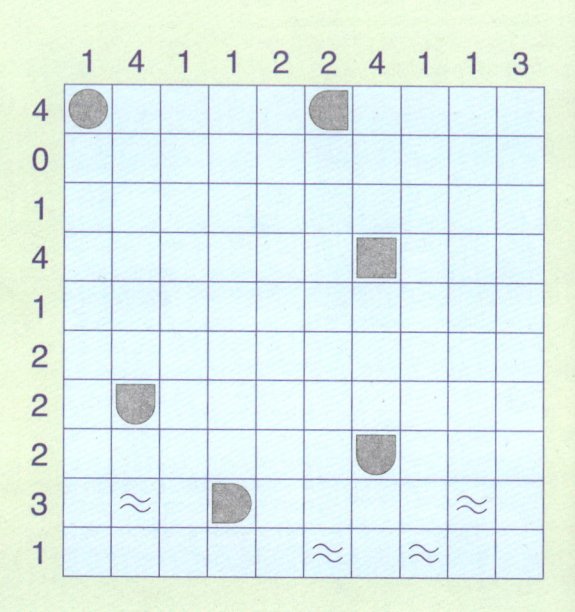

Logikrätsel 297

⭐⭐⭐ Zahlenlabyrinth

Finden Sie einen Weg durch das Labyrinth, der die Zahlen von 1 bis 15 in aufsteigender Reihenfolge jeweils genau einmal durchläuft. Der Weg darf sich an den Kreuzungen berühren oder auch kreuzen, jedoch darf kein Wegstück mehr als einmal durchlaufen werden.

⭐⭐⭐ Camping

Tragen Sie waagerecht oder senkrecht neben jedem Baum ein Zelt ein, das zu diesem Baum gehört. Die Zelte dürfen sich dabei nicht berühren, auch nicht diagonal. Die Zahlen am Rand geben an, wie viele Zelte sich in der entsprechenden Zeile oder Spalte befinden.

298 Zahlen- und Rechenrätsel

✶✶✶ Sternzahlen

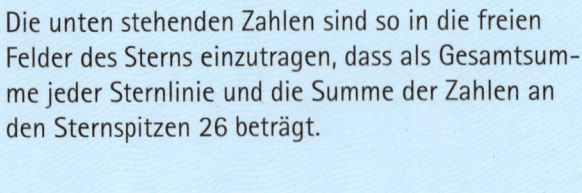

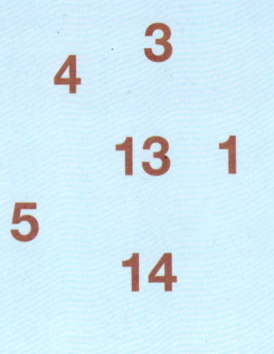

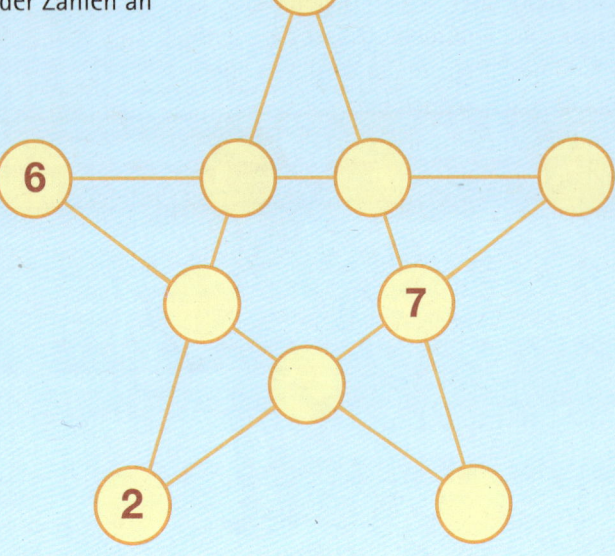

Die unten stehenden Zahlen sind so in die freien Felder des Sterns einzutragen, dass als Gesamtsumme jeder Sternlinie und die Summe der Zahlen an den Sternspitzen 26 beträgt.

4 3
13 1
5
14

✶✶✶ Magisches Quadrat

Die leeren Kästchen des Quadrates sind mit den fehlenden Zahlen von 1 bis 25 so zu füllen, dass sich in jeder Reihe, jeder Spalte und auch jeder Diagonalen die Summe 65 ergibt.

	13		3		= 65
25	9	17	10		= 65
8		2			= 65
14	5	23			= 65
	1	24	15	6	= 65

= 65 = 65 = 65 = 65 = 65 = 65

Zahlen- und Rechenrätsel

★★★ Römisches Rätsel

Tragen Sie in jedes Feld eine der römischen Ziffern von I bis IV ein. Die Zahlen am Rand geben dabei an, wie oft jede der Ziffern in der entsprechenden Zeile oder Spalte vorkommt. Zudem dürfen in waagerecht oder senkrecht benachbarten Feldern keine gleichen Ziffern stehen.

				I	3	0	3	1	3
				II	1	2	0	1	0
				III	0	2	0	1	1
I	II	III	IV		1	1	2	2	1
3	0	0	2						I
1	1	2	1						
3	2	0	0						I
0	0	2	3						
3	1	0	1						I

★★★ Weintraube

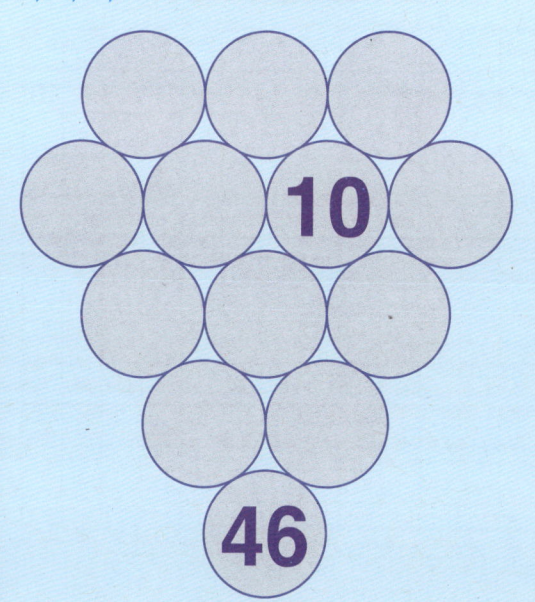

Füllen Sie die leeren Felder der Traube so auf, dass in jedem Feld die Summe der Zahlen in den beiden darüberliegenden Feldern steht und in den Feldern der obersten Reihe nur einstellige Zahlen stehen. In den beiden Feldern am linken und rechten Rand steht dabei der gleiche Wert wie im Feld schräg oberhalb.

10

46

Logikrätsel

⭐⭐⭐ Hanjie

Die Zahlen vor den Zeilen und Spalten geben an, wie viele aufeinanderfolgende Kästchen ausgemalt werden müssen. Zwischen diesen zusammenhängenden Kästchen bleibt mindestens eines frei.

Wenn alles richtig ausgemalt wurde, ergibt sich ein Bild.

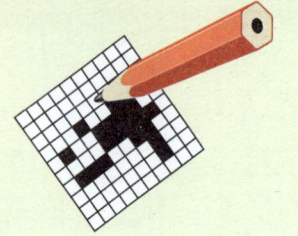

⭐⭐⭐ Sikaku

Ziel ist, das Rätselfeld vollständig in Rechtecke und Quadrate zu zerlegen, die sich nicht überschneiden dürfen. In jedem dieser Rechtecke und Quadrate darf nur eine der vorgegebenen Zahlen stehen. Diese Zahl gibt an, wie viele Kästchen das Rechteck oder Quadrat umfasst. Ein Rechteck haben wir als Starthilfe vorgegeben.

Logikrätsel 301

★★★ Doppel-Sudoku

Die Doppelpackung in Sachen Sudoku basiert auf den gleichen Regeln wie das klassische Sudoku. Der Unterschied besteht darin, dass hier zwei Diagramme zu einem verschmelzen. Dabei haben die beiden Teile je zwei 3x3-Quadrate mit dem Schlüsselelement gemeinsam. Dies erscheint zunächst schwieriger, ist aber zugleich eine versteckte Hilfe, da sich mit einem gewissen Überblick über beide Rätselteile zusätzliche Zahlen ausschließen, welche im „Nachbardiagramm" schon vorhanden sind. Stellen Sie sich diesem japanischen Zahlenwerk!

302 Bilderrätsel

★★★ Zahnräder

Das rote Rad oben links wird mehrfach im Uhrzeigersinn gedreht. Wie dreht sich das blaue Rad unten rechts?

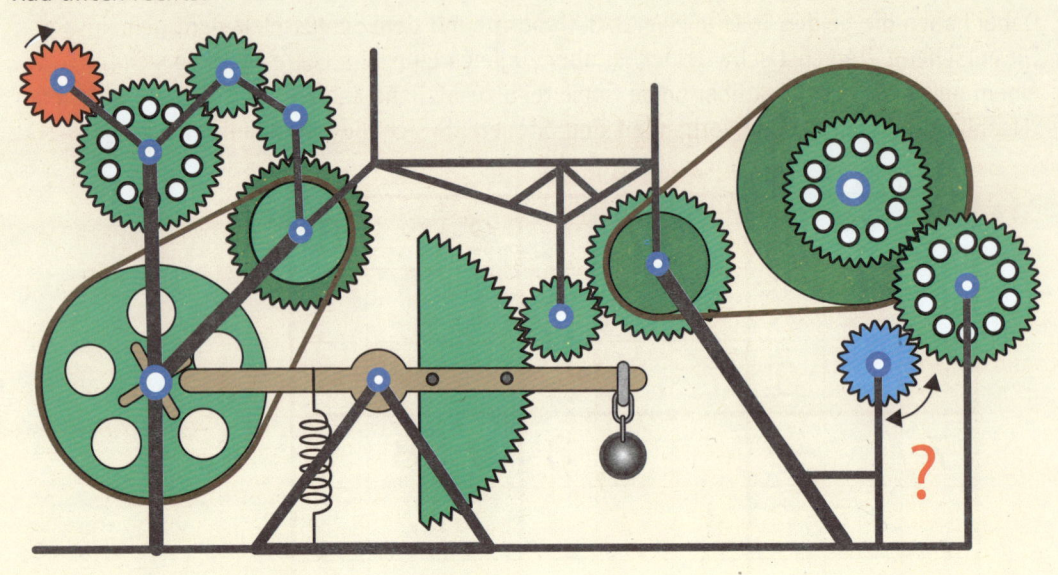

★★★ Teilungsproblem

Wie zerlegt man das Zifferblatt einer Uhr mit zwei geraden Linien so in drei Teile, dass die Summe der Zahlen in jedem Feld gleich ist?

Bilderrätsel 303

★★★ Blütenzauber

Wie viele Blüten sind hier auf dem Bild zu sehen?

Logikrätsel

★★★ Codeknacker

Welche mögliche Kombination der vier verschiedenen Felder fehlt hier und gehört demnach ins letzte Kästchen?

★★★ Pfeilschnell

Zeichnen Sie in jedes Feld am Rand einen Pfeil so ein, dass die mit Streichhölzern gelegten Zahlen in den Feldern genau die Anzahl der Pfeile angibt, die auf diese Zahl zeigt. Beachten Sie dabei auch die Pfeile, die von der anderen Seite (vom anderen „Ufer") des Diagramms auf die Zahl zeigen können. Die Pfeile müssen immer auf mindestens eine Zahl zeigen und dürfen waagerecht, senkrecht oder im 45°-Winkel eingezeichnet werden. Einen Pfeil haben wir als Starthilfe eingezeichnet.

Logikrätsel 305

⭐⭐⭐ Magnetisch

	+	3	2	2	3	4	3	3	3
	−	4	2	2	2	3	3	4	3
3	3						+		
4	2						−		
2	4								
3	3								
2	3								
3	2								
4	3								
2	3								

Füllen Sie das Diagramm mit neutralen (schwarzen) und magnetischen Platten. Jede Magnetplatte hat zwei Pole (+ und −). Zwei Hälften mit gleichen Polen dürfen nicht waagerecht oder senkrecht benachbart sein. Die Zahlen an den Rändern geben an, wie viele Plus- und Minuspole in der entsprechenden Zeile oder Spalte vorkommen.

⭐⭐⭐ Speichen

Verbinden Sie die Felder durch Speichen, die waagerecht, senkrecht oder diagonal eingezeichnet werden dürfen. Die Speichen dürfen sich aber nicht überschneiden. Die Zahlen in den Feldern geben an, wie viele Speichen von dem entsprechenden Feld ausgehen.

2	3	4	2
2	4	6	2
4	4	7	1
1	4	2	2

306 Bilderrätsel

★★★ Unvollständig

Welche zwei der Figuren A bis F kann man zu einem vollständigen Würfel zusammensetzen?

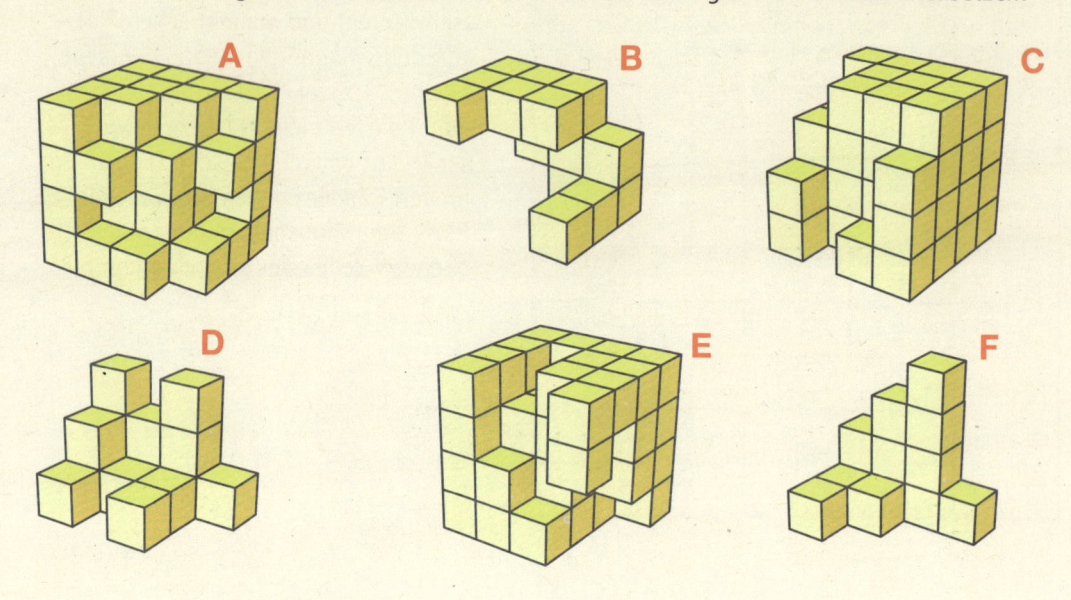

A B C
D E F

★★★ Faltproblem

Welcher der Würfel A bis D ist aus der Vorlage gefaltet worden?

Bilderrätsel 307

★★★ Puzzle

Finden Sie die drei Flächen in der großen Abbildung wieder?

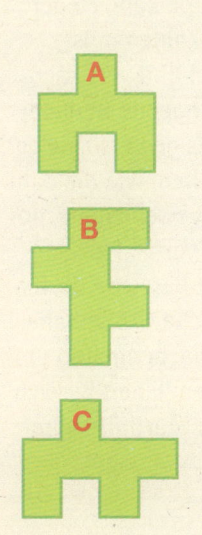

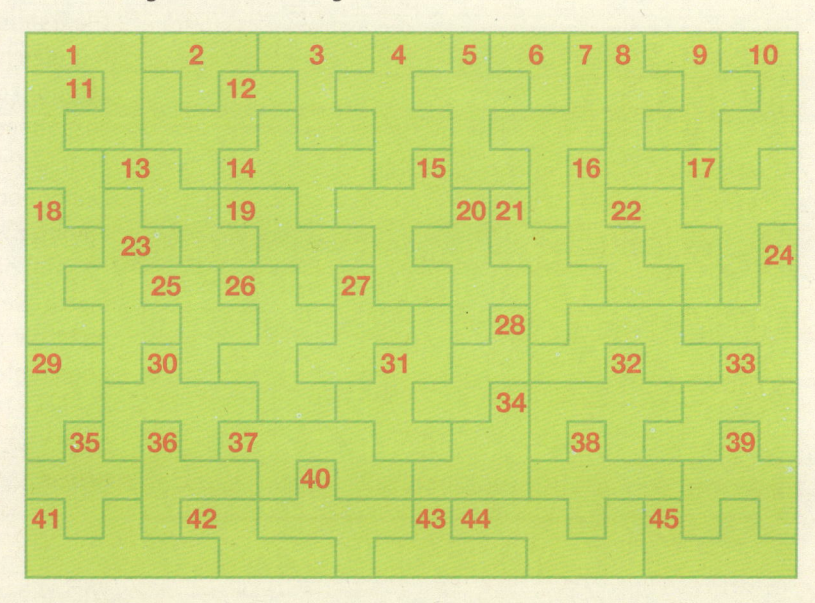

★★★ Richtiger Weg

Zeichnen Sie in das Rätsel einen Rundweg ein, der durch jedes Feld mit einem Kreis hindurchgeht und in den Feldern im 90°-Winkel abbiegen kann. In Feldern mit einem schwarzen Kreis muss er dabei im 90°-Winkel abbiegen und in beiden Richtungen im nächsten Feld geradeaus hindurchgehen. Durch Felder mit einem weißen Kreis muss er geradeaus hindurchgehen und in mindestens einem der beiden Nachbarfelder im 90°-Winkel abbiegen.

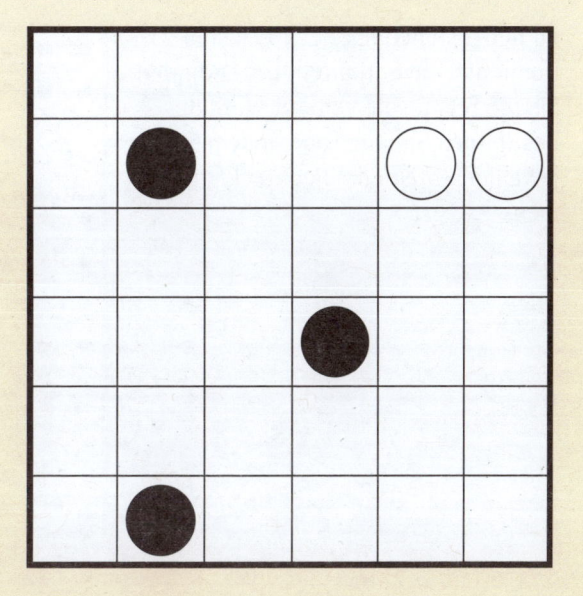

Logikrätsel

★★★ Fillomino

	1	2		2		1	3		2
1	4		3	2		6		2	
2		2			1		1		
3		1			4	4	2	4	1		1	2
	2			1	3			1		7	4
		3			3		1	2		2	
2	2	1	4			4	4		1	3	5
					3		4				
4		3	4	2	4		2			1	2
		3	4		1	3		1		1	
4		1		2		4		2		6		2	1

Schreiben Sie in jedes Feld des Diagramms eine Zahl. Felder mit gleichen Zahlen müssen horizontal und vertikal zusammenhängende Bereiche bilden, die aus genauso vielen Feldern bestehen, wie die Zahl angibt. Zwei verschiedene, horizontal oder vertikal zusammenstoßende Bereiche dürfen nicht die gleiche Größe haben und können flächenmäßig um die Ecke laufen. Einen Bereich haben wir als Starthilfe vorgegeben.

★★★ Domino

Im nebenstehenden Rechteck sind 21 Dominosteine enthalten. Unten finden Sie die Steine, die verbaut wurden. Bestimmen Sie ihre Lage, indem Sie die jeweiligen Steine im Rechteck umrahmen!

Logikrätsel 309

⭐⭐⭐ Inseln verbinden

Bei diesem Rätsel sollen alle Inseln durch Brücken verbunden werden, wobei jede Insel von jeder anderen aus erreichbar sein muss. Die Brücken dürfen dabei nur waagerecht oder senkrecht gebaut werden und nicht über andere Brücken oder Inseln hinweggehen. Zwischen zwei Inseln dürfen sich maximal zwei Brücken befinden.
Die Zahlen in den Inseln geben an, wie viele Brücken von dieser Insel aus wegführen.

⭐⭐⭐ Leuchtturm

Zeichnen Sie in einige der Felder jeweils ein Schiff so ein, dass kein Schiff ein anderes Schiff oder einen Leuchtturm berührt, auch nicht diagonal. Die Zahlen in den Leuchttürmen geben an, wie viele Schiffe von diesem aus in waagerechter oder senkrechter Richtung gesehen werden können. Dabei stört es nicht, wenn zwischen dem Schiff und dem Leuchtturm ein weiteres Schiff oder ein anderer Leuchtturm steht. Alle Schiffe werden von mindestens einem Leuchtturm gesehen.

Zahlen- und Rechenrätsel

⭐⭐⭐ Größer > Kleiner

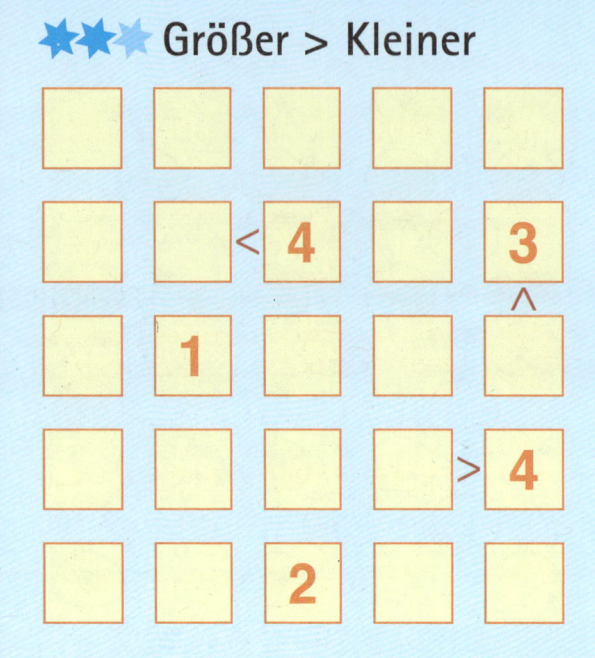

Tragen Sie die Ziffern von 1 bis 5 so in das Diagramm ein, dass in jeder Zeile und jeder Spalte jede der Ziffern von 1 bis 5 genau einmal vorkommt. Die Kleiner-Zeichen zwischen zwei Feldern geben an, in welchem der beiden Felder die kleinere Zahl steht.

⭐⭐⭐ Kakuro

In die leeren Felder sollen Sie die Zahlen von 1 bis 9 in beliebiger Reihenfolge eintragen. Dabei sollen sich waagerecht und senkrecht die vorgegebenen Summen in den hellrosa Kästchen ergeben. In keiner Summe darf sich eine Zahl wiederholen. Viel Spaß beim Knobeln!

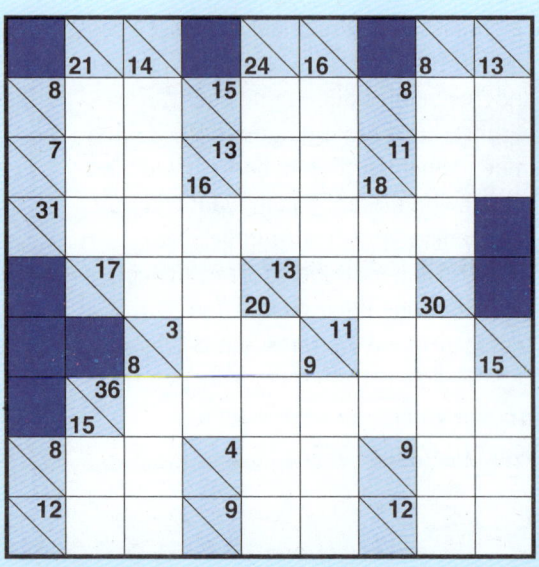

Zahlen- und Rechenrätsel

✯✯✯ Zahlen gesucht

Wir haben 22 Zahlenkombinationen in dem Setzkasten versteckt. Die Kombinationen können in jede Richtung laufen, auch diagonal, rückwärts oder von unten nach oben.

108 – 1123 – 2027 – 276 – 345 – 3649 – 413 – 426 – 453 – 4564 – 503 – 529 – 5903 – 62186 – 706 – 751 – 7554 – 762 – 843 – 931 – 96881 – 988

Die vier übrig bleibenden Zahlen im Setzkasten nennen das Jahr, in dem Luxemburg aus dem deutschen Zollverein ausschied.

8	0	1	2	3	2	1	1	7	6	2	3	0	5	9	7	9	2	5
4	4	5	3	0	1	4	5	4	3	9	7	5	1	4	5	7	8	8
2	4	6	5	4	2	3	1	6	8	1	2	6	6	5	0	1	6	7	2
6	5	9	0	3	9	7	9	3	3	4	8	3	4	6	1	8	8	6	9

✯✯✯ Gebiete

Tragen Sie Ziffern so in das Diagramm ein, dass in jeder Zeile und jeder Spalte jede der Ziffern von 1 bis 6 genau einmal vorkommt. Die kleinen Zahlen in den Gebieten geben die Summe der Ziffern in diesem Gebiet an. Beachten Sie, dass innerhalb eines Gebiets gleiche Ziffern sein können, sofern diese in unterschiedlichen Zeilen und Spalten stehen.

312 Logikrätsel

★★★ Pünktchen-Sudoku

Tragen Sie die Ziffern von 1 bis 6 so in das Diagramm ein, dass jede Ziffer in jeder Zeile und jeder Spalte genau einmal vorkommt. Befindet sich zwischen zwei Feldern ein schwarzer Kreis, so muss eine der beiden Ziffern in diesen beiden Feldern exakt das Doppelte der anderen sein. Ein weißer Kreis hingegen bedeutet, dass eine der beiden Ziffern um eins größer sein muss als die andere. Befindet sich kein Kreis zwischen zwei Ziffern, so darf auch keine der beiden Eigenschaften zutreffen.

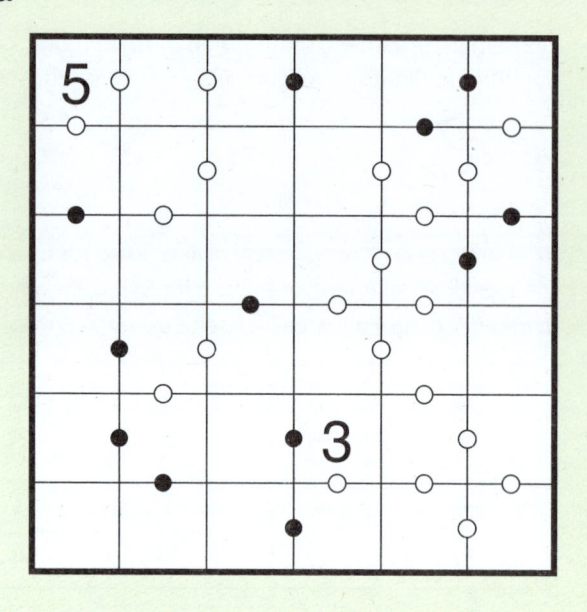

★★★ Verflixte Wabe

Tragen Sie in jedes weiße Feld eine der Zahlen von 1 bis 6 ein, sodass an jedem der schwarzen Felder jede der sechs Zahlen genau einmal steht. Beachten Sie dabei, dass in benachbarten Feldern keine zwei gleichen Zahlen stehen dürfen. So darf also zum Beispiel eine 1 nicht direkt neben einer weiteren 1 stehen.

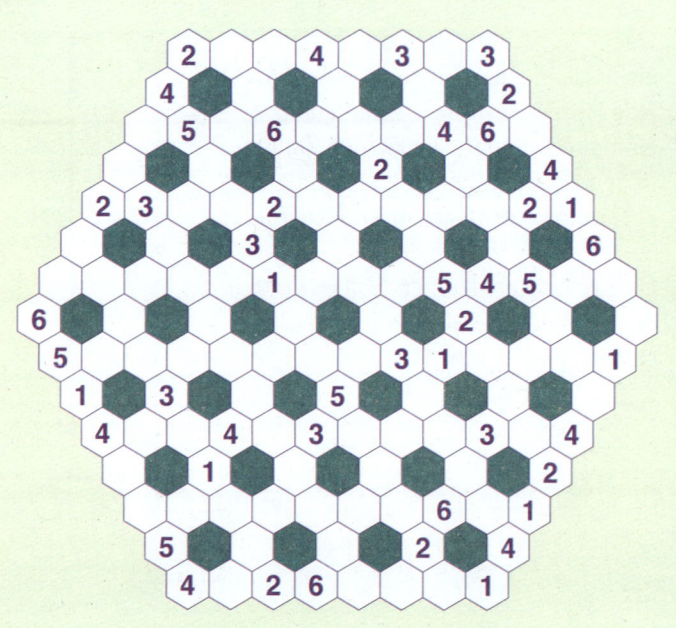

Logikrätsel 313

★★★ Hitori

7	11	1	10	3	14	4	8	14	11	12	2	6	4	2	12
1	4	13	6	1	9	4	3	11	7	7	14	2	10	13	8
10	7	12	8	7	13	11	11	14	4	10	2	5	13	3	6
6	7	9	2	7	3	2	12	6	5	13	13	11	4	12	14
12	5	5	11	1	7	14	11	4	3	5	10	7	5	6	13
4	3	2	13	14	8	6	9	9	10	10	12	4	7	3	11
8	6	4	1	3	5	12	10	■	6	3	11	13	5	9	7
13	6	7	5	5	5	10	13	2	12	8	2	9	12	11	11
12	1	11	7	8	14	8	13	10	2	5	12	11	11	4	6
4	5	8	14	13	14	3	14	6	13	11	6	12	1	4	2
3	10	3	5	6	7	8	12	1	9	4	13	13	14	12	1
5	11	10	9	8	4	9	7	12	14	3	6	1	4	8	10

Schwärzen Sie einige der Felder, sodass zwei geschwärzte Felder niemals waagerecht oder senkrecht benachbart sind und dass in jeder Zeile und jeder Spalte jede Ziffer nur maximal einmal ungeschwärzt übrig bleibt. Beachten Sie dabei, dass die weißen Felder alle zusammenhängen müssen, mit anderen Worten: Die geschwärzten Felder dürfen das Rätsel nicht in zwei oder mehr Stücke teilen. Ein geschwärztes Feld haben wir als Starthilfe vorgegeben.

★★★ Sudoku

Tragen Sie in jedes Feld eine der Ziffern von 1 bis 9 so ein, dass in jeder Zeile, jeder Spalte und jedem 3x3-Gebiet jede der Ziffern von 1 bis 9 genau einmal vorkommt.

	7	2	1	6	4			
	6		5		3		1	
4				8				2
6		8				7		3
2		4				1		9
8				3				1
	2		6		1		8	
			1	8	7	4	9	

314 Bilderrätsel

★★★ Spiegelbild

Welche der Figuren A bis D ist das Spiegelbild der Figur im blauen Kreis?

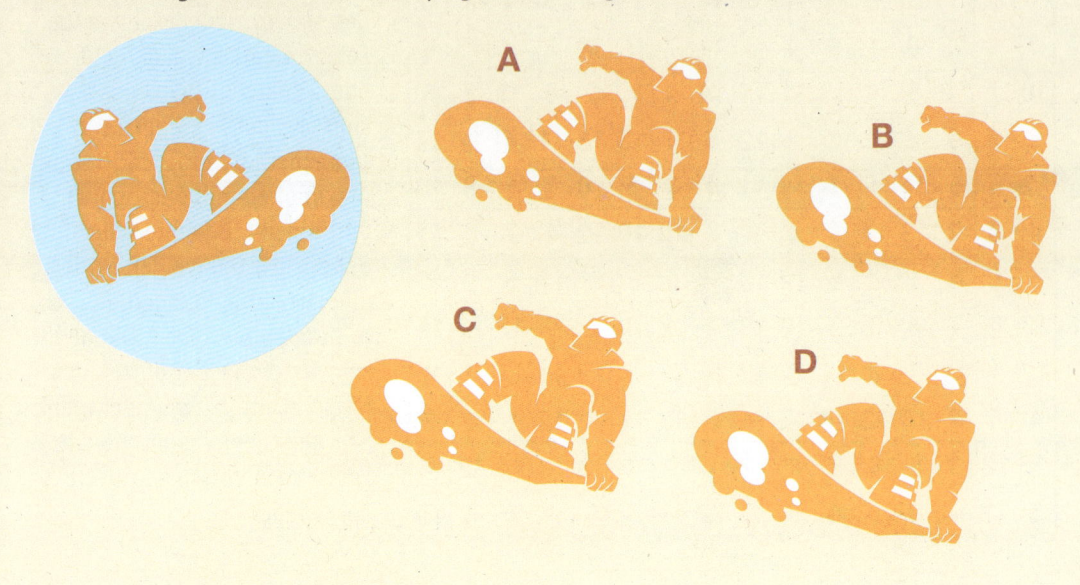

★★★ Fotoausschnitt

Einer der Ausschnitte aus dem Bild ist fehlerhaft. Welcher ist es?

Bilderrätsel 315

★★★ Fotopuzzle

Welche Zahlenreihe ergeben die Puzzleteile, wenn sie an der richtigen Position liegen (angefangen von links nach rechts, von oben nach unten)?

Logikrätsel

⭐⭐⭐ Rundweg

Zeichnen Sie einen Rundweg entlang der gestrichelten Linien ein. Am Ende soll der Rundweg wieder an dem Punkt ankommen, an dem er gestartet ist. Die Zahlen in den Feldern geben dabei an, wie viele Seiten dieses Feldes durch den Rundweg belegt sind. In den Feldern ohne Zahl ist ungewiss, wie viele Seiten (von keiner bis alle vier) durch den Rundweg genutzt werden. Als kleine Hilfe haben wir die „0" und ein kleines Stück Weg vorgegeben.

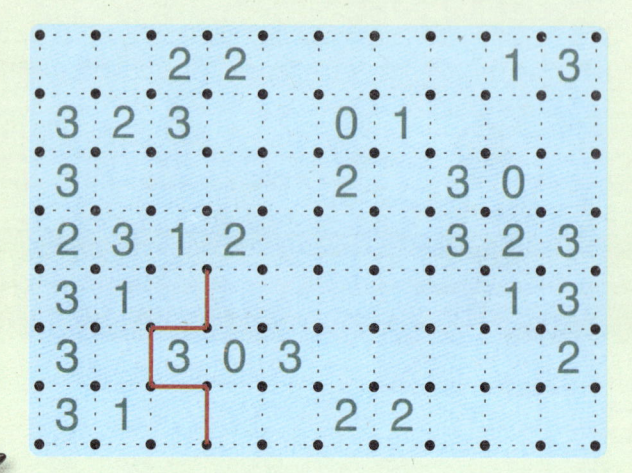

⭐⭐⭐ Schiffe versenken

Tragen Sie die abgebildete Flotte in das Diagramm ein. Die Schiffe sollen nur waagerecht oder senkrecht liegen und dürfen sich nicht berühren, auch nicht diagonal. Die Schiffe dürfen dabei beliebig gedreht werden. In Felder mit Wellen können keine Schiffsteile eingetragen werden. Die Zahlen am Rand geben an, wie viele Schiffsteile in der entsprechenden Zeile oder Spalte zu finden sind.

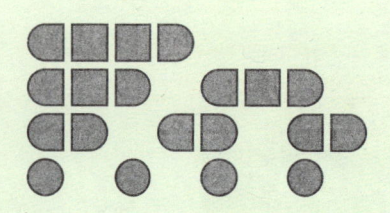

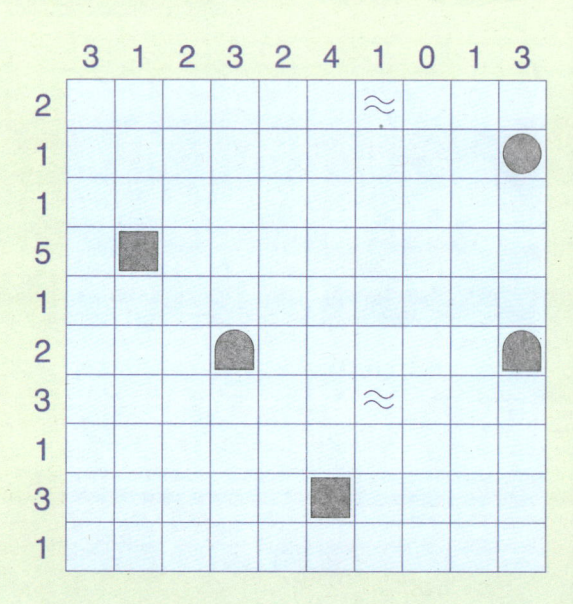

Logikrätsel 317

⭐⭐⭐ Zahlenlabyrinth

Finden Sie einen Weg durch das Labyrinth, der die Zahlen von 1 bis 15 in aufsteigender Reihenfolge jeweils genau einmal durchläuft. Der Weg darf sich an den Kreuzungen berühren oder auch kreuzen, jedoch darf kein Wegstück mehr als einmal durchlaufen werden.

⭐⭐⭐ Camping

Tragen Sie waagerecht oder senkrecht neben jedem Baum ein Zelt ein, das zu diesem Baum gehört. Die Zelte dürfen sich dabei nicht berühren, auch nicht diagonal. Die Zahlen am Rand geben an, wie viele Zelte sich in der entsprechenden Zeile oder Spalte befinden.

Zahlen- und Rechenrätsel

⭐⭐⭐ Rechenproblem

Welche Zahl gehört an die Stelle des Fragezeichens?

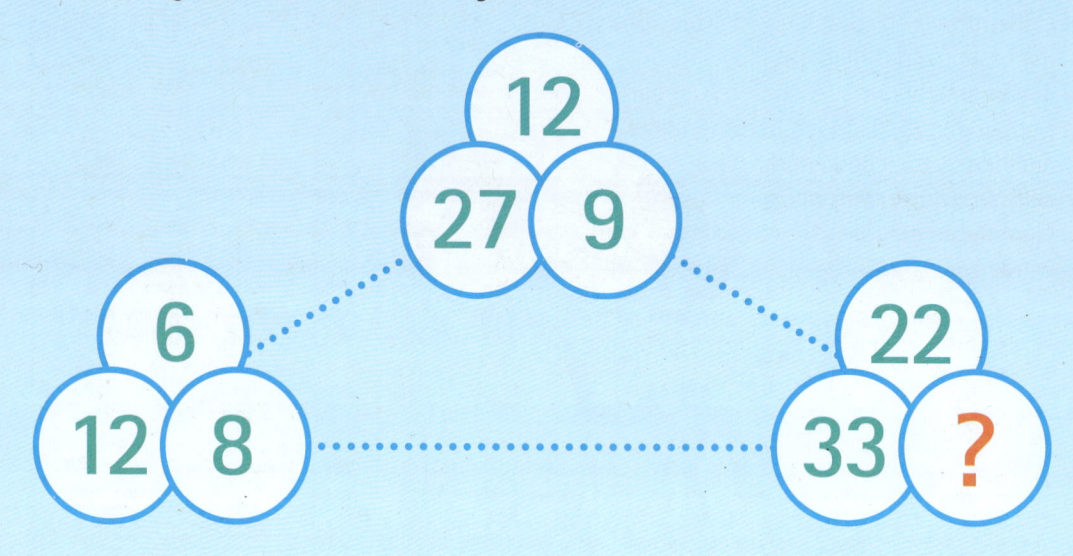

- 12
- 27, 9
- 6
- 12, 8
- 22
- 33, ?

⭐⭐⭐ Magisches Quadrat

Die leeren Kästchen des Quadrates sind mit den fehlenden Zahlen von 1 bis 25 so zu füllen, dass sich in jeder Reihe, jeder Spalte und auch jeder Diagonalen die Summe 65 ergibt.

	9				= 65
3		17	16	22	= 65
21	19		6		= 65
	12	4	23	1	= 65
	18		15	10	= 65

= 65 = 65 = 65 = 65 = 65

Zahlen- und Rechenrätsel

★★★ Römisches Rätsel

Tragen Sie in jedes Feld eine der römischen Ziffern von I bis IV ein. Die Zahlen am Rand geben dabei an, wie oft jede der Ziffern in der entsprechenden Zeile oder Spalte vorkommt. Zudem dürfen in waagerecht oder senkrecht benachbarten Feldern keine gleichen Ziffern stehen.

				I	0	3	2	2	2
				II	2	1	1	0	2
				III	2	0	0	2	0
I	II	III	IV		1	1	2	1	1
1	2	1	1	I					
2	0	1	2						
2	3	0	0	I					
2	1	2	0						
2	0	0	3	I					

★★★ Weintraube

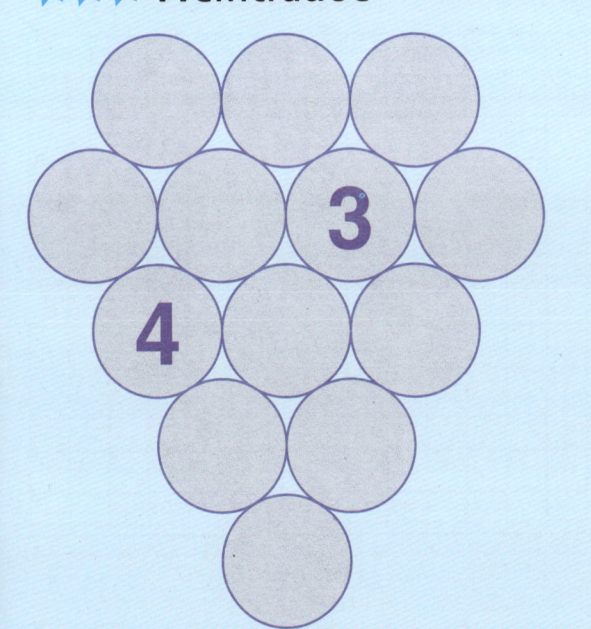

Füllen Sie die leeren Felder der Traube so auf, dass in jedem Feld die Summe der Zahlen in den beiden darüberliegenden Feldern steht und in den Feldern der obersten Reihe nur einstellige Zahlen stehen. In den beiden Feldern am linken und rechten Rand steht dabei der gleiche Wert wie im Feld schräg oberhalb.

Logikrätsel

★★★ Hanjie

Die Zahlen vor den Zeilen und Spalten geben an, wie viele aufeinanderfolgende Kästchen ausgemalt werden müssen. Zwischen diesen zusammenhängenden Kästchen bleibt mindestens eines frei.

Wenn alles richtig ausgemalt wurde, ergibt sich ein Bild.

★★★ Sikaku

Ziel ist, das Rätselfeld vollständig in Rechtecke und Quadrate zu zerlegen, die sich nicht überschneiden dürfen. In jedem dieser Rechtecke und Quadrate darf nur eine der vorgegebenen Zahlen stehen. Diese Zahl gibt an, wie viele Kästchen das Rechteck oder Quadrat umfasst. Ein Rechteck haben wir als Starthilfe vorgegeben.

Logikrätsel 321

★★★ Doppel-Sudoku

Die Doppelpackung in Sachen Sudoku basiert auf den gleichen Regeln wie das klassische Sudoku. Der Unterschied besteht darin, dass hier zwei Diagramme zu einem verschmelzen. Dabei haben die beiden Teile je zwei 3x3-Quadrate mit dem Schlüsselelement gemeinsam. Dies erscheint zunächst schwieriger, ist aber zugleich eine versteckte Hilfe, da sich mit einem gewissen Überblick über beide Rätselteile zusätzliche Zahlen ausschließen, welche im „Nachbardiagramm" schon vorhanden sind. Stellen Sie sich diesem japanischen Zahlenwerk!

322 Bilderrätsel

★★★ Labyrinth
Finden Sie den Weg durch dieses Labyrinth?

★★★ Fehlersuche
Welche zwei Bilder sind identisch?

Bilderrätsel 323

⭐⭐⭐ Unterwasserwelt

Welches der Symbole ist in diesem Wirrwarr am meisten vertreten?

324 Logikrätsel

⭐⭐⭐ Maschinenproblem

Wird sich das rote Zahnrad rechts unten gegen den Uhrzeigersinn oder im Uhrzeigersinn drehen, wenn der rote Hebel links nach unten gezogen wird.

⭐⭐⭐ Pfeilschnell

Zeichnen Sie in jedes Feld am Rand einen Pfeil so ein, dass die mit Streichhölzern gelegten Zahlen in den Feldern genau die Anzahl der Pfeile angibt, die auf diese Zahl zeigt. Beachten Sie dabei auch die Pfeile, die von der anderen Seite (vom anderen „Ufer") des Diagramms auf die Zahl zeigen können. Die Pfeile müssen immer auf mindestens eine Zahl zeigen und dürfen waagerecht, senkrecht oder im 45°-Winkel eingezeichnet werden. Einen Pfeil haben wir als Starthilfe eingezeichnet.

Logikrätsel 325

★★★ Magnetisch

	+		2	3	3	3	3	3	4	3
		−	3	2	2	4	3	4	3	3
3	3									
4	3		−	+						
3	4									
3	3									
2	3									
4	3									
2	3									
3	2									

Füllen Sie das Diagramm mit neutralen (schwarzen) und magnetischen Platten. Jede Magnetplatte hat zwei Pole (+ und −). Zwei Hälften mit gleichen Polen dürfen nicht waagerecht oder senkrecht benachbart sein. Die Zahlen an den Rändern geben an, wie viele Plus- und Minuspole in der entsprechenden Zeile oder Spalte vorkommen.

★★★ Speichen

Verbinden Sie die Felder durch Speichen, die waagerecht, senkrecht oder diagonal eingezeichnet werden dürfen. Die Speichen dürfen sich aber nicht überschneiden. Die Zahlen in den Feldern geben an, wie viele Speichen von dem entsprechenden Feld ausgehen.

1	3	1	1
1	7	2	3
3	5	5	4
2	3	3	2

326 Bilderrätsel

⭐⭐⭐ Würfel ergänzen

Wie viele kleine Würfel müssen ergänzt werden, um den großen Würfel zu vervollständigen?

⭐⭐⭐ Kreise

Aus welchen zwei Teilen lässt sich ein vollständiger Kreis zusammensetzen?

Bilderrätsel 327

⭐⭐⭐ Formfehler

Welche Figur passt nicht zu den anderen?

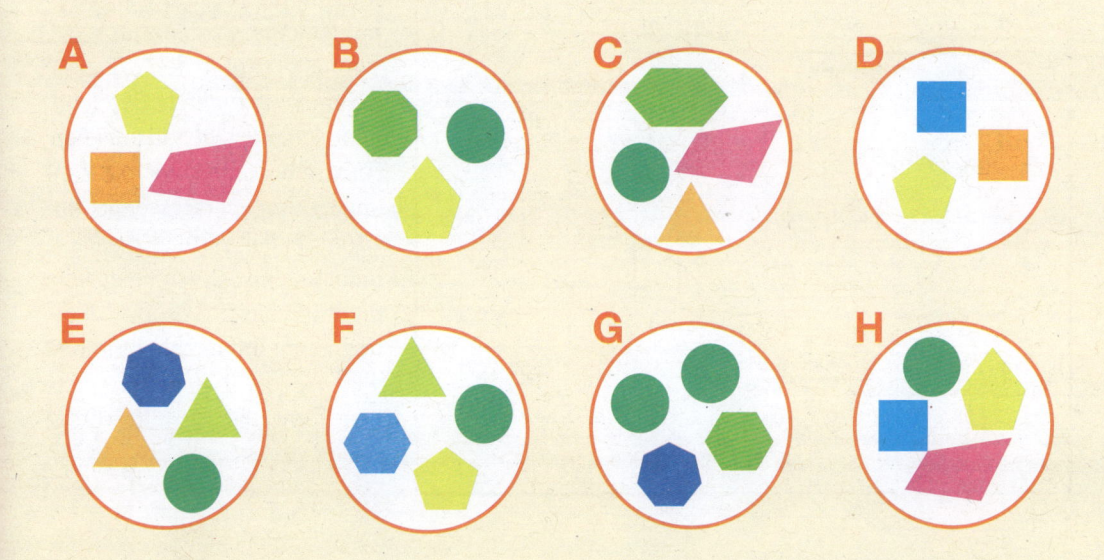

A   B   C   D
E   F   G   H

⭐⭐⭐ Richtiger Weg

Zeichnen Sie in das Rätsel einen Rundweg ein, der durch jedes Feld mit einem Kreis hindurchgeht und in den Feldern im 90°-Winkel abbiegen kann. In Feldern mit einem schwarzen Kreis muss er dabei im 90°-Winkel abbiegen und in beiden Richtungen im nächsten Feld geradeaus hindurchgehen. Durch Felder mit einem weißen Kreis muss er geradeaus hindurchgehen und in mindestens einem der beiden Nachbarfelder im 90°-Winkel abbiegen.

Logikrätsel

⭐⭐⭐ Fillomino

	5			5	2		1		2
	2		1		1	4	5			2
3		4		4	1		4		3	
1	2			1	5		1	2		5	5		5	1
		1						4	3	4	1
	1				3	3	4				4	1
	4		1		2	6				5		2
		1				4	6		6	3	1
2	1	3			2	2		4			2		1
			3		3		1		2	3			4
3		3			1					2		2

Schreiben Sie in jedes Feld des Diagramms eine Zahl. Felder mit gleichen Zahlen müssen horizontal und vertikal zusammenhängende Bereiche bilden, die aus genauso vielen Feldern bestehen, wie die Zahl angibt. Zwei verschiedene, horizontal oder vertikal zusammenstoßende Bereiche dürfen nicht die gleiche Größe haben und können flächenmäßig um die Ecke laufen. Einen Bereich haben wir als Starthilfe vorgegeben.

⭐⭐⭐ Domino

Im nebenstehenden Rechteck sind 21 Dominosteine enthalten. Unten finden Sie die Steine, die verbaut wurden. Bestimmen Sie ihre Lage, indem Sie die jeweiligen Steine im Rechteck umrahmen!

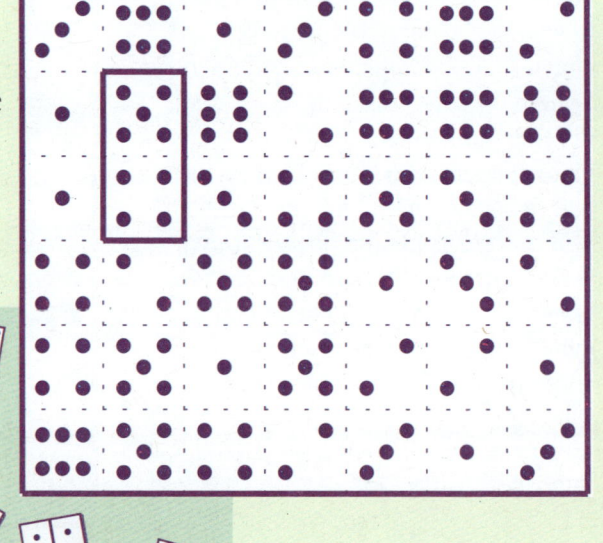

Logikrätsel 329

✶✶✶ Inseln verbinden

Bei diesem Rätsel sollen alle Inseln durch Brücken verbunden werden, wobei jede Insel von jeder anderen aus erreichbar sein muss. Die Brücken dürfen dabei nur waagerecht oder senkrecht gebaut werden und nicht über andere Brücken oder Inseln hinweggehen. Zwischen zwei Inseln dürfen sich maximal zwei Brücken befinden.
Die Zahlen in den Inseln geben an, wie viele Brücken von dieser Insel aus wegführen.

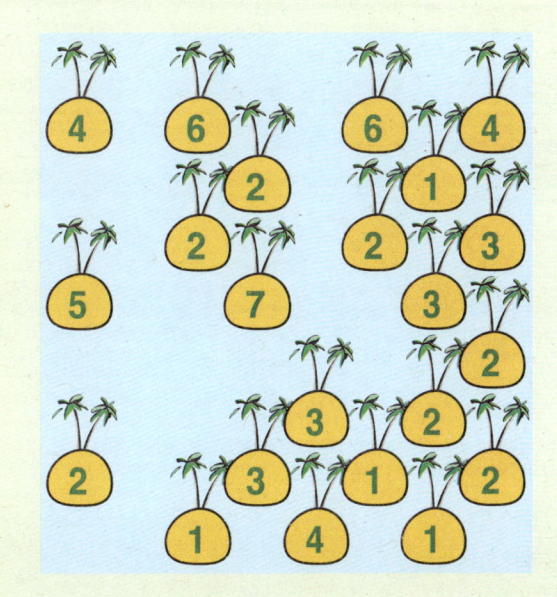

✶✶✶ Leuchtturm

Zeichnen Sie in einige der Felder jeweils ein Schiff so ein, dass kein Schiff ein anderes Schiff oder einen Leuchtturm berührt, auch nicht diagonal. Die Zahlen in den Leuchttürmen geben an, wie viele Schiffe von diesem aus in waagerechter oder senkrechter Richtung gesehen werden können. Dabei stört es nicht, wenn zwischen dem Schiff und dem Leuchtturm ein weiteres Schiff oder ein anderer Leuchtturm steht. Alle Schiffe werden von mindestens einem Leuchtturm gesehen.

330 Zahlen- und Rechenrätsel

★★★ Größer > Kleiner

Tragen Sie die Ziffern von 1 bis 5 so in das Diagramm ein, dass in jeder Zeile und jeder Spalte jede der Ziffern von 1 bis 5 genau einmal vorkommt. Die Kleiner-Zeichen zwischen zwei Feldern geben an, in welchem der beiden Felder die kleinere Zahl steht.

★★★ Kakuro

In die leeren Felder sollen Sie die Zahlen von 1 bis 9 in beliebiger Reihenfolge eintragen. Dabei sollen sich waagerecht und senkrecht die vorgegebenen Summen in den hellrosa Kästchen ergeben. In keiner Summe darf sich eine Zahl wiederholen. Viel Spaß beim Knobeln!

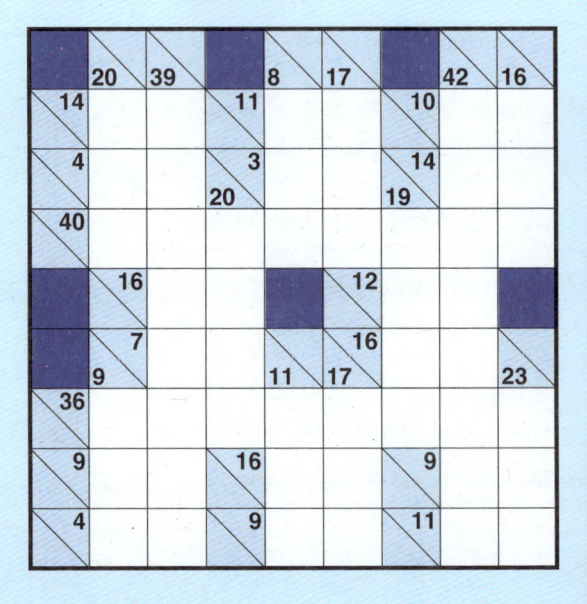

Zahlen- und Rechenrätsel   331

★★★ Zahlen gesucht

Wir haben 22 Zahlenkombinationen in dem Setzkasten versteckt. Die Kombinationen können in jede Richtung laufen, auch diagonal, rückwärts oder von unten nach oben.

1174 – 13517 – 1888 – 298 – 304 – 327 – 3558 – 384 – 406 – 410 – 416 – 5211 – 601 – 763 – 810 – 8357 – 839 – 9068 – 914 – 91721 – 926 – 935

Die vier übrig bleibenden Zahlen im Setzkasten nennen das Jahr, in dem Großbritannien Hongkong an China zurückgab.

5	1	3	5	5	8	4	1	3	8	4	7	5	3	8	7	9	1	0	6
3	8	6	0	9	7	9	9	8	1	2	7	1	9	2	2	4	0	6	4
9	4	1	0	1	0	1	8	3	8	6	1	4	3	6	9	8	9	2	0
4	1	9	1	7	1	5	3	1	8	8	3	6	7	5	2	1	1	7	3

★★★ Gebiete

Tragen Sie Ziffern so in das Diagramm ein, dass in jeder Zeile und jeder Spalte jede der Ziffern von 1 bis 6 genau einmal vorkommt. Die kleinen Zahlen in den Gebieten geben die Summe der Ziffern in diesem Gebiet an. Beachten Sie, dass innerhalb eines Gebiets gleiche Ziffern sein können, sofern diese in unterschiedlichen Zeilen und Spalten stehen.

Logikrätsel

★★★ Pünktchen-Sudoku

Tragen Sie die Ziffern von 1 bis 6 so in das Diagramm ein, dass jede Ziffer in jeder Zeile und jeder Spalte genau einmal vorkommt. Befindet sich zwischen zwei Feldern ein schwarzer Kreis, so muss eine der beiden Ziffern in diesen beiden Feldern exakt das Doppelte der anderen sein. Ein weißer Kreis hingegen bedeutet, dass eine der beiden Ziffern um eins größer sein muss als die andere. Befindet sich kein Kreis zwischen zwei Ziffern, so darf auch keine der beiden Eigenschaften zutreffen.

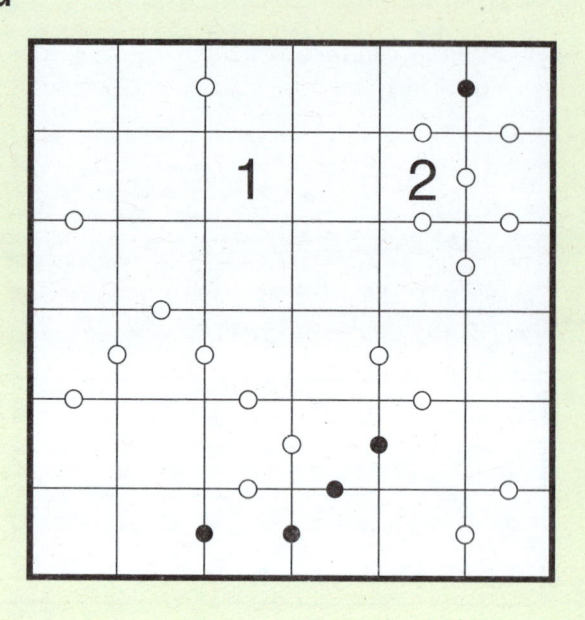

★★★ Verflixte Wabe

Tragen Sie in jedes weiße Feld eine der Zahlen von 1 bis 6 ein, sodass an jedem der schwarzen Felder jede der sechs Zahlen genau einmal steht. Beachten Sie dabei, dass in benachbarten Feldern keine zwei gleichen Zahlen stehen dürfen. So darf also zum Beispiel eine 1 nicht direkt neben einer weiteren 1 stehen.

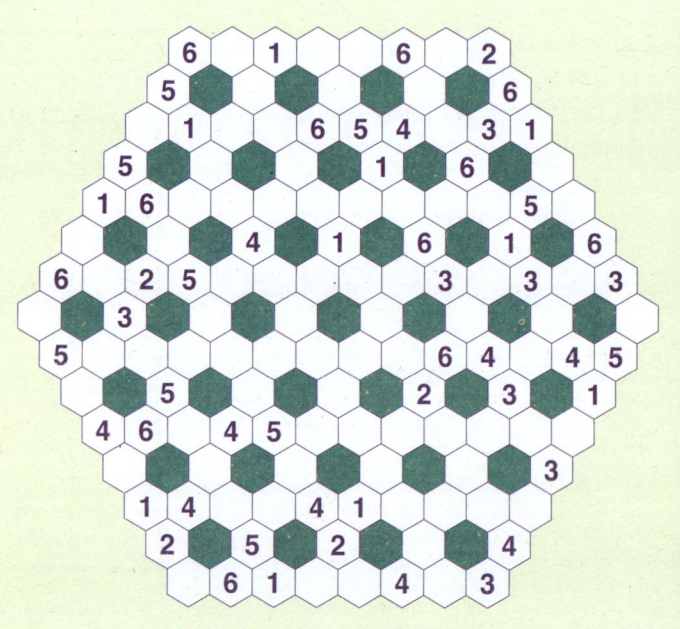

Logikrätsel 333

★★★ Hitori

7	9	4	13	11	1	13	10	6	2	5	1	14	13	8	13
9	13	3	5	2	7	8	6	14	11	10	2	12	6	1	4
3	5	9	6	7	4	10	1	10	12	13	5	11	4	13	6
5	8	14	4	■	13	4	12	7	9	3	10	4	5	1	9
6	3	11	8	3	3	7	11	12	10	4	2	2	1	10	5
5	4	7	10	13	3	12	8	1	14	6	11	12	9	2	10
6	9	3	3	11	12	2	5	1	8	8	7	1	4	6	11
10	4	1	11	5	11	9	6	4	7	14	9	1	8	7	2
14	7	13	11	14	9	5	3	10	1	12	9	6	2	8	8
5	1	11	8	4	14	14	11	7	9	2	3	5	9	6	3
8	12	12	9	6	13	11	8	5	2	1	14	4	13	3	1
12	3	10	6	3	2	13	14	8	8	11	1	9	5	4	13

Schwärzen Sie einige der Felder, sodass zwei geschwärzte Felder niemals waagerecht oder senkrecht benachbart sind und dass in jeder Zeile und jeder Spalte jede Ziffer nur maximal einmal ungeschwärzt übrig bleibt. Beachten Sie dabei, dass die weißen Felder alle zusammenhängen müssen, mit anderen Worten: Die geschwärzten Felder dürfen das Rätsel nicht in zwei oder mehr Stücke teilen. Ein geschwärztes Feld haben wir als Starthilfe vorgegeben.

★★★ Sudoku

Tragen Sie in jedes Feld eine der Ziffern von 1 bis 9 so ein, dass in jeder Zeile, jeder Spalte und jedem 3x3-Gebiet jede der Ziffern von 1 bis 9 genau einmal vorkommt.

	5				7			1
		2			8			9
4								
	1			3	9	4		2
	9			6			3	
5		8	2	7			9	
								5
8			5			6		
9			6				8	

334 Bilderrätsel

★★★ Scharf umrissen
Welche Fläche gehört zu der Figur im Kreis?

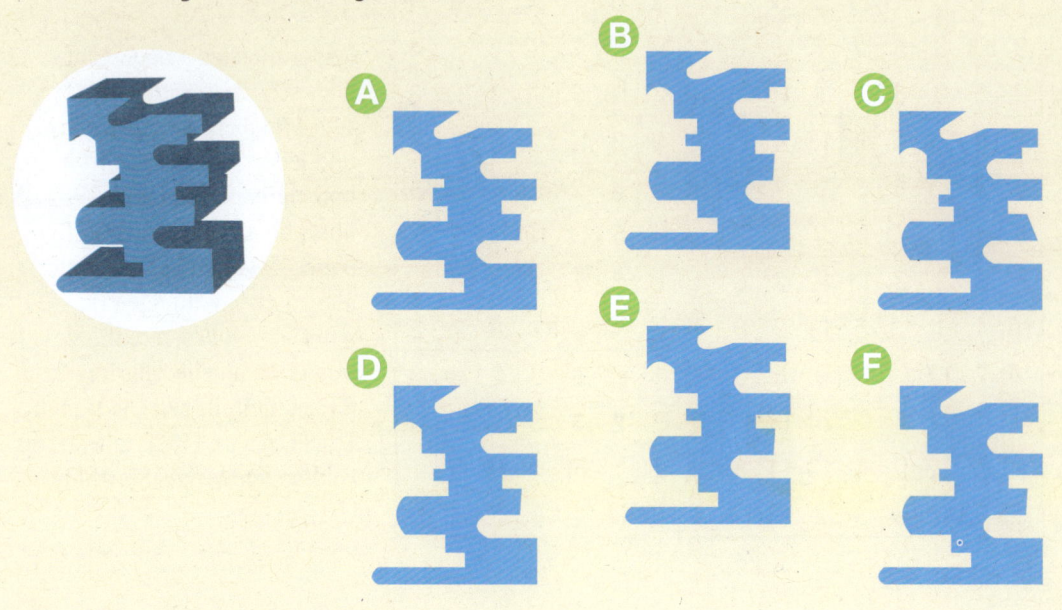

★★★ Fotoausschnitt
Einer der Ausschnitte aus dem Bild ist fehlerhaft. Welcher ist es?

Bilderrätsel 335

★★★ Fotopuzzle

Welche Zahlenreihe ergeben die Puzzleteile, wenn sie an der richtigen Position liegen (angefangen von links nach rechts, von oben nach unten)?

336 Logikrätsel

★★★ Rundweg

Zeichnen Sie einen Rundweg entlang der gestrichelten Linien ein. Am Ende soll der Rundweg wieder an dem Punkt ankommen, an dem er gestartet ist. Die Zahlen in den Feldern geben dabei an, wie viele Seiten dieses Feldes durch den Rundweg belegt sind. In den Feldern ohne Zahl ist ungewiss, wie viele Seiten (von keiner bis alle vier) durch den Rundweg genutzt werden. Als kleine Hilfe haben wir die „0" und ein kleines Stück Weg vorgegeben.

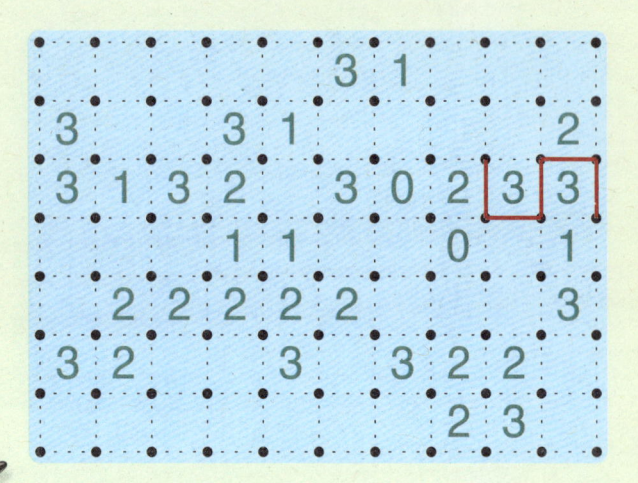

★★★ Schiffe versenken

Tragen Sie die abgebildete Flotte in das Diagramm ein. Die Schiffe sollen nur waagerecht oder senkrecht liegen und dürfen sich nicht berühren, auch nicht diagonal. Die Schiffe dürfen dabei beliebig gedreht werden. In Felder mit Wellen können keine Schiffsteile eingetragen werden. Die Zahlen am Rand geben an, wie viele Schiffsteile in der entsprechenden Zeile oder Spalte zu finden sind.

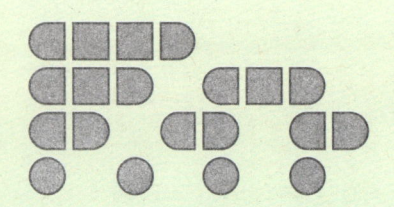

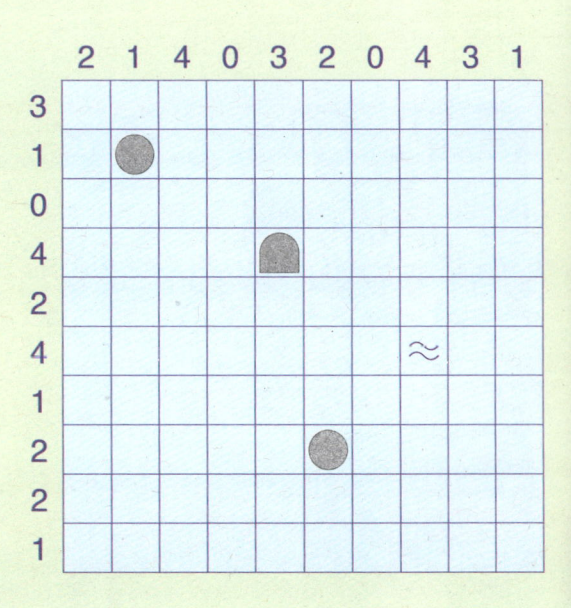

Logikrätsel 337

⭐⭐⭐ Zahlenlabyrinth

Finden Sie einen Weg durch das Labyrinth, der die Zahlen von 1 bis 15 in aufsteigender Reihenfolge jeweils genau einmal durchläuft. Der Weg darf sich an den Kreuzungen berühren oder auch kreuzen, jedoch darf kein Wegstück mehr als einmal durchlaufen werden.

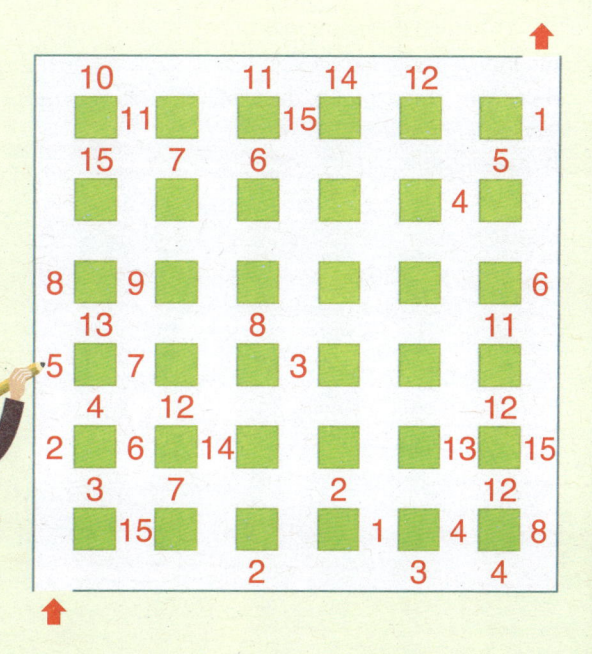

⭐⭐⭐ Camping

Tragen Sie waagerecht oder senkrecht neben jedem Baum ein Zelt ein, das zu diesem Baum gehört. Die Zelte dürfen sich dabei nicht berühren, auch nicht diagonal. Die Zahlen am Rand geben an, wie viele Zelte sich in der entsprechenden Zeile oder Spalte befinden.

Zahlen- und Rechenrätsel

★★★ Sternzahlen

Die fehlenden Zahlen von 1 bis 12 sind so in die freien Felder des Sterns einzutragen, dass die Gesamtsumme jeder Sternlinie 26 beträgt.

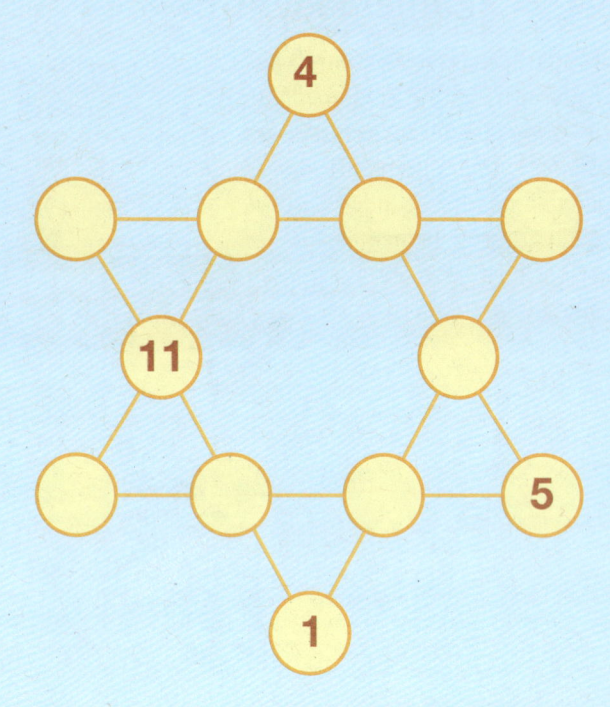

★★★ Magisches Quadrat

Die leeren Kästchen des Quadrates sind mit den fehlenden Zahlen von 1 bis 25 so zu füllen, dass sich in jeder Reihe, jeder Spalte und auch jeder Diagonalen die Summe 65 ergibt.

23	15	14		
13			11	21
	22		6	
8		7	20	
	2	16	18	12

Zahlen- und Rechenrätsel 339

★★★ Römisches Rätsel

Tragen Sie in jedes Feld eine der römischen Ziffern von I bis IV ein. Die Zahlen am Rand geben dabei an, wie oft jede der Ziffern in der entsprechenden Zeile oder Spalte vorkommt. Zudem dürfen in waagerecht oder senkrecht benachbarten Feldern keine gleichen Ziffern stehen.

				I	1	2	1	2	1
				II	2	0	0	1	0
				III	1	1	2	1	2
I	II	III	IV		1	2	2	1	2
2	0	0	3	IV		IV		IV
0	1	2	2					
2	0	1	2					
1	2	2	0					
2	0	2	1					

★★★ Weintraube

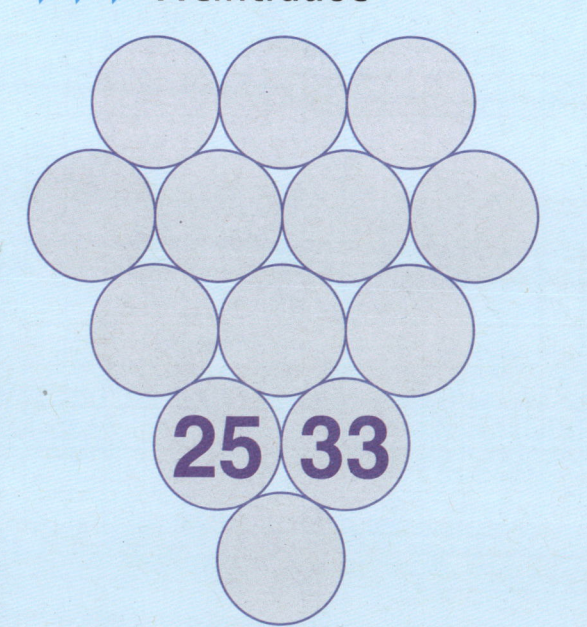

Füllen Sie die leeren Felder der Traube so auf, dass in jedem Feld die Summe der Zahlen in den beiden darüberliegenden Feldern steht und in den Feldern der obersten Reihe nur einstellige Zahlen stehen. In den beiden Feldern am linken und rechten Rand steht dabei der gleiche Wert wie im Feld schräg oberhalb.

25 33

340 Logikrätsel

⭐⭐⭐ Hanjie

Die Zahlen vor den Zeilen und Spalten geben an, wie viele aufeinanderfolgende Kästchen ausgemalt werden müssen. Zwischen diesen zusammenhängenden Kästchen bleibt mindestens eines frei.

Wenn alles richtig ausgemalt wurde, ergibt sich ein Bild.

					4	3	3	2	1	2	2	1	2	3	1	2	2	1	1	
				5	2	2	2	2	2	2	3	3	3	1	1	3	3	2	2	
			11	2	2	2	2	3	3	4	4	5	6	14	12	2	2	3	3	8
	3	3																		
2	2	3																		
		2																		
	9	2																		
		11																		
	5	3																		
3	2	4																		
	2	7																		
4	7	1																		
1	12	1																		
1	9	1																		
1	2	1																		
1	3	2																		
1	4	3																		
	1	10																		
	2	11																		
		12																		
		10																		

⭐⭐⭐ Sikaku

Ziel ist, das Rätselfeld vollständig in Rechtecke und Quadrate zu zerlegen, die sich nicht überschneiden dürfen. In jedem dieser Rechtecke und Quadrate darf nur eine der vorgegebenen Zahlen stehen. Diese Zahl gibt an, wie viele Kästchen das Rechteck oder Quadrat umfasst. Ein Rechteck haben wir als Starthilfe vorgegeben.

		11							
							15		5
		20							
						20			
			9		6			5	
	3					10		8	4
11	3			8					
	6								
	3			8					
		3		6			16		3
	4				2			3	

Logikrätsel 341

★★★ Doppel-Sudoku

Die Doppelpackung in Sachen Sudoku basiert auf den gleichen Regeln wie das klassische Sudoku. Der Unterschied besteht darin, dass hier zwei Diagramme zu einem verschmelzen. Dabei haben die beiden Teile je zwei 3x3-Quadrate mit dem Schlüsselelement gemeinsam. Dies erscheint zunächst schwieriger, ist aber zugleich eine versteckte Hilfe, da sich mit einem gewissen Überblick über beide Rätselteile zusätzliche Zahlen ausschließen, welche im „Nachbardiagramm" schon vorhanden sind. Stellen Sie sich diesem japanischen Zahlenwerk!

342 Bilderrätsel

⭐⭐⭐ Pfeillabyrinth

An welcher Ecke muss man starten, um den Weg aus diesem Pfeillabyrinth zu finden?

⭐⭐⭐ Fehlersuche

Welche zwei Bilder sind identisch?

Bilderrätsel 343

★★★ **Buntes Treiben**

Wie viele Hirsche sind hier auf dem Bild zu sehen?

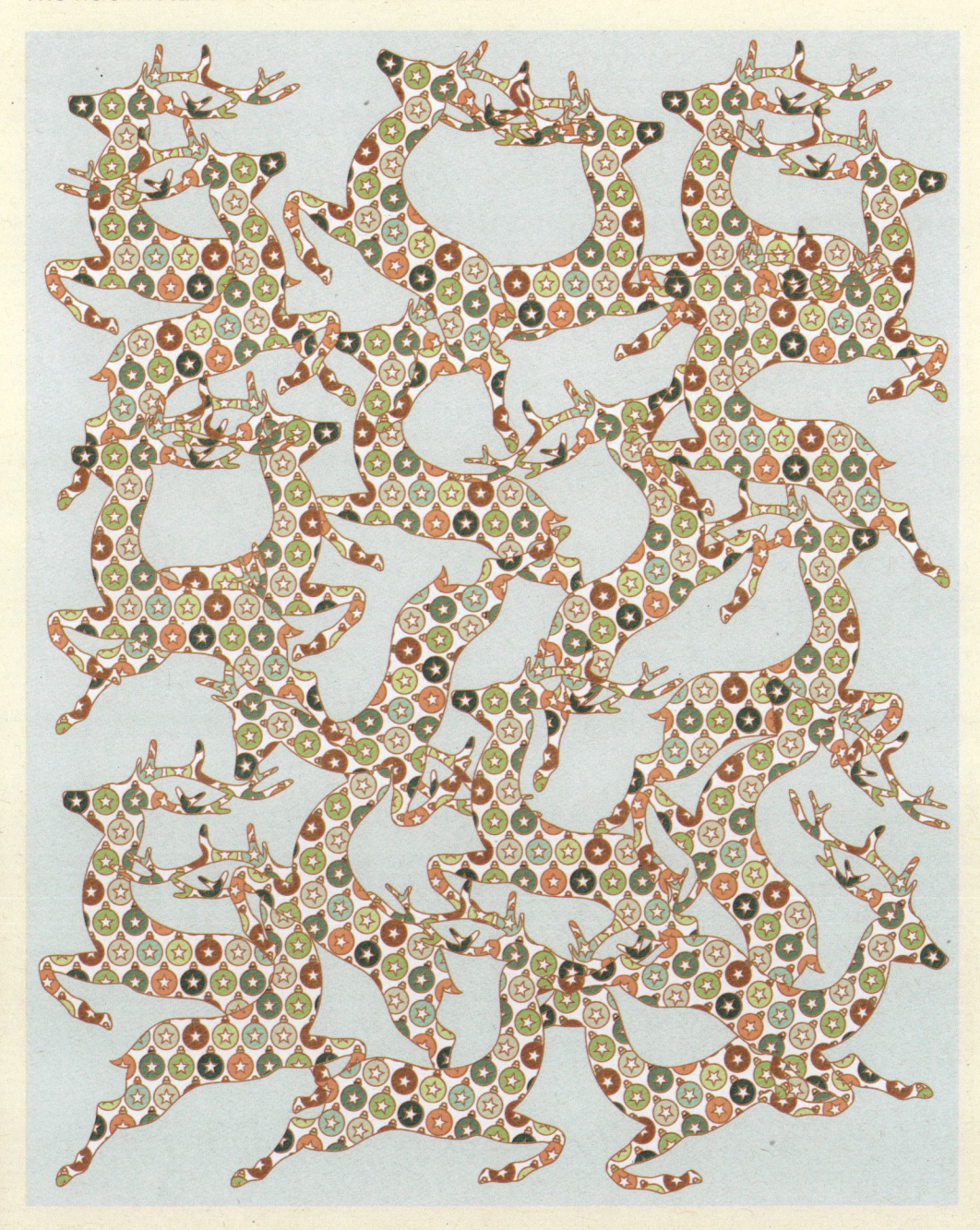

344 Logikrätsel

⭐⭐⭐ WG – International

In einer Wohngemeinschaft wohnen eine Anzahl Studenten. Drei von ihnen sprechen Griechisch, Italienisch und Englisch, zwei sprechen Griechisch und Italienisch, sieben von ihnen sprechen Englisch, einer von ihnen spricht Englisch und Griechisch; ein Mitbewohner spricht nur Italienisch und drei von ihnen sprechen nur Griechisch. Wie viele Personen leben in der Wohngemeinschaft?

⭐⭐⭐ Pfeilschnell

Zeichnen Sie in jedes Feld am Rand einen Pfeil so ein, dass die mit Streichhölzern gelegten Zahlen in den Feldern genau die Anzahl der Pfeile angibt, die auf diese Zahl zeigt. Beachten Sie dabei auch die Pfeile, die von der anderen Seite (vom anderen „Ufer") des Diagramms auf die Zahl zeigen können. Die Pfeile müssen immer auf mindestens eine Zahl zeigen und dürfen waagerecht, senkrecht oder im 45°-Winkel eingezeichnet werden. Einen Pfeil haben wir als Starthilfe eingezeichnet.

Logikrätsel 345

★★★ Magnetisch

	+		3	2	1	3	2	3	4	3
		−	3	2	3	1	3	2	4	3
3	2									
1	3									
3	3							−		
3	2							+		
3	3									
3	3		−							
2	3		+							
3	2				+	−				

Füllen Sie das Diagramm mit neutralen (schwarzen) und magnetischen Platten. Jede Magnetplatte hat zwei Pole (+ und −). Zwei Hälften mit gleichen Polen dürfen nicht waagerecht oder senkrecht benachbart sein. Die Zahlen an den Rändern geben an, wie viele Plus- und Minuspole in der entsprechenden Zeile oder Spalte vorkommen.

★★★ Speichen

Verbinden Sie die Felder durch Speichen, die waagerecht, senkrecht oder diagonal eingezeichnet werden dürfen. Die Speichen dürfen sich aber nicht überschneiden. Die Zahlen in den Feldern geben an, wie viele Speichen von dem entsprechenden Feld ausgehen.

1	3	4	1
4	5	5	1
3	5	5	5
2	2	3	1

346 Bilderrätsel

★★★ Gewichtsproblem

Wie viel Kilo bringen Pferd, Hund und Hahn gemeinsam auf die Waage?

★★★ Tangram

Aus den Teilen welcher Figur kann der Pfeil zusammengesetzt werden?

Bilderrätsel 347

⭐⭐⭐ Molekülketten

Nur eine der Molekülketten A bis E entspricht der Molekülkette im Kreis. Welche?

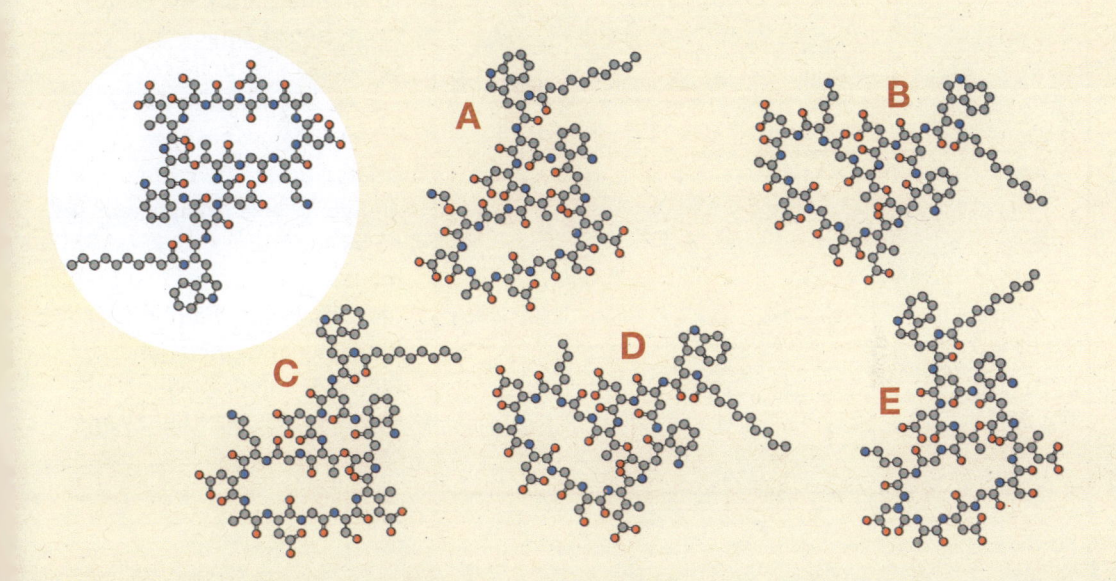

⭐⭐⭐ Richtiger Weg

Zeichnen Sie in das Rätsel einen Rundweg ein, der durch jedes Feld mit einem Kreis hindurchgeht und in den Feldern im 90°-Winkel abbiegen kann. In Feldern mit einem schwarzen Kreis muss er dabei im 90°-Winkel abbiegen und in beiden Richtungen im nächsten Feld geradeaus hindurchgehen. Durch Felder mit einem weißen Kreis muss er geradeaus hindurchgehen und in mindestens einem der beiden Nachbarfelder im 90°-Winkel abbiegen.

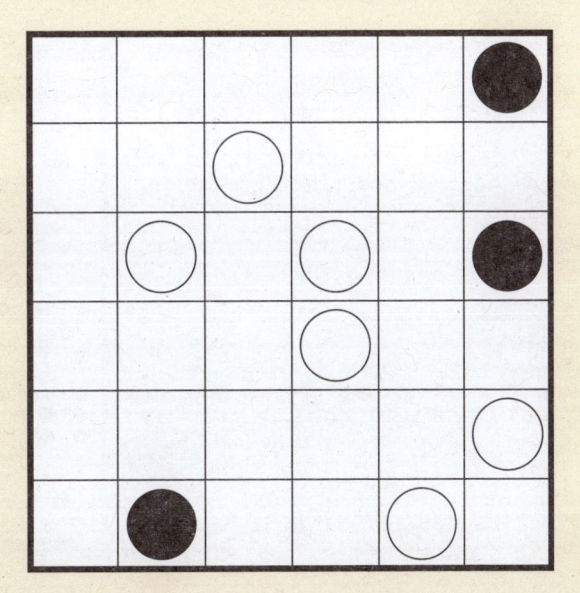

Logikrätsel

★★★ Fillomino

Schreiben Sie in jedes Feld des Diagramms eine Zahl. Felder mit gleichen Zahlen müssen horizontal und vertikal zusammenhängende Bereiche bilden, die aus genauso vielen Feldern bestehen, wie die Zahl angibt. Zwei verschiedene, horizontal oder vertikal zusammenstoßende Bereiche dürfen nicht die gleiche Größe haben und können flächenmäßig um die Ecke laufen. Einen Bereich haben wir als Starthilfe vorgegeben.

★★★ Domino

Im nebenstehenden Rechteck sind 21 Dominosteine enthalten. Unten finden Sie die Steine, die verbaut wurden. Bestimmen Sie ihre Lage, indem Sie die jeweiligen Steine im Rechteck umrahmen!

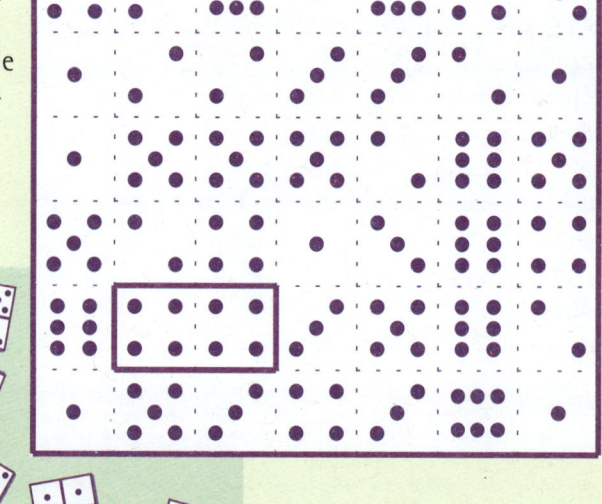

Logikrätsel

⭐⭐ Inseln verbinden

Bei diesem Rätsel sollen alle Inseln durch Brücken verbunden werden, wobei jede Insel von jeder anderen aus erreichbar sein muss. Die Brücken dürfen dabei nur waagerecht oder senkrecht gebaut werden und nicht über andere Brücken oder Inseln hinweggehen. Zwischen zwei Inseln dürfen sich maximal zwei Brücken befinden.
Die Zahlen in den Inseln geben an, wie viele Brücken von dieser Insel aus wegführen.

⭐⭐ Leuchtturm

Zeichnen Sie in einige der Felder jeweils ein Schiff so ein, dass kein Schiff ein anderes Schiff oder einen Leuchtturm berührt, auch nicht diagonal. Die Zahlen in den Leuchttürmen geben an, wie viele Schiffe von diesem aus in waagerechter oder senkrechter Richtung gesehen werden können. Dabei stört es nicht, wenn zwischen dem Schiff und dem Leuchtturm ein weiteres Schiff oder ein anderer Leuchtturm steht. Alle Schiffe werden von mindestens einem Leuchtturm gesehen.

350 Zahlen- und Rechenrätsel

★★★ Größer > Kleiner

Tragen Sie die Ziffern von 1 bis 5 so in das Diagramm ein, dass in jeder Zeile und jeder Spalte jede der Ziffern von 1 bis 5 genau einmal vorkommt. Die Kleiner-Zeichen zwischen zwei Feldern geben an, in welchem der beiden Felder die kleinere Zahl steht.

★★★ Kakuro

In die leeren Felder sollen Sie die Zahlen von 1 bis 9 in beliebiger Reihenfolge eintragen. Dabei sollen sich waagerecht und senkrecht die vorgegebenen Summen in den hellrosa Kästchen ergeben. In keiner Summe darf sich eine Zahl wiederholen. Viel Spaß beim Knobeln!

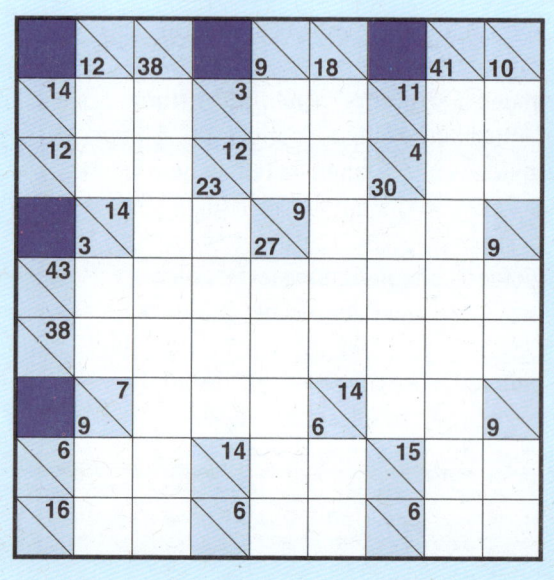

Zahlen- und Rechenrätsel   351

✦✦✦ Zahlen gesucht

Wir haben 23 Zahlenkombinationen in dem Setzkasten versteckt. Die Kombinationen können in jede Richtung laufen, auch diagonal, rückwärts oder von unten nach oben.

9689 – 227 – 796 – 116 – 388 – 6949 – 269 – 976 – 2169 – 65821 – 172 – 512 – 385 – 872 – 194 – 4718 – 7317 – 231 – 927 – 334 – 475 – 387 – 239

Die vier übrig bleibenden Zahlen im Setzkasten nennen das Jahr, im dem Juri Gagarin als erster Mensch durchs All flog.

```
7 4 9 2 3 9 1 3 8 5 7 2 2 4 3 3 9 6 7 9
8 2 7 2 1 9 4 3 2 1 9 6 8 9 9 4 4 7 5 9
3 6 7 1 7 6 9 7 8 7 1 2 1 5 9 7 1 3 7 6
1 3 2 8 8 9 6 1 2 8 1 6 1 6 1 2 8 5 6 2
```

✦✦✦ Gebiete

Tragen Sie Ziffern so in das Diagramm ein, dass in jeder Zeile und jeder Spalte jede der Ziffern von 1 bis 6 genau einmal vorkommt. Die kleinen Zahlen in den Gebieten geben die Summe der Ziffern in diesem Gebiet an. Beachten Sie, dass innerhalb eines Gebiets gleiche Ziffern sein können, sofern diese in unterschiedlichen Zeilen und Spalten stehen.

Logikrätsel

★★★ Pünktchen-Sudoku

Tragen Sie die Ziffern von 1 bis 6 so in das Diagramm ein, dass jede Ziffer in jeder Zeile und jeder Spalte genau einmal vorkommt. Befindet sich zwischen zwei Feldern ein schwarzer Kreis, so muss eine der beiden Ziffern in diesen beiden Feldern exakt das Doppelte der anderen sein. Ein weißer Kreis hingegen bedeutet, dass eine der beiden Ziffern um eins größer sein muss als die andere. Befindet sich kein Kreis zwischen zwei Ziffern, so darf auch keine der beiden Eigenschaften zutreffen.

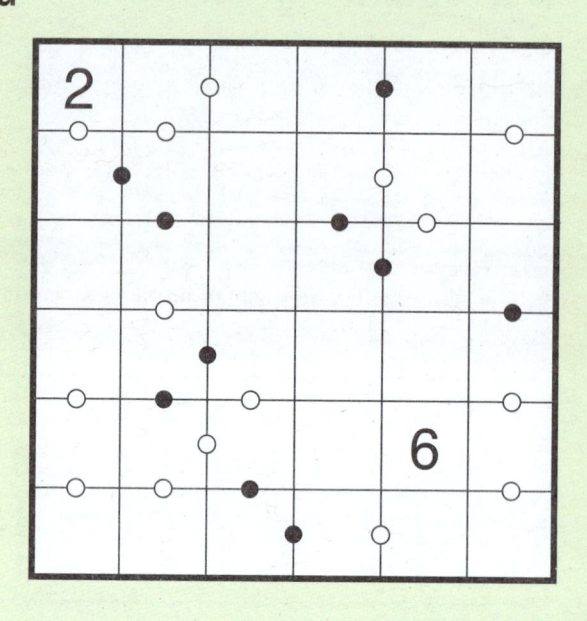

★★★ Verflixte Wabe

Tragen Sie in jedes weiße Feld eine der Zahlen von 1 bis 6 ein, sodass an jedem der schwarzen Felder jede der sechs Zahlen genau einmal steht. Beachten Sie dabei, dass in benachbarten Feldern keine zwei gleichen Zahlen stehen dürfen. So darf also zum Beispiel eine 1 nicht direkt neben einer weiteren 1 stehen.

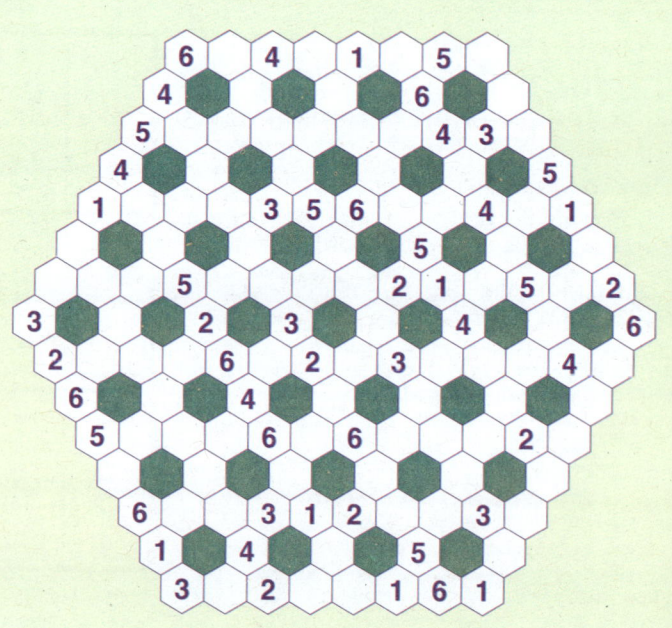

Logikrätsel 353

★★★ Hitori

2	8	4	5	10	7	13	13	3	9	1	10	11	8	1	9
7	11	9	10	6	9	7	5	9	13	1	4	14	7	8	12
5	8	10	4	1	4	7	11	9	7	6	12	12	1	3	13
4	13	3	1	3	2	6	12	11	12	8	8	10	5	14	12
8	10	7	11	1	14	12	9	13	8	12	8	6	3	2	1
9	1	14	12	13	3	8	10	13	11	3	6	4	2	4	5
4	2	6	13	8	13	11	9	4	7	5	5	1	1	12	12
11	1	14	2	4	4	13	7	14	10	13	5	5	10	11	9
14	5	9	3	10	12	5	2	5	6	11	1	7	8	13	4
1	12	14	6	7	8	4	5	8	5	11	13	11	3	12	14
13	■	5	14	12	11	9	3	11	10	4	14	1	6	7	9
6	4	8	4	5	2	1	6	12	14	2	14	3	4	9	11

Schwärzen Sie einige der Felder, sodass zwei geschwärzte Felder niemals waagerecht oder senkrecht benachbart sind und dass in jeder Zeile und jeder Spalte jede Ziffer nur maximal einmal ungeschwärzt übrig bleibt. Beachten Sie dabei, dass die weißen Felder alle zusammenhängen müssen, mit anderen Worten: Die geschwärzten Felder dürfen das Rätsel nicht in zwei oder mehr Stücke teilen. Ein geschwärztes Feld haben wir als Starthilfe vorgegeben.

★★★ Sudoku

Tragen Sie in jedes Feld eine der Ziffern von 1 bis 9 so ein, dass in jeder Zeile, jeder Spalte und jedem 3x3-Gebiet jede der Ziffern von 1 bis 9 genau einmal vorkommt.

			7				5	1
						6	4	
			9	3		7		
9		4		8		1	6	
	6	3		7		5		9
		6		1	7			
	3	5						
7	8			2				

354 Bilderrätsel

⭐⭐⭐ Unordnung im Regal

Aus dem Regal rechts wurden alle Fächer komplett in das linke Regal umgeräumt, nur bei einem ist der Inhalt nicht vollständig. Welche Nummer hat das Fach mit dem fehlenden Inhalt?

⭐⭐⭐ Fotoausschnitt

Einer der Ausschnitte aus dem Bild ist fehlerhaft. Welcher ist es?

Bilderrätsel 355

✸✸✸ Fotopuzzle

Welche Zahlenreihe ergeben die Puzzleteile, wenn sie an der richtigen Position liegen (angefangen von links nach rechts, von oben nach unten)?

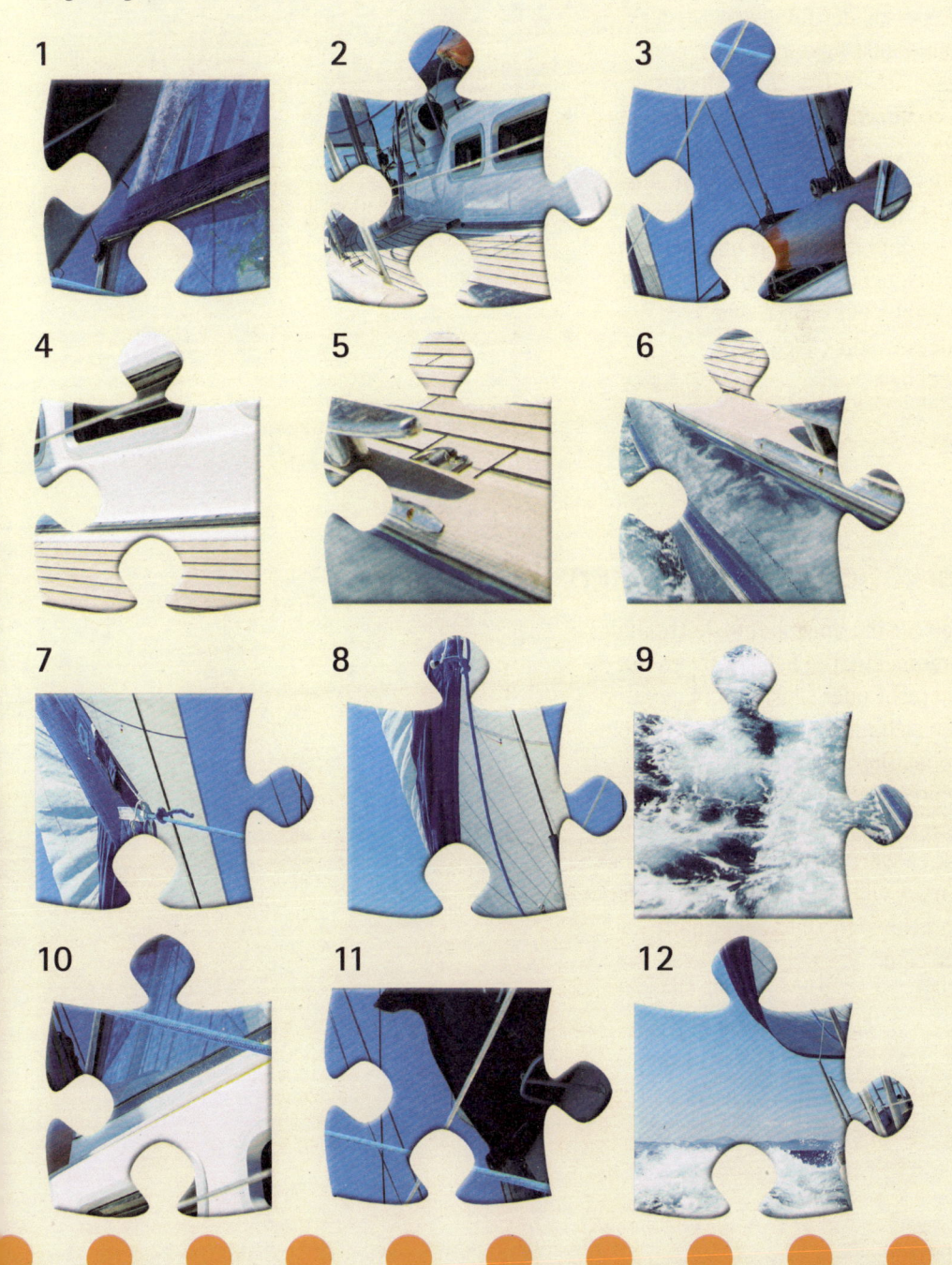

1 2 3
4 5 6
7 8 9
10 11 12

356 Logikrätsel

⭐⭐⭐ Rundweg

Zeichnen Sie einen Rundweg entlang der gestrichelten Linien ein. Am Ende soll der Rundweg wieder an dem Punkt ankommen, an dem er gestartet ist. Die Zahlen in den Feldern geben dabei an, wie viele Seiten dieses Feldes durch den Rundweg belegt sind. In den Feldern ohne Zahl ist ungewiss, wie viele Seiten (von keiner bis alle vier) durch den Rundweg genutzt werden. Als kleine Hilfe haben wir die „0" und ein kleines Stück Weg vorgegeben.

⭐⭐⭐ Schiffe versenken

Tragen Sie die abgebildete Flotte in das Diagramm ein. Die Schiffe sollen nur waagerecht oder senkrecht liegen und dürfen sich nicht berühren, auch nicht diagonal. Die Schiffe dürfen dabei beliebig gedreht werden. In Felder mit Wellen können keine Schiffsteile eingetragen werden. Die Zahlen am Rand geben an, wie viele Schiffsteile in der entsprechenden Zeile oder Spalte zu finden sind.

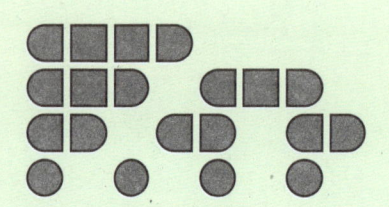

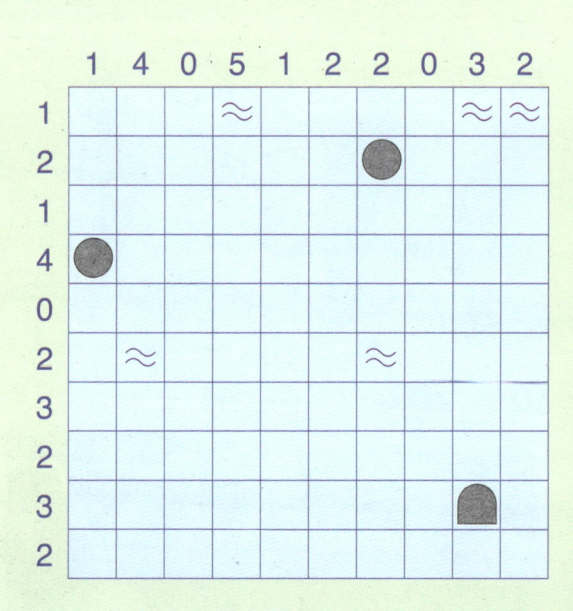

Logikrätsel 357

⭐⭐⭐ Zahlenlabyrinth

Finden Sie einen Weg durch das Labyrinth, der die Zahlen von 1 bis 15 in aufsteigender Reihenfolge jeweils genau einmal durchläuft. Der Weg darf sich an den Kreuzungen berühren oder auch kreuzen, jedoch darf kein Wegstück mehr als einmal durchlaufen werden.

⭐⭐⭐ Camping

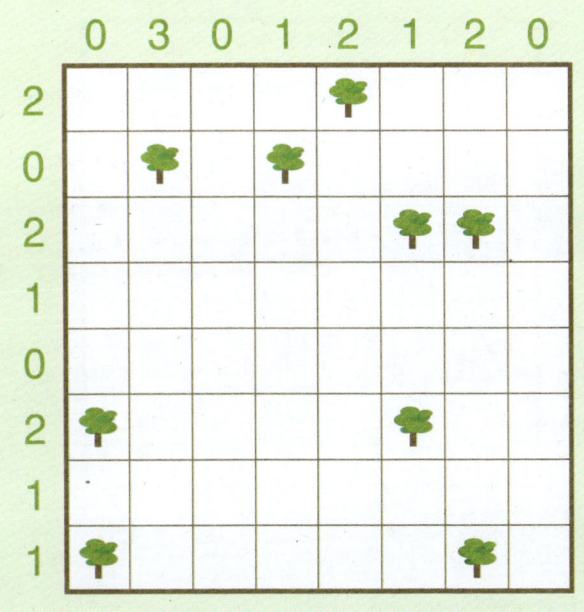

Tragen Sie waagerecht oder senkrecht neben jedem Baum ein Zelt ein, das zu diesem Baum gehört. Die Zelte dürfen sich dabei nicht berühren, auch nicht diagonal. Die Zahlen am Rand geben an, wie viele Zelte sich in der entsprechenden Zeile oder Spalte befinden.

358 Zahlen- und Rechenrätsel

★★★ Rechnen und Raten

Sind Sie „berechnend"? Gleiche Symbole bedeuten gleiche Zahlen.

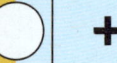

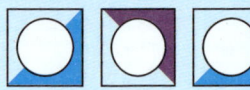

★★★ Magisches Quadrat

Die leeren Kästchen des Quadrates sind mit den fehlenden Zahlen von 1 bis 25 so zu füllen, dass sich in jeder Reihe, jeder Spalte und auch jeder Diagonalen die Summe 65 ergibt.

23					= 65
		7	24		= 65
22		10	25	6	= 65
11	18	15		17	= 65
	13		9	16	= 65

= 65 = 65 = 65 = 65 = 65

Zahlen- und Rechenrätsel 359

★★★ Römisches Rätsel

Tragen Sie in jedes Feld eine der römischen Ziffern von I bis IV ein. Die Zahlen am Rand geben dabei an, wie oft jede der Ziffern in der entsprechenden Zeile oder Spalte vorkommt. Zudem dürfen in waagerecht oder senkrecht benachbarten Feldern keine gleichen Ziffern stehen.

				I	0	1	2	1	2
				II	0	2	0	2	1
				III	3	1	1	2	0
I	II	III	IV		2	1	2	0	2
1	1	2	1	III					
1	1	1	2						
2	1	1	1	III					
1	2	1	1						
1	0	2	2	III					

★★★ Weintraube

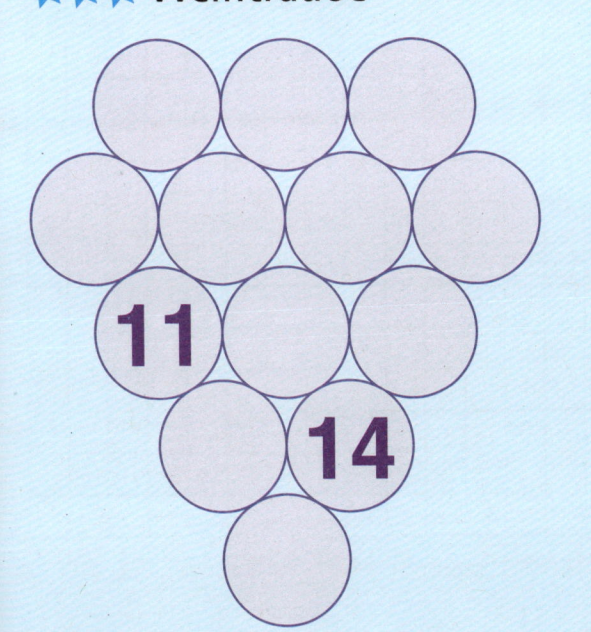

Füllen Sie die leeren Felder der Traube so auf, dass in jedem Feld die Summe der Zahlen in den beiden darüberliegenden Feldern steht und in den Feldern der obersten Reihe nur einstellige Zahlen stehen. In den beiden Feldern am linken und rechten Rand steht dabei der gleiche Wert wie im Feld schräg oberhalb.

11

14

360 Logikrätsel

★★★ Hanjie

Die Zahlen vor den Zeilen und Spalten geben an, wie viele aufeinanderfolgende Kästchen ausgemalt werden müssen. Zwischen diesen zusammenhängenden Kästchen bleibt mindestens eines frei.

Wenn alles richtig ausgemalt wurde, ergibt sich ein Bild.

★★★ Sikaku

Ziel ist, das Rätselfeld vollständig in Rechtecke und Quadrate zu zerlegen, die sich nicht überschneiden dürfen. In jedem dieser Rechtecke und Quadrate darf nur eine der vorgegebenen Zahlen stehen. Diese Zahl gibt an, wie viele Kästchen das Rechteck oder Quadrat umfasst. Ein Rechteck haben wir als Starthilfe vorgegeben.

Logikrätsel 361

★★★ Doppel-Sudoku

Die Doppelpackung in Sachen Sudoku basiert auf den gleichen Regeln wie das klassische Sudoku. Der Unterschied besteht darin, dass hier zwei Diagramme zu einem verschmelzen. Dabei haben die beiden Teile je zwei 3x3-Quadrate mit dem Schlüsselelement gemeinsam. Dies erscheint zunächst schwieriger, ist aber zugleich eine versteckte Hilfe, da sich mit einem gewissen Überblick über beide Rätselteile zusätzliche Zahlen ausschließen, welche im „Nachbardiagramm" schon vorhanden sind. Stellen Sie sich diesem japanischen Zahlenwerk!

	9		6			1				
8			2				6			
3		6		4		5		2		
				5		1		6		
2			1	9	3			4		
9			6				7			
	9									9
6		3						3		8
1								1	4	2
					3				7	4
				5	4			2		
			4	7			6			5
				8	1	7				
			7		3		9		8	
			2	9				3		

362 Bilderrätsel

⭐⭐⭐ Würfel ergänzen

Wie viele kleine Würfel müssen ergänzt werden, um den großen Würfel zu vervollständigen?

⭐⭐⭐ Knoten

Wie viele Knoten entstehen, wenn man an dem Tau zieht?

Bilderrätsel 363

★★★ Wärmequelle

Wie viele Kerzenständer sind hier auf dem Bild zu sehen?

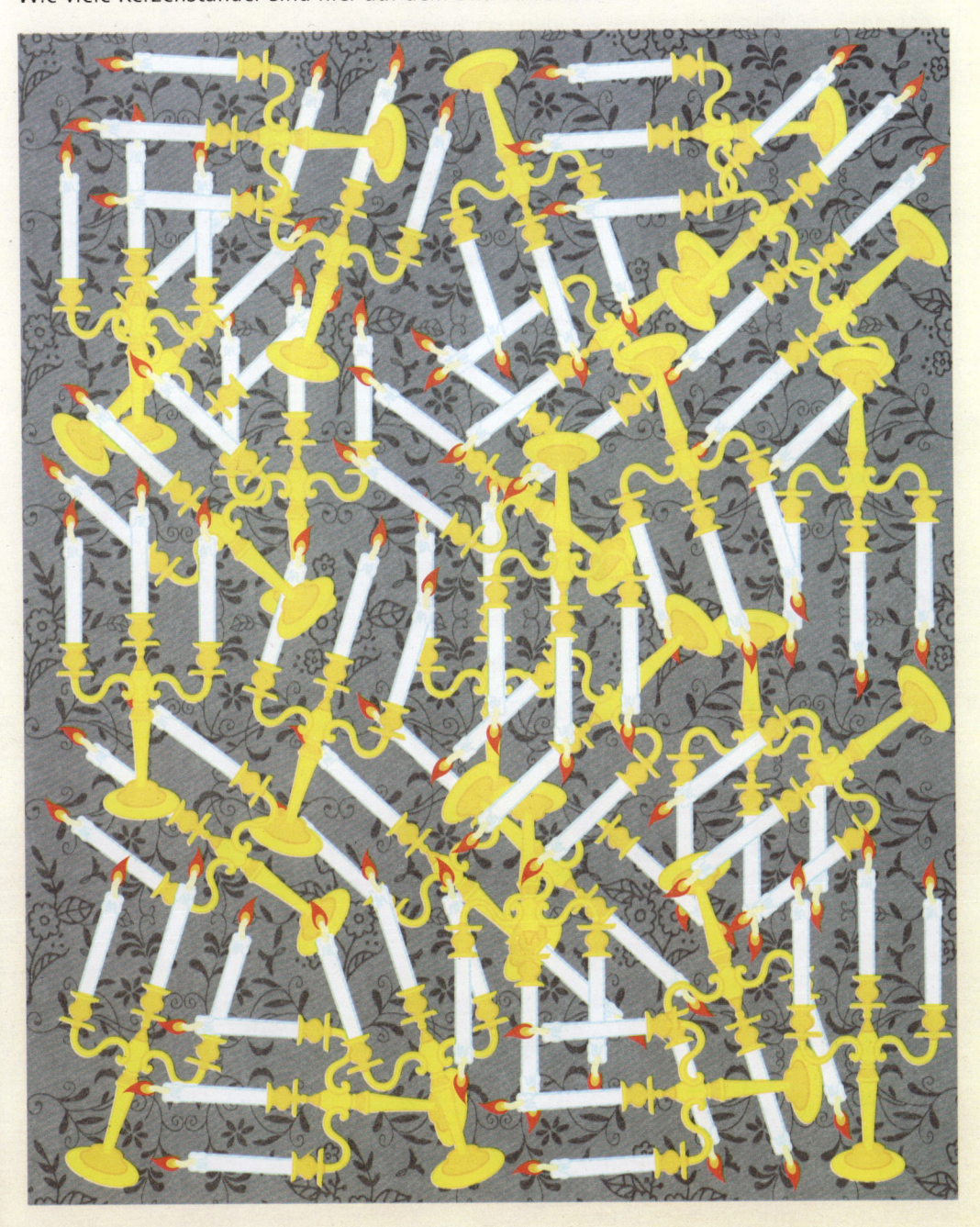

364 Bilderrätsel

★★★ Fotopuzzle

Welche Zahlenreihe ergeben die Puzzleteile, wenn sie an der richtigen Position liegen (angefangen von links nach rechts, von oben nach unten)?

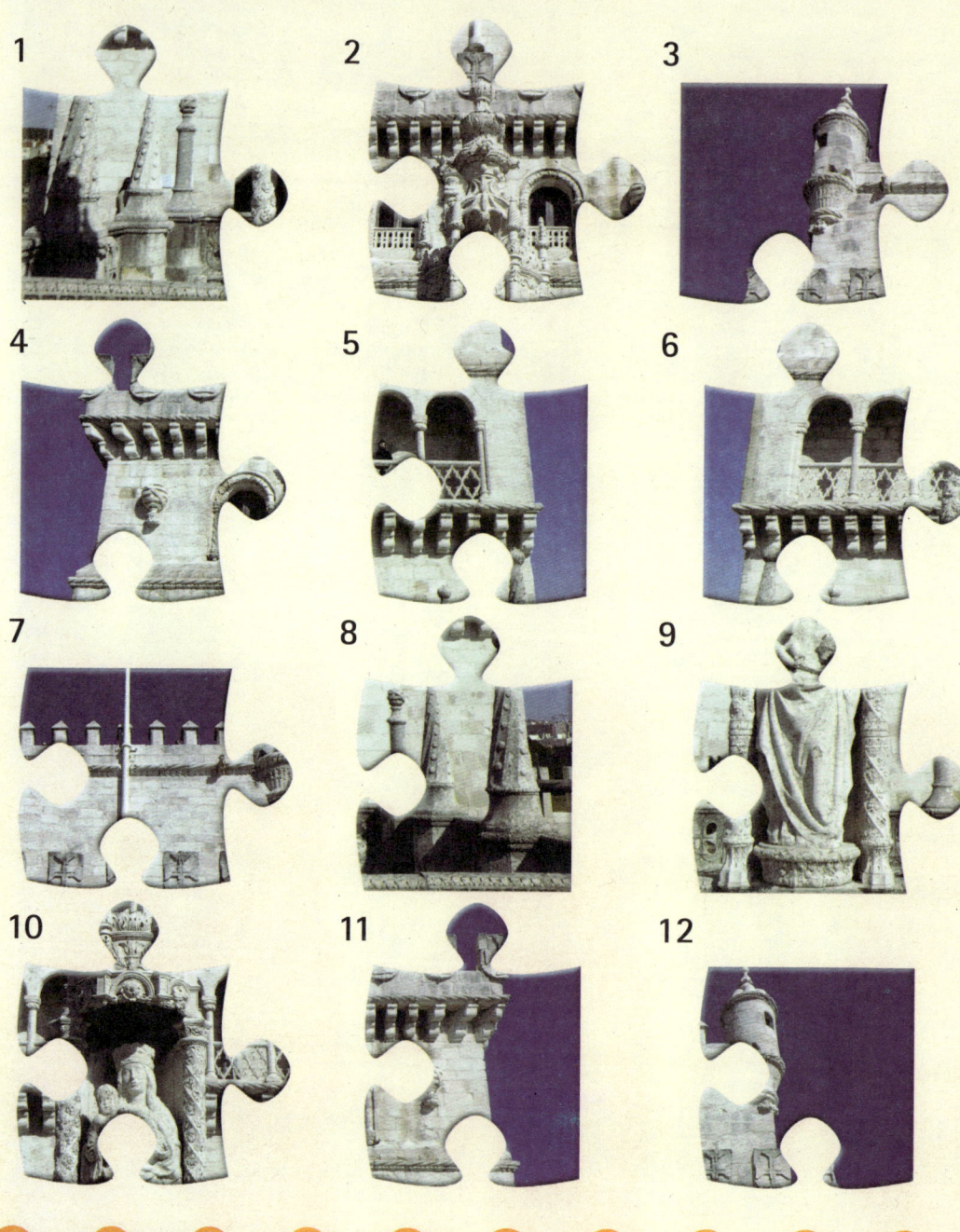

Seite 3 bis 13 Lösungen — 365

Seite 3
Fotopuzzle:
9, 10, 2, 5, 11,
1, 12, 3, 8, 6, 4, 7

Seite 4
Im Gleichgewicht: 13 „Herz"-Symbole

Pfeilschnell:

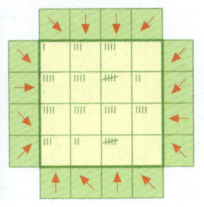

Seite 5
Magnetisch:

Speichen:

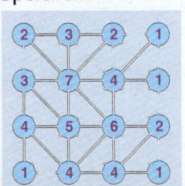

Seite 6
Würfel ergänzen: 37 kleine Würfel

Faltproblem: Würfel C

Seite 7
Muster suchen: Symbol Nr. 4

Richtiger Weg:

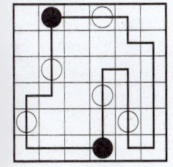

Seite 8
Fillomino:

Domino:

Seite 9
Inseln verbinden:

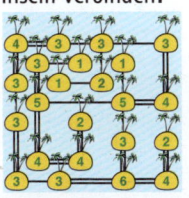

Leuchtturm:

Seite 10
Größer > Kleiner:

Kakuro:

Seite 11
Zahlen gesucht:
8 5 6 3 4 9 6 3 4 ①7 4 3 0 2 1 3 2 4
9 7 2 3 9 5 0 3 1 5 2 3 6 3 2 1 5 5 6 0
4 9 1 9 5 ②1 5 7 7 8 1 2 1 8 1 6 6 4 1
2 9 3 7 1 8 4 7 2 7 6 4 3 5 6 6 9 2 ⑥

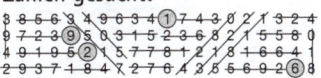

Gebiete:

Seite 12
Pünktchen-Sudoku:

Verflixte Wabe:

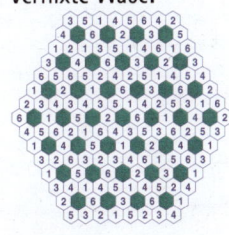

Seite 13
Hitori:

Sudoku:

366 Lösungen Seite 14 bis 23

Seite 14
Lesestunde:

Fotoausschnitt:
Fehler in Ausschnitt 2
(Fleck unter dem Tannenzapfen)

Seite 15
Fotopuzzle:
9, 2, 12, 5, 3, 4,
11, 6, 8, 10, 1, 7

Seite 16
Rundweg:

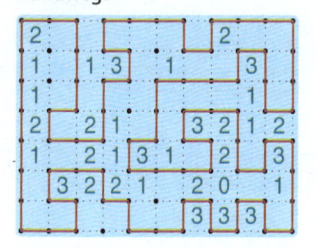

Schiffe versenken:

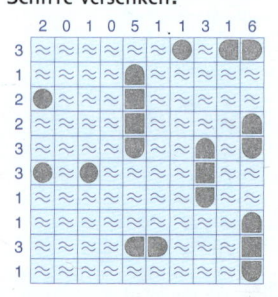

Seite 17
Zahlenlabyrinth:

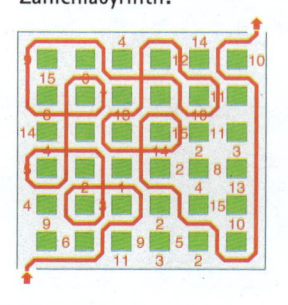

Camping:

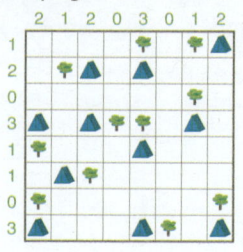

Seite 18
Rechenproblem: 9 (Die Zahl links wird jeweils mit der Zahl oben multipliziert und ergibt die Hälfte des Quadrates der rechten Zahl)

Magisches Quadrat:

Seite 19
Römisches Rätsel:

Weintraube:

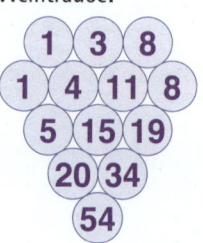

Seite 20
Hanjie:

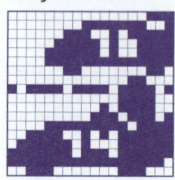

Sikaku:

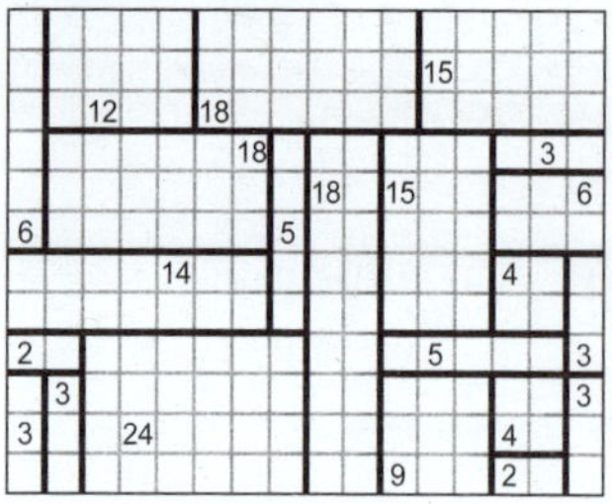

Seite 21
Doppel-Sudoku:

Seite 22
Labyrinth:

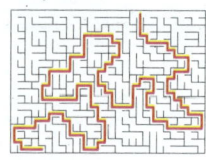

Fehlersuche:
1 und 3

Seite 23
Guten Fang!:
47 Fische

Seite 24 bis 33 Lösungen 367

Seite 24
Schlüsselfrage:
Zylinder 8

Pfeilschnell:

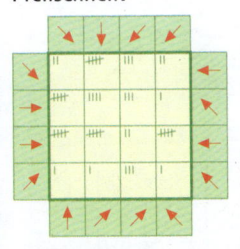

Seite 25
Magnetisch:

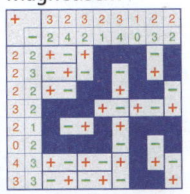

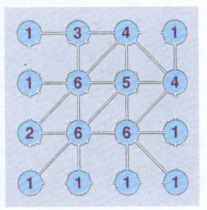

Seite 26
Figurproblem:
Figur B

Faltproblem:
Würfel A

Seite 27
Erdbeere gesucht: E7

Richtiger Weg:

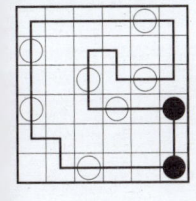

Seite 28
Fillomino:

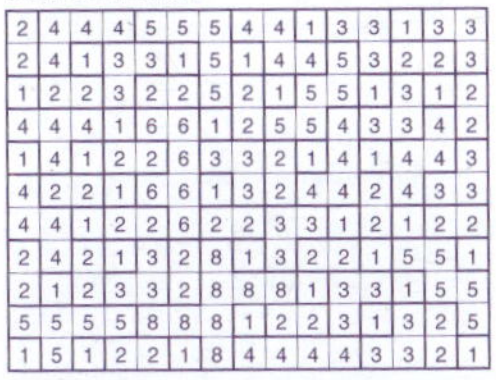

Domino:

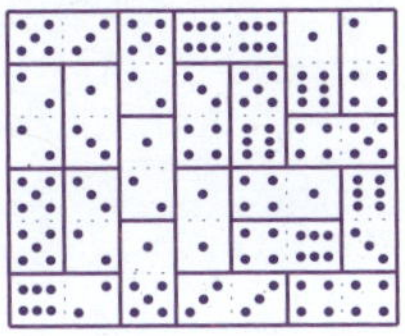

Seite 29
Inseln verbinden:

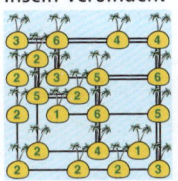

Leuchtturm:

Seite 30
Größer > Kleiner:

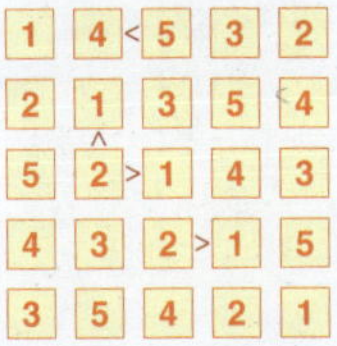

Kakuro:

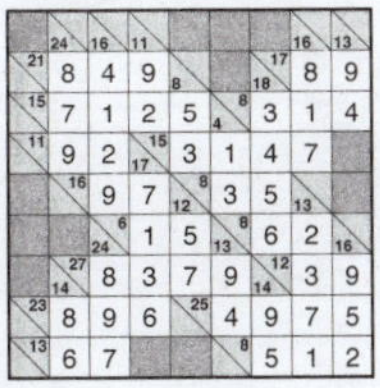

Seite 31
Zahlen gesucht:
4 8 1 0 1 3 6 9 1 3 1 1 7 8 ①5 5 8 2 6
⑧ 0 6 8 4 7 9 5 5 8 9 3 1 0 4 4 1 8 0
2 4 8 1 4 0 3 7 2 8 ⑤ 9 2 2 8 3 3 1 7
4 5 7 1 2 4 5 1 2 3 5 0 1 7 ⑤ 5 2 1 0 6

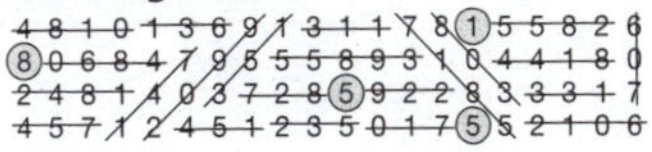

Gebiete:

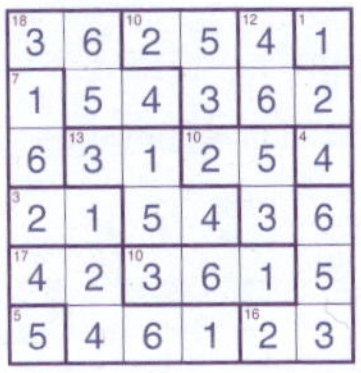

Seite 32
Pünktchen-Sudoku:

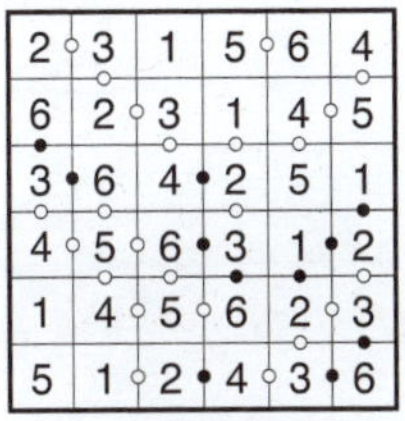

Verflixte Wabe:

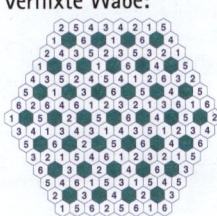

Seite 33
Hitori:

Sudoku:

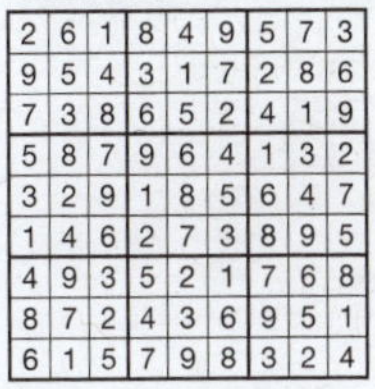

Lösungen Seite 34 bis 43

Seite 34
Bücher:

Fotoausschnitt:
Fehler in Ausschnitt 1
(Blatt am Rand des Eisbechers)

Seite 35
Fotopuzzle:
5, 12, 1, 11, 3, 7, 9,
2, 8, 6, 4, 10

Seite 36
Rundweg:

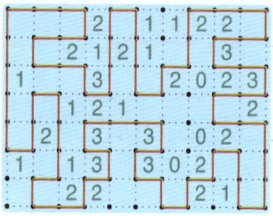

Schiffe versenken:

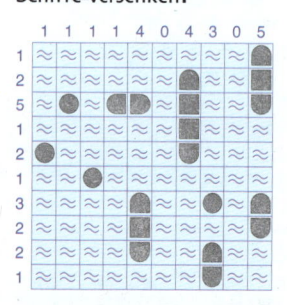

Seite 37
Zahlenlabyrinth:

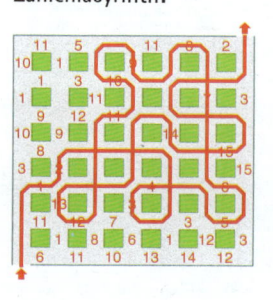

Camping:

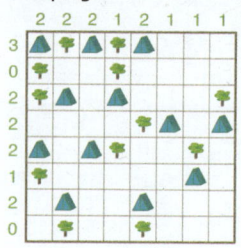

Seite 38
Rechnen und Raten:

```
 4  ×     3 8  =  1 5 2
 +         ×       −
 2 4 ×       2  =    4 8
─────────────────────────
 2 8  +    7 6  =  1 0 4
```

Magisches Quadrat:

20	19	3	2	21	= 65
6	9	15	13	22	= 65
24	7	8	10	16	= 65
4	12	25	23	1	= 65
11	18	14	17	5	= 65

= 65 = 65 = 65 = 65 = 65

Seite 39
Römisches Rätsel:

	I	II	III	IV
I	1	0	1	2	1
II	1	3	1	1	1
III	3	2	3	2	0
I II III IV	0	0	0	3

0	2	2	1	III	II	III	II	IV
0	3	2	0	II	I	III	II	I
1	1	2	1	III	II	III	I	I
3	0	2	0	II	III	II	III	I
1	1	2	1	III	II	III	II	IV

Weintraube:

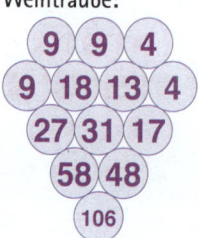

```
      9   9   4
    9  18  13   4
    27  31  17
      58  48
        106
```

Seite 40
Hanjie:

Sikaku:

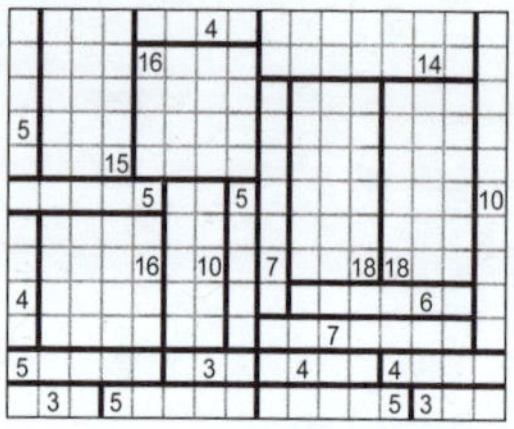

Seite 41
Doppel-Sudoku:

Seite 42
Labyrinth:

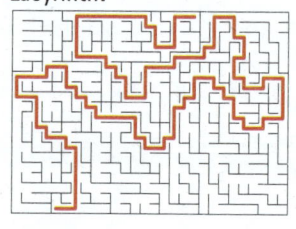

Fehlersuche:
2 und 3

Seite 43
Farbenfrohes Kunstwerk:
54 Handabdrücke

Seite 44 bis 53 Lösungen 369

Seite 44
Flächenmaß: Nein

Pfeilschnell:

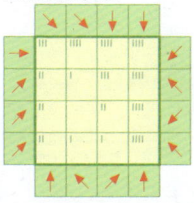

Seite 45
Magnetisch:

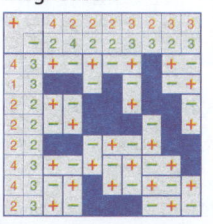

Speichen:

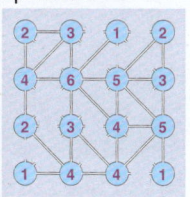

Seite 46
Würfel ergänzen: Figur B

Oberflächlich: 1: 14 Flächen, 2: 13 Flächen, 3: 12 Flächen, 4: 6 Flächen, 5: 10 Flächen

Seite 47
Unordnung: Ein Schraubenzieher

Richtiger Weg:

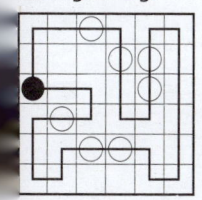

Seite 48
Fillomino:

Domino:

Seite 49
Inseln verbinden:

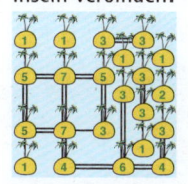

Leuchtturm:

Seite 50
Größer > Kleiner:

Kakuro:

Seite 51
Zahlen gesucht:

9 4 0 5 4 3 8 ①2 1 1 4 7 8 4 3 8 8 5 1
8 9 5 7 2 ⑧ 3 6 1 0 2 7 9 0 6 3 4 7
7 1 9 6 0 5 2 6 6 9 2 ⑥ 3 0 5 9 7 6 8
3 5 9 3 4 1 7 5 5 ④ 0 2 1 4 1 8 5 0 2 6

Gebiete:

1	2	6	3	5	4
3	6	4	5	1	2
4	3	5	2	6	1
6	5	1	4	2	3
5	4	2	1	3	6
2	1	3	6	4	5

Seite 52
Pünktchen-Sudoku:

Verflixte Wabe:

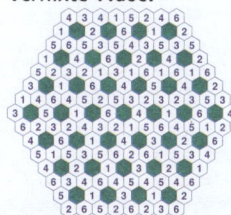

Seite 53
Hitori:

Sudoku:

6	7	1	5	9	3	2	4	8
9	5	3	2	4	8	1	6	7
8	4	2	1	7	6	3	5	9
4	1	9	8	5	7	6	2	3
2	3	7	6	1	4	8	9	5
5	6	8	3	2	9	4	7	1
1	9	5	4	8	2	7	3	6
7	2	6	9	3	1	5	8	4
3	8	4	7	6	5	9	1	2

370 Lösungen Seite 54 bis 63

Seite 54
Positiv gesehen:
Positiv E

Fotoausschnitt:
Fehler in Ausschnitt 3
(Das untere rechte Fenster ist größer)

Seite 55
Fotopuzzle:
8, 3, 4, 12, 2, 9, 5, 10, 1, 11, 6, 7

Seite 56
Rundweg:

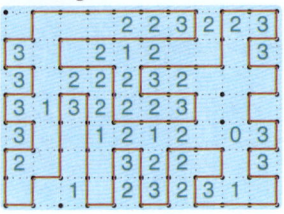

Schiffe versenken:

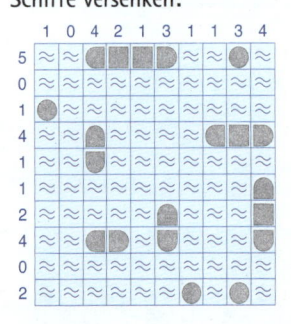

Seite 57
Zahlenlabyrinth:

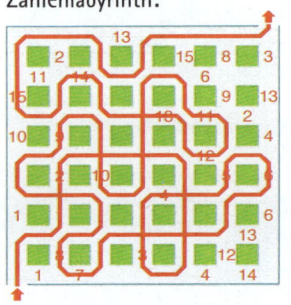

Camping:

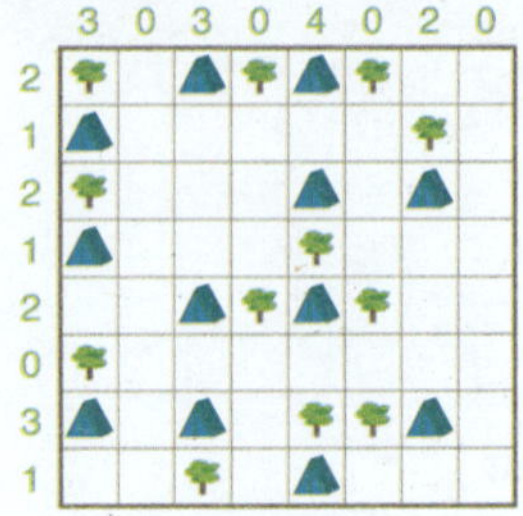

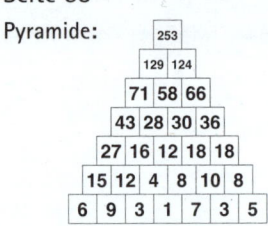

Seite 58
Pyramide:

		253		
	129		124	
71		58		66
43	28	30	36	
27	16	12	18	18
15	12	4	8	10	8
6	9	3	1	7	3	5

Magisches Quadrat:

20	12	3	21	9	= 65
4	22	23	11	5	= 65
6	2	8	25	24	= 65
17	19	15	1	13	= 65
18	10	16	7	14	= 65

= 65 = 65 = 65 = 65 = 65

Seite 59
Römisches Rätsel:

	I	II	III	IV
I	2	1	1	2
II	0	2	1	1
III	0	1	1	2
I II III IV	3	1	2	0
0 2 1 2	IV	II	IV	III
2 2 0 1	I	IV	II	II
2 0 2 1	IV	III	I	III
2 1 1 1	II	II	IV	III
2 0 1 2	IV	III	IV	II

Weintraube:

```
      4  6  7
     4 10 13  7
    14 23 20
     37 43
       80
```

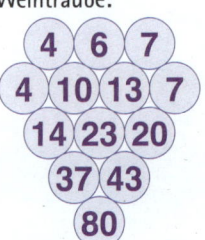

Seite 60
Hanjie:

Sikaku:

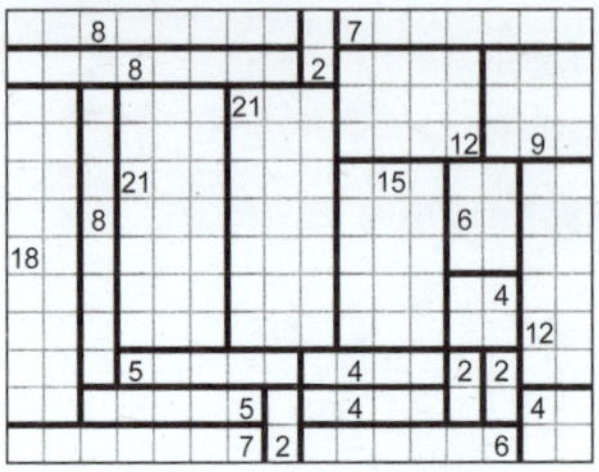

Seite 61
Doppel-Sudoku:

Seite 62
Labyrinth:

Fehlersuche:
1 und 3

Seite 63
Sternenzauber:
121 bunte Sterne

Seite 64 bis 73 Lösungen 371

Seite 64
Passgenau: 1, 3, 5 und 7

Pfeilschnell:

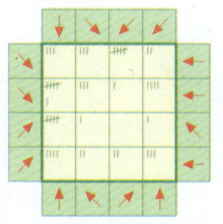

Seite 65
Magnetisch:

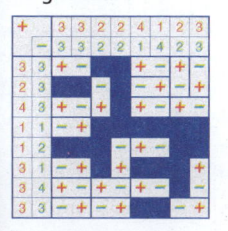

Speichen:

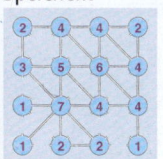

Seite 66
Würfel zusammenstecken: B und E

Um die Ecke: A = 16, B = 32, C = 24, D = 26, E = 22

Seite 67
Logisch!: Figur C. In jeder Reihe und Spalte gibt es jeweils 12 Kreise.

Richtiger Weg:

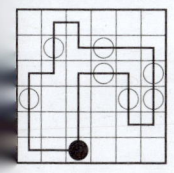

Seite 68
Fillomino:

Domino:

Seite 69
Inseln verbinden:

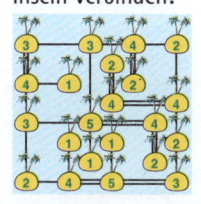

Leuchtturm:

Seite 70
Größer > Kleiner:

Kakuro:

Seite 71
Zahlen gesucht:
9①2 4 7 7 9 5 9 5 7 5 4 2 7 4 3 6 5 3
9 1 8 3 2 9 1 5 7 3 2 9 6 4 3 9⑧6 9 8 7
8 8 4 4 6 4 5 2 9 3 8 3 1 7⑨6 8 8 6 1
8 3 3⑤2 7 7 8 3 1 9 7 4 1 2 4 8 6 5 9

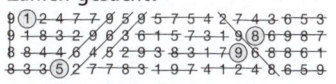

Gebiete:

Seite 72
Pünktchen-Sudoku:

Verflixte Wabe:

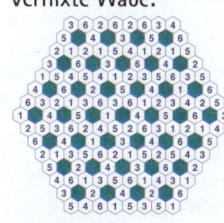

Seite 73
Hitori:

Sudoku:

Lösungen Seite 74 bis 83

Seite 74
Happy Halloween:

Fotoausschnitt:
Fehler in Ausschnitt 2
(Fehler im linken Kürbis)

Seite 75
Fotopuzzle:
8, 3, 4, 12, 5, 10,
9, 2, 7, 6, 1, 11

Seite 76
Rundweg:

Schiffe versenken:

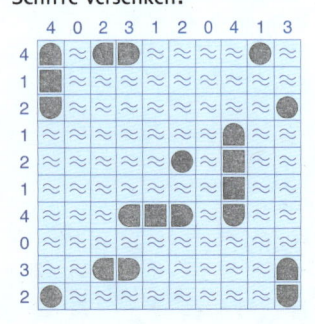

Seite 77
Zahlenlabyrinth:

Camping:

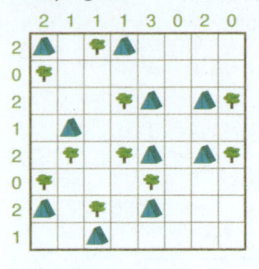

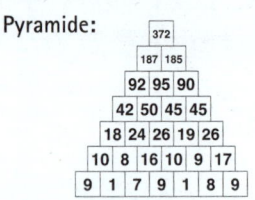

Seite 78
Pyramide:

			372			
		187	185			
		92	95	90		
	42	50	45	45		
	18	24	26	19	26	
	10	8	16	10	9	17
	9	1	7	9	1	8	9

Magisches Quadrat:

17	20	15	3	10	= 65
24	4	16	8	13	= 65
2	23	14	7	19	= 65
1	12	9	25	18	= 65
21	6	11	22	5	= 65

= 65 = 65 = 65 = 65 = 65

Seite 79
Römisches Rätsel:

	I	II	III	IV
		2	1	2	1
		2	0	2	1	1
		1	1	1	2	1
		0	3	1	0	2
2	1	1	II	IV	III	I
2	1	1	1	III	IV	II
0	1	3	1	III	IV	II
2	2	0	1	II	IV	III
1	1	1	2	IV	III	II

Weintraube:

5 9 3
5 14 12 3
19 26 15
45 41
86

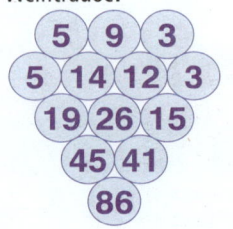

Seite 80
Hanjie:

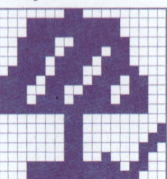

Sikaku:

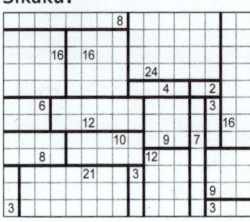

Seite 81
Doppel-Sudoku:

Seite 82
Labyrinth:

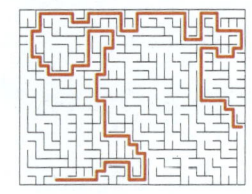

Fehlersuche:
1 und 3

Seite 83
Pizzabäcker:
13 Pizzastücke

Seite 84 bis 93 Lösungen 373

Seite 84
Lottogewinn:

Gewinn: 120 000 Euro
Frau Fröhlich: 24 000 Euro
Herr Glück: 30 000 Euro

Pfeilschnell:

Seite 85
Magnetisch:

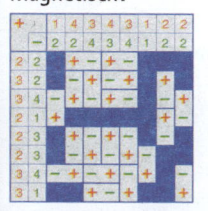

Speichen:

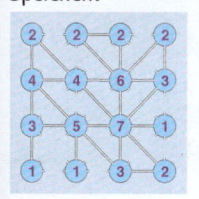

Seite 86
Würfel ergänzen:
54 kleine Würfel

Faltproblem:
Würfel B

Seite 87
Positiv gesehen: Negativ 5

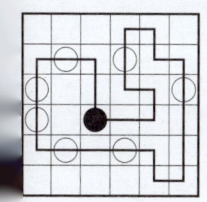

Richtiger Weg:

Seite 88
Fillomino:

Domino:

Seite 89
Inseln verbinden:

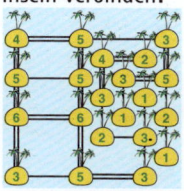

Leuchtturm:

Seite 90
Größer > Kleiner:

Kakuro:

Seite 91
Zahlen gesucht:

Gebiete:

Seite 92
Pünktchen-Sudoku:

Verflixte Wabe:

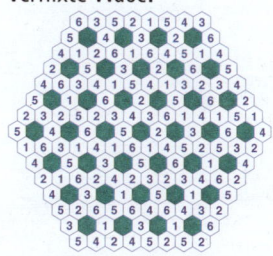

Seite 93
Hitori:

Sudoku:

Lösungen Seite 94 bis 103

Seite 94
Crash:

Fotoausschnitt: Fehler in Ausschnitt 1 (Fehler neben dem Uhrturm unten rechts)

Seite 95
Fotopuzzle:

12, 1, 8, 10, 2, 7, 5, 4, 11, 3, 9, 6

Seite 96
Rundweg:

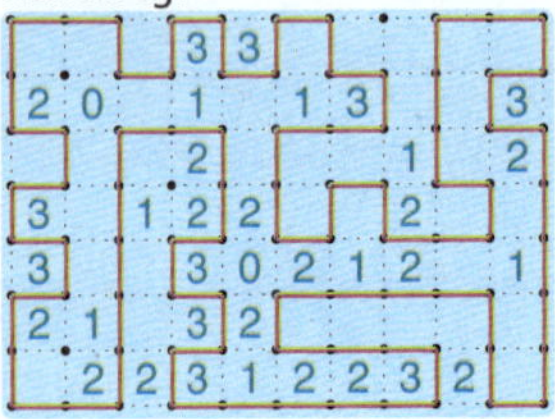

Schiffe versenken:

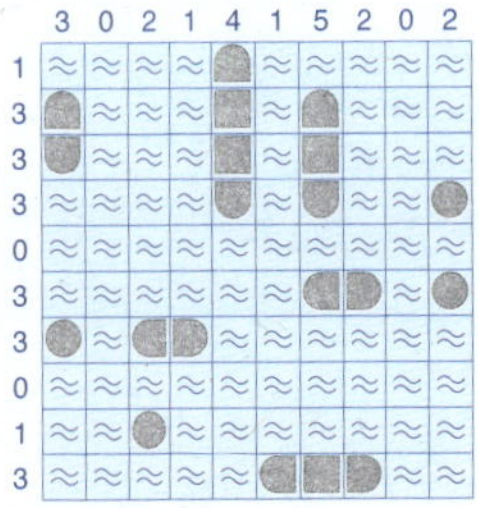

Seite 97
Zahlenlabyrinth:

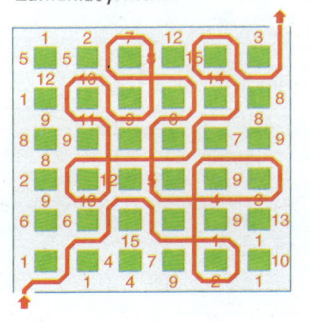

Camping:

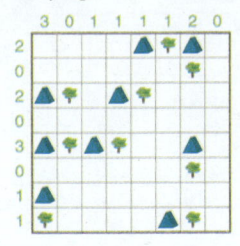

Seite 98
Zahlenlogik:

Es ist die 93. Subtrahieren Sie die linke untere Zahl von der linken oberen und multiplizieren Sie das Ergebnis mit der rechten unteren Zahl, dann ergibt sich die rechte obere Zahl.

Magisches Quadrat:

17	23	2	1	22	= 65
20	4	24	10	7	= 65
9	13	16	15	12	= 65
8	6	5	25	21	= 65
11	19	18	14	3	= 65

= 65 = 65 = 65 = 65 = 65

Seite 99
Römisches Rätsel:

	I	II	III	IV
I	2	2	0	1	1
II	0	2	1	3	0
III	2	0	2	1	2
I II III IV	1	1	2	0	2
1 2 1	I	I	II	IV
2 0 1 2	IV	I	III	I
0 2 3 0	III	II	III	II
2 1 0 2	IV	I	IV	I
1 1 2 1	III	I	IV	II

Weintraube:

2 2 6
2 4 8 6
6 12 14
18 26
44

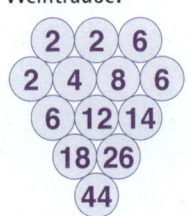

Seite 100
Hanjie:

Sikaku:

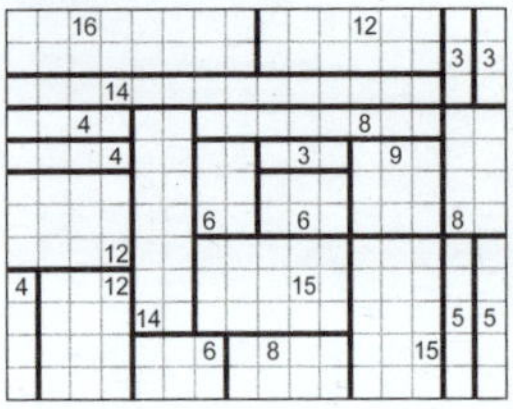

Seite 101
Doppel-Sudoku:

6	9	8	3	4	5	2	1	7
1	3	4	8	2	7	5	6	9
5	7	2	6	9	1	4	3	8
4	1	5	7	6	8	9	2	3
9	6	3	2	5	4	7	8	1
2	8	7	1	3	9	6	5	4
3	4	1	5	7	2	8	9	6	4	3	1
8	2	9	4	1	6	3	7	5	2	8	9
7	5	6	9	8	3	1	4	2	6	5	7
			1	5	4	6	2	9	8	7	3
			6	9	8	7	3	2	4	5	1
			2	3	7	5	1	8	9	6	4
			3	2	5	4	6	1	7	9	8
			8	4	1	9	5	7	3	2	6
			7	6	9	2	8	3	1	4	5

Seite 102
Labyrinth:

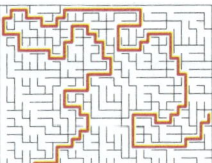

Fehlersuche:
2 und 3

Seite 103
Froschkönig?:
18 Schatten

Seite 104 bis 113 Lösungen 375

Seite 104
Zahnräder: Der Mechanismus blockiert.

Pfeilschnell:

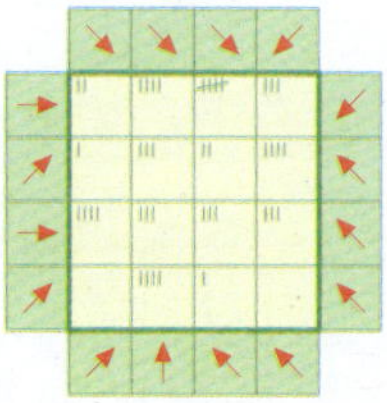

Seite 105
Magnetisch:

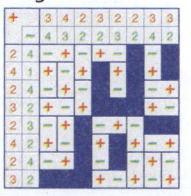

Speichen:

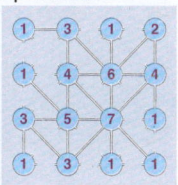

Seite 106
Bausatz: 3 Wecker

Faltproblem: Würfel D

Seite 107
Scherbenrätsel: Scherbe E

Richtiger Weg:

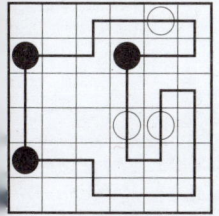

Seite 108
Fillomino:

5	5	5	5	1	5	2	5	3	3	3	2	1
5	4	4	1	5	5	2	5	2	2	1	4	1
3	4	4	5	4	5	1	5	4	1	4	4	3
1	3	3	2	5	2	2	1	2	4	4	3	3
4	3	1	2	5	5	2	4	1	4	4	2	2
4	1	3	1	5	5	2	2	6	2	2	4	7
4	4	3	3	2	2	6	6	6	4	3	7	1
1	3	1	6	6	1	3	2	2	1	3	3	7
3	3	6	2	6	3	2	1	2	3	2	2	3
6	6	6	2	2	3	2	3	1	3	2	3	2
6	1	6	1	6	2	4	4	2	2	1	2	3

Domino:

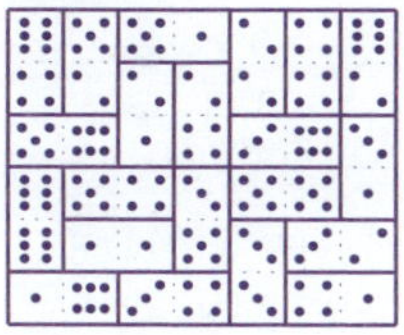

Seite 109
Inseln verbinden:

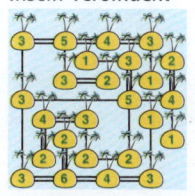

Leuchtturm:

Seite 110
Größer > Kleiner:

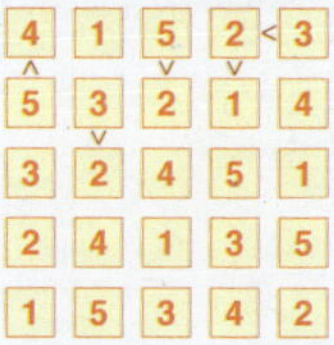

4	1	5	2	3
5	3	2	1	4
3	2	4	5	1
2	4	1	3	5
1	5	3	4	2

Kakuro:

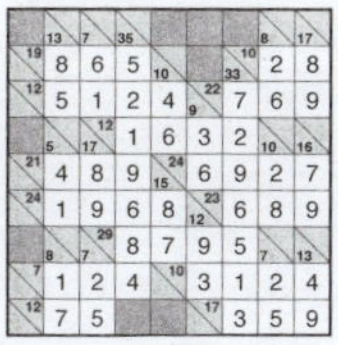

Seite 111
Zahlen gesucht:
2 8 3 (1) 7 5 2 2 (0) 4 (6) 1 2 2 2 3 3 9 3 1
3 1 5 2 3 (9) 4 6 9 6 2 7 8 4 8 3 7 4 8 6 4
8 2 9 2 3 5 7 6 6 9 9 8 8 1 9 6 6 4 8 (3)
(5) 9 7 8 4 3 9 8 1 7 8 5 2 1 6 1 2 7 5

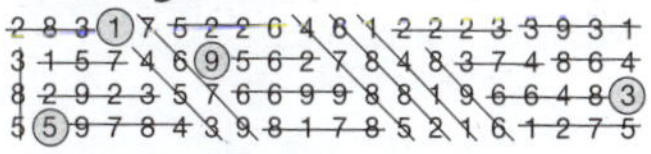

Gebiete:

4	2	6	5	1	3
3	1	2	4	6	5
5	3	1	6	4	2
6	4	5	3	2	1
2	5	4	1	3	6
1	6	3	2	5	4

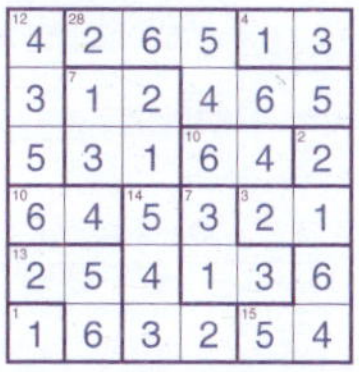

Seite 112
Pünktchen-Sudoku:

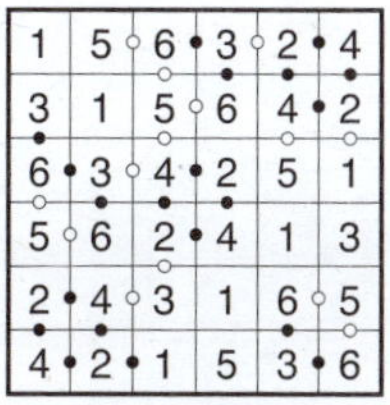

1	5	6	3	2	4
3	1	5	6	4	2
6	3	4	2	5	1
5	6	2	4	1	3
2	4	3	1	6	5
4	2	1	5	3	6

Verflixte Wabe:

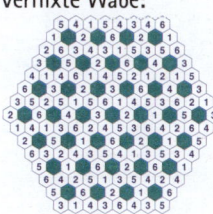

Seite 113
Hitori:

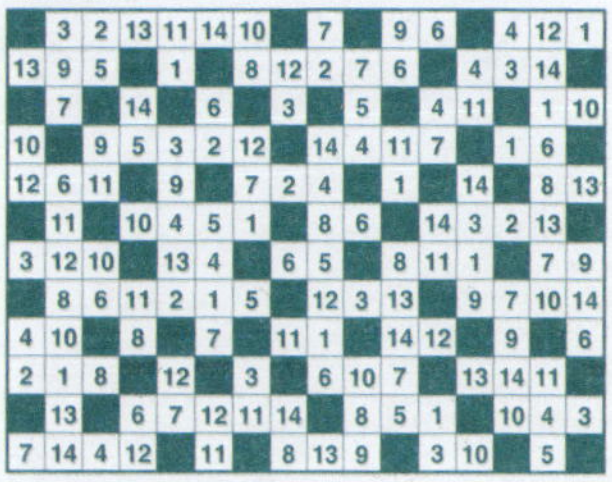

Sudoku:

9	8	6	7	4	2	5	3	1
4	1	5	6	3	8	9	7	2
2	7	3	1	5	9	4	8	6
8	3	1	5	2	7	6	9	4
7	9	4	8	6	1	2	5	3
6	5	2	4	9	3	8	1	7
5	2	9	3	7	6	1	4	8
3	6	8	2	1	4	7	5	9
1	4	7	9	8	5	2	6	3

376 Lösungen Seite 114 bis 123

Seite 114
Spiegelung:

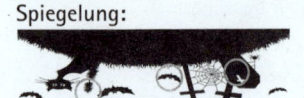

Fotoausschnitt:
Fehler in Ausschnitt 2
(Fehler in der blauen Fläche)

Seite 115
Fotopuzzle:
5, 7, 2, 1, 3, 11,
6, 8, 4, 9, 12, 10

Seite 116
Rundweg:

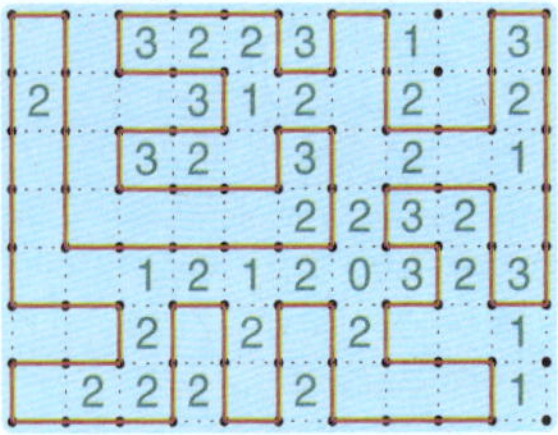

Schiffe versenken:

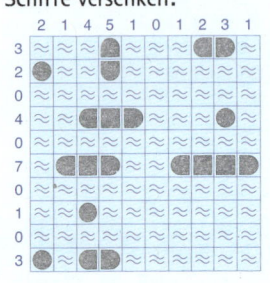

Seite 117
Zahlenlabyrinth:

Camping:

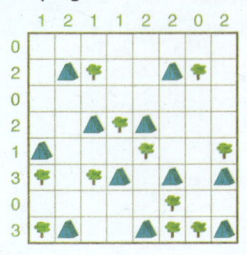

Seite 118
Rechenproblem:
63 (Die beiden Zahlen unten werden addiert und mit 3 multipliziert. Das Ergebnis ist die Zahl oben.)

Magisches Quadrat:

17	1	23	22	2	= 65
14	8	12	16	15	= 65
3	25	13	4	20	= 65
7	10	11	18	19	= 65
24	21	6	5	9	= 65

= 65 = 65 = 65 = 65 = 65

Seite 119
Römisches Rätsel:

				I	II	III	IV
			I	1	3	1	1
			II	1	3	1	0	1
			III	2	0	1	2	1
I	II	III	IV	1	1	0	2	2
1	1	2	IV	II	I	IV	III
1	0	2	2	III	IV	II	I	IV
3	1	0	1	II	I	III	II	I
1	3	0	1	II	II	I	IV	II
1	1	2	1	II	III	II	I	IV

Weintraube:
7, 9, 9
7, 16, 18, 9
23, 34, 27
57, 61
118

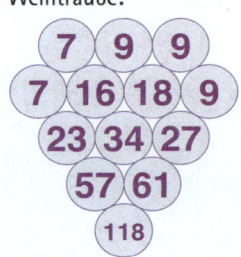

Seite 120
Hanjie:

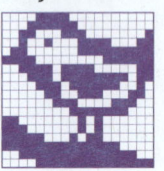

Sikaku:

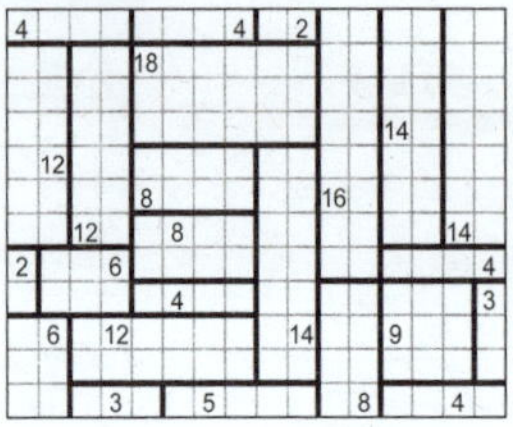

Seite 121
Doppel-Sudoku:

Seite 122
Labyrinth:

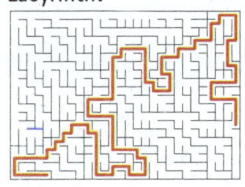

Fehlersuche:
1 und 2

Seite 123
Kleiner Imbiss:
12 Pommesstüten

Seite 124 bis 133 Lösungen 377

Seite 124
Fahrradkette:
4,85 Meter

Pfeilschnell:

Seite 125
Magnetisch:

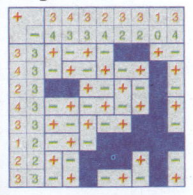

Speichen:

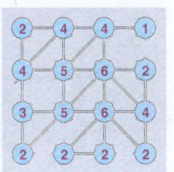

Seite 126
Würfel ergänzen:
34 Würfel

Faltproblem: Würfel C

Seite 127
Prisma:
Vorlage D

Richtiger Weg:

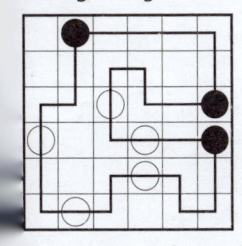

Seite 128
Fillomino:

Domino:

Seite 129
Inseln verbinden:

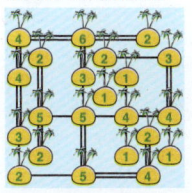

Leuchtturm:

Seite 130
Größer > Kleiner:

Kakuro:

Seite 131
Zahlen gesucht:

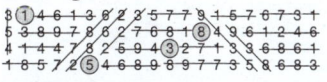

Gebiete:

Seite 132
Pünktchen-Sudoku:

Verflixte Wabe:

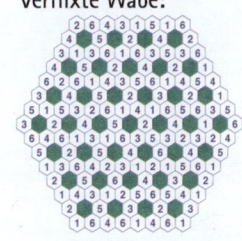

Seite 133
Hitori:

Sudoku:

378 Lösungen Seite 134 bis 143

Seite 134
Brücke am Fluss:

Fotoausschnitt:
Fehler in Ausschnitt 1
(die kleine Gießkanne fehlt)

Seite 135
Fotopuzzle:
8, 12, 1, 6, 2, 11,
3, 9, 10, 5, 4, 7

Seite 136
Rundweg:

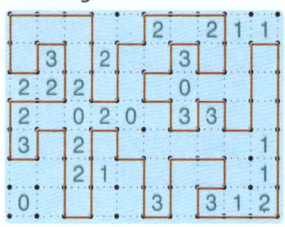

Schiffe versenken:

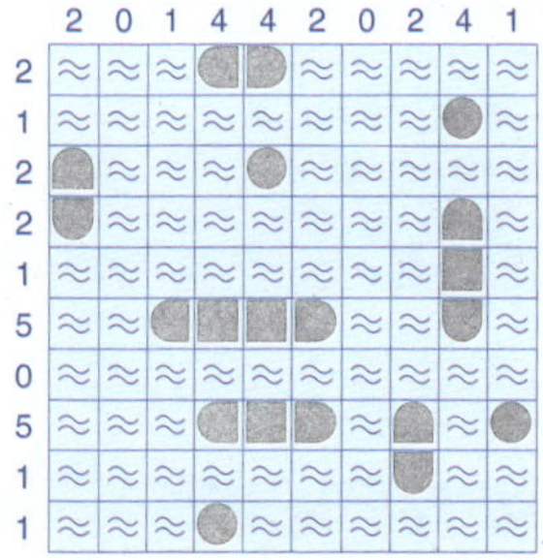

Seite 137
Zahlenlabyrinth:

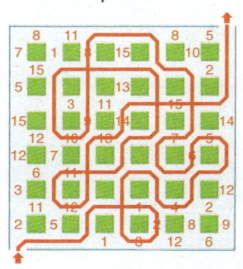

Camping:

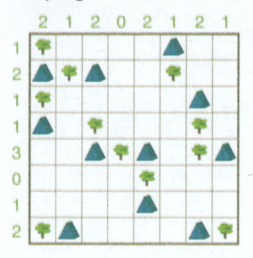

Seite 138
Kaffeepause:
Cappuccino= 2,50 EUR, Kuchen = 3,50 EUR, Wasser= 2 EUR

Magisches Quadrat:

20	23	15	4	3	= 65
12	1	9	18	25	= 65
7	11	17	14	16	= 65
5	6	22	19	13	= 65
21	24	2	10	8	= 65

= 65 = 65 = 65 = 65 = 65 = 65

Seite 139
Römisches Rätsel:

Weintraube:

8, 8, 3
8, 16, 11, 3
24, 27, 14
51, 41
92

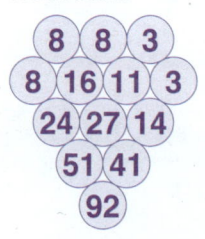

Seite 140
Hanjie:

Sikaku:

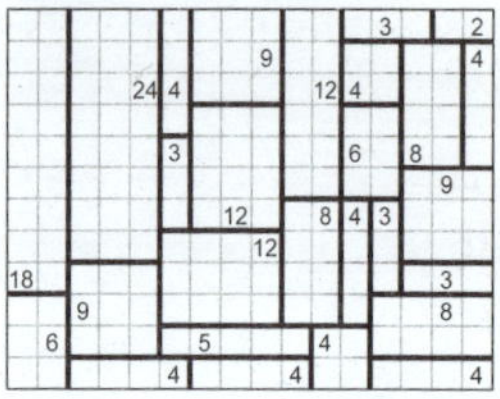

Seite 141
Doppel-Sudoku:

Seite 142
Labyrinth:

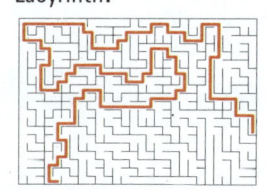

Schriftzeichen:
E5 und J2

Seite 143
Schlafstörung!:
63 Schäfchen

Seite 144 bis 153 Lösungen 379

Seite 144
Im Gleichgewicht:
16 Kugeln

Pfeilschnell:

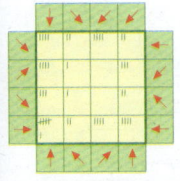

Seite 145
Magnetisch:

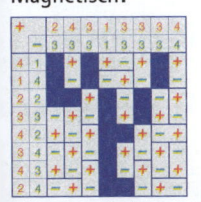

Speichen:

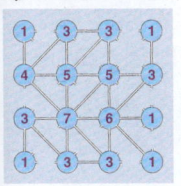

Seite 146
Flaggenpuzzle:
7 Flaggen

Faltproblem:
Würfel A

Seite 147
Symbolisch:
Symbol F

Richtiger Weg:

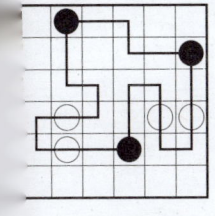

Seite 148
Fillomino:

Domino:

Seite 149
Inseln verbinden:

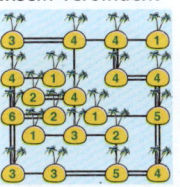

Leuchtturm:

Seite 150
Größer > Kleiner:

Kakuro:

Seite 151
Zahlen gesucht:
9 4 3 ① 6 3 1 9 8 3 7 4 6 8 7 6 3 6 8
4 3 2 5 4 7 8 7 ⑨ 2 8 3 5 2 1 2 0 7 2
9 7 6 3 1 4 3 3 5 8 ⑤ 2 8 4 3 7 5 5 2 8
1 3 5 9 4 2 2 1 3 8 1 2 9 4 7 ⑦ 7 5 3

Gebiete:

Seite 152
Pünktchen-Sudoku:

Verflixte Wabe:

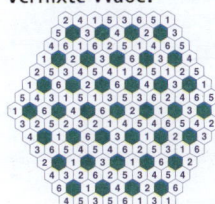

Seite 153
Hitori:

Sudoku:

380 Lösungen Seite 154 bis 163

Seite 154
Häuserzeile:

Fotoausschnitt:
Fehler in Ausschnitt 1
(der Blumentopf ist größer)

Seite 155
Fotopuzzle:
12, 7, 6, 11, 5, 8,
9, 3, 4, 2, 10, 1

Seite 156
Rundweg:

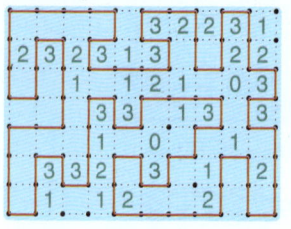

Schiffe versenken:

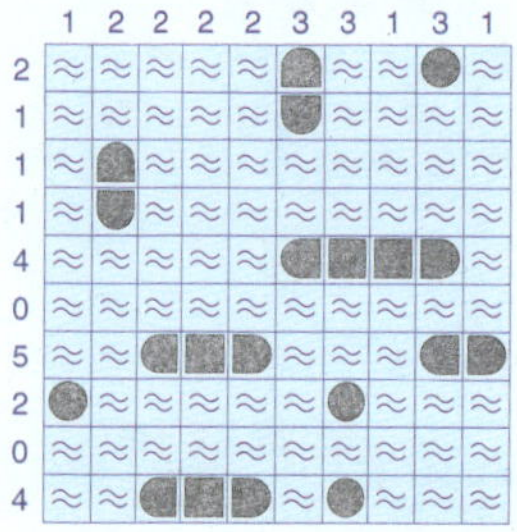

Seite 157
Zahlenlabyrinth:

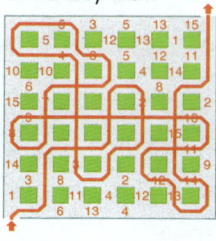

Camping:

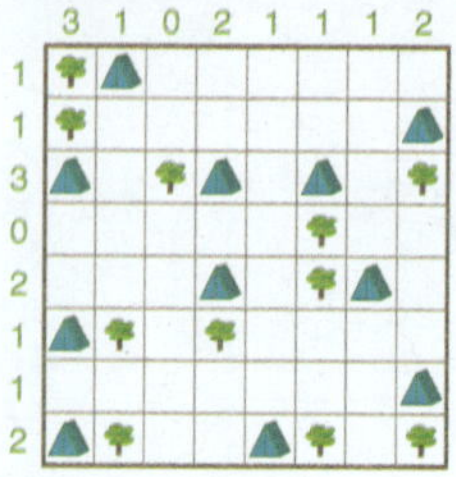

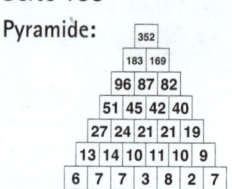

Seite 158
Pyramide:
```
          352
        183 169
       96 87 82
      51 45 42 40
     27 24 21 21 19
    13 14 10 11 10 9
   6  7  7  3  8  2  7
```

Magisches Quadrat:

15	13	9	7	21	= 65
24	10	5	22	4	= 65
1	20	14	11	19	= 65
23	6	25	8	3	= 65
2	16	12	17	18	= 65

= 65, = 65, = 65, = 65, = 65

Seite 159
Römisches Rätsel:

	I	II	III	IV
I	2	0	2	1
II	2	2	1	2
III	1	1	2	0
IV	0	2	0	2

Weintraube:
5 2 1
5 7 3 1
12 10 4
22 14
36

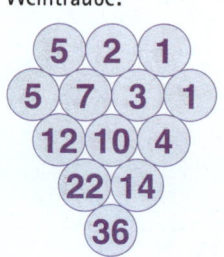

Seite 160
Hanjie:

Sikaku:

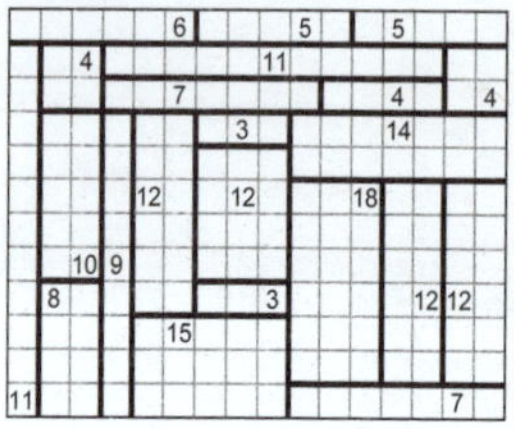

Seite 161
Doppel-Sudoku:

3	9	7	1	2	5	8	6	4
2	1	8	6	9	4	3	5	7
4	6	5	8	7	3	1	2	9
9	8	2	5	4	6	7	1	3
5	3	1	7	8	2	9	4	6
7	4	6	3	1	9	2	8	5
1	5	4	2	3	7	6	9	8	5	4	1
6	2	3	9	5	8	4	7	1	2	3	6
8	7	9	4	6	1	5	3	2	9	7	8
			6	4	2	8	1	9	7	5	3
			7	8	9	3	4	5	1	6	2
			3	1	5	2	6	7	4	8	9
			5	2	4	1	8	3	6	9	7
			1	7	3	9	5	6	8	2	4
			8	9	6	7	2	4	3	1	5

Seite 162
Labyrinth:

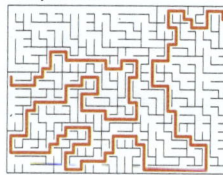

Fehlersuche:
2 und 3

Seite 163
Kokosnussplantage:
47 Palmen

Seite 164 bis 173 Lösungen 381

Seite 164
Im Gleichgewicht:
Zwei Lokomotiven

Pfeilschnell:

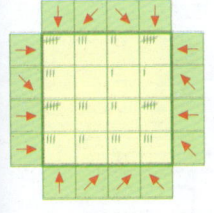

Seite 165
Magnetisch:

Speichen:

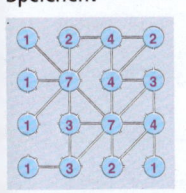

Seite 166
Misstöne:
In Partitur 3

Faltproblem:
Würfel C

Seite 167
Muster suchen: Muster G

Richtiger Weg:

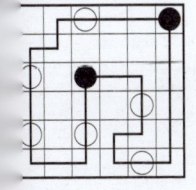

Seite 168
Fillomino:

Domino:

Seite 169
Inseln verbinden:

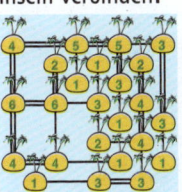

Leuchtturm:

Seite 170
Größer > Kleiner:

Kakuro:

Seite 171
Zahlen gesucht:

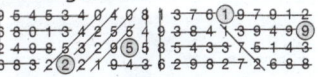

9 5 4 5 3 4 0 4 0 8 1 3 7 6 ① 9 7 9 1 2
6 8 0 1 3 4 2 5 2 9 2 7 1 4 3 9 4 ⑨
2 4 9 8 5 3 2 8 5 8 5 4 3 3 7 5 1 4 3
0 8 3 2 ② 2 1 9 4 3 6 2 9 8 2 7 2 6 8 8

Gebiete:

Seite 172
Pünktchen-Sudoku:

Verflixte Wabe:

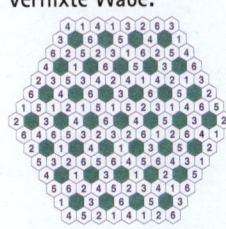

Seite 173
Hitori:

Sudoku:

5	8	9	1	4	7	3	6	2
1	6	4	9	2	3	5	8	7
7	2	3	5	8	6	4	1	9
4	1	6	8	5	2	7	9	3
3	7	2	4	6	9	1	5	8
9	5	8	3	7	1	6	2	4
6	4	1	7	9	8	2	3	5
8	3	7	2	1	5	9	4	6
2	9	5	6	3	4	8	7	1

Lösungen Seite 174 bis 183

Seite 174
Liegestuhl:

Fotoausschnitt:
Fehler in Ausschnitt 3 (roter Punkt links neben dem Türgriff fehlt)

Seite 175
Fotopuzzle:
3, 6, 7, 2, 12, 1, 9, 5, 10, 8, 4, 11

Seite 176
Rundweg:

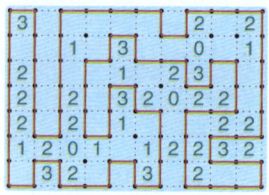

Schiffe versenken:

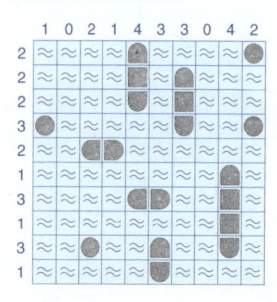

Seite 177
Zahlenlabyrinth:

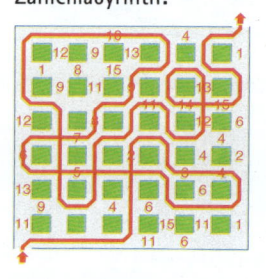

Camping:

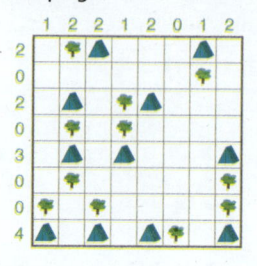

Seite 178
Rechenproblem:

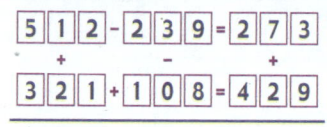

512 − 239 = 273
 +   −   +
321 + 108 = 429

833 − 131 = 702

Magisches Quadrat:

20	23	19	2	1	= 65
18	7	5	22	13	= 65
11	4	17	8	25	= 65
6	15	21	9	14	= 65
10	16	3	24	12	= 65

Seite 179
Römisches Rätsel:

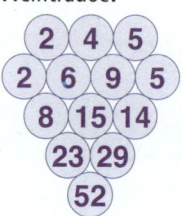

Weintraube:
2, 4, 5
2, 6, 9, 5
8, 15, 14
23, 29
52

Seite 180
Hanjie:

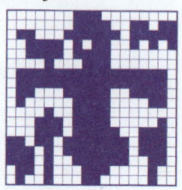

Sikaku:

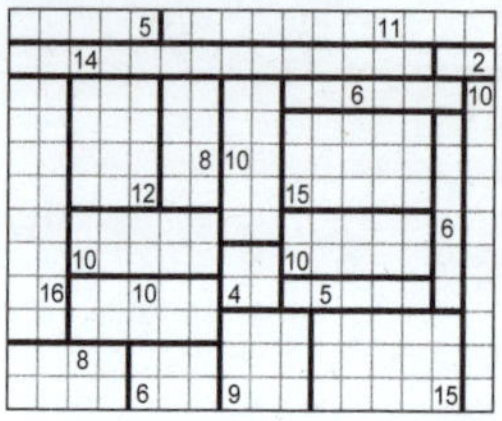

Seite 181
Doppel-Sudoku:

Seite 182
Labyrinth:

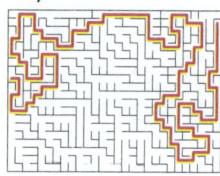

Knoten:
Knoten Nr. 2 und Nr. 5

Seite 183
Buntes Treiben!:
43 Luftballons

Seite 184 bis 193 Lösungen 383

Seite 184

Orangenpause:
Ein Kind hat die letzte Orange mitsamt dem Korb genommen.

Pfeilschnell:

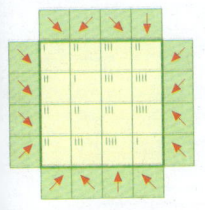

Seite 185

Magnetisch:

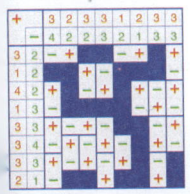

Speichen:

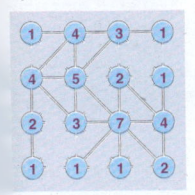

Seite 186

Würfel zusammensetzen:
C und E

Faltproblem: Würfel B

Seite 187

Fürs Auge: C2 und F4

Richtiger Weg:

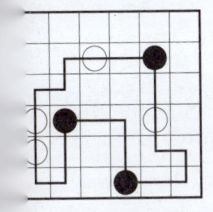

Seite 188

Fillomino:

1	2	2	2	2	1	3	3	8	8
2	1	6	2	1	2	3	7	2	3	8	8
2	6	6	2	5	2	1	7	7	8
3	1	6	1	8	5	5	1	7	7	1	2	3
3	3	6	8	8	2	1	5	7	7	6	2	2
2	8	8	8	2	1	5	7	7	6	2	2	1
2	8	1	2	3	3	1	3	1	6	6	6	3
1	2	2	3	1	5	3	3	2	2	5	1	3
3	3	4	2	2	5	5	5	1	5	5	5	1
3	4	1	3	1	3	1	5	1	4	1	2	5
1	4	2	3	2	2	4	4	1	2	1

Domino:

Seite 189

Inseln verbinden:

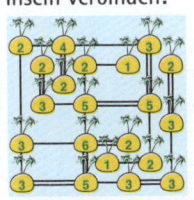

Leuchtturm:

Seite 190

Größer > Kleiner:

2	4	3	1	5
3	2	1	5	4
4	5	2	3	1
1	3	5	4	2
5	1	4	2	3

Kakuro:

Seite 191

Zahlen gesucht:
4 4 2 8 6 4 5 1 3 3 4 2 9 ①0 5 7 1 0 1
9 7 5 9 0 2 ⑨ 5 6 8 5 3 7 6 5 0 4 2 5
7 3 9 7 6 4 3 1 0 9 2 ③ 3 8 6 1 7 8
⓪ 9 5 5 8 2 2 5 8 9 6 3 6 7 3 0 9 9

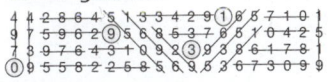

Gebiete:

6	5	2	4	1	3
5	3	6	1	4	2
1	6	4	3	2	5
2	4	3	6	5	1
3	2	1	5	6	4
4	1	5	2	3	6

Seite 192

Pünktchen-Sudoku:

4	3	6	2	5	1
1	6	3	5	2	4
2	4	5	3	1	6
5	1	4	6	3	2
6	5	2	1	4	3
3	2	1	4	6	5

Verflixte Wabe:

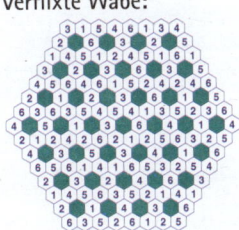

Seite 193

Hitori:

Sudoku:

1	4	9	7	8	5	2	6	3
7	8	3	6	4	2	9	1	5
5	6	2	9	3	1	8	7	4
4	1	8	5	2	6	7	3	9
6	2	7	3	9	8	5	4	1
3	9	5	4	1	7	6	8	2
8	7	1	2	5	3	4	9	6
9	5	6	1	7	4	3	2	8
2	3	4	8	6	9	1	5	7

Lösungen Seite 194 bis 203

Seite 194
Partytime:

Fotoausschnitt:
Fehler in Ausschnitt 2
(Fenster über dem Vordach fehlt)

Seite 195
Fotopuzzle:
9, 10, 2, 3, 4, 11, 1,
12, 6, 7, 5, 8

Seite 196
Rundweg:

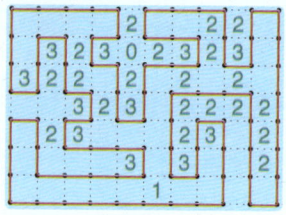

Schiffe versenken:

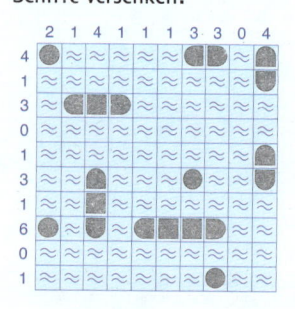

Seite 197
Zahlenlabyrinth:

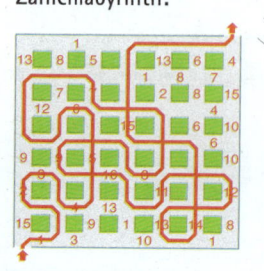

Camping:

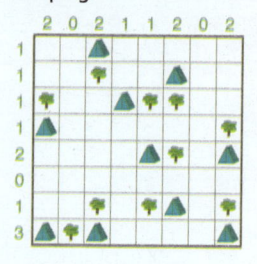

Seite 198
Rechenmeister:

Magisches Quadrat:

13	2	25	24	1	= 65
8	20	4	17	16	= 65
12	18	10	6	19	= 65
9	14	5	15	22	= 65
23	11	21	3	7	= 65

= 65 = 65 = 65 = 65 = 65

Seite 199
Römisches Rätsel:

Weintraube:

9, 8, 2
9, 17, 10, 2
26, 27, 12
53, 39
92

Seite 200
Hanjie:

Sikaku:

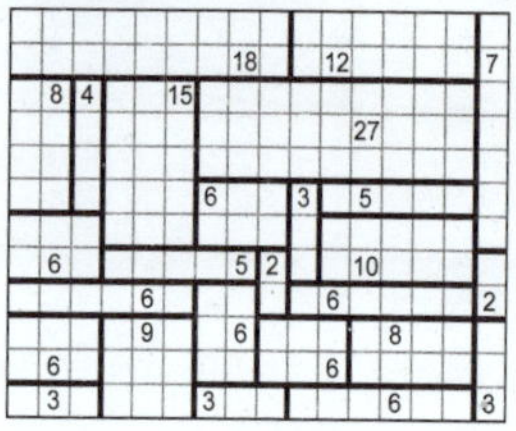

Seite 201
Doppel-Sudoku:

Seite 202
Labyrinth:

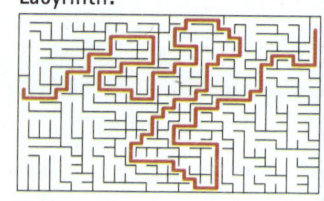

Fehlersuche:
1 und 3

Seite 203
„Pfeil und Bogen":
50 Pfeile

Seite 204 bis 213 Lösungen 385

Seite 204
Schachmatt: Element 4

Pfeilschnell:

Seite 205
Magnetisch:

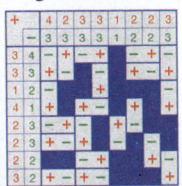

Speichen:

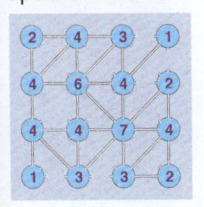

Seite 206
Zahnräder: Gegen den Uhrzeigersinn

Logisch!: Oben muss die 29 und unten die 16 stehen.

Seite 207
Optische Täuschung: Körper Nr. 5

Richtiger Weg:

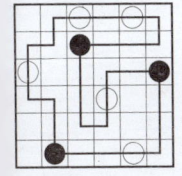

Seite 208
Fillomino:

4	4	3	3	6	3	3	4	2	1
4	1	5	5	6	2	6	2	1	2
1	2	4	5	5	2	6	2	2	4
3	3	1	4	4	6	6	1	3	1
3	2	2	2	1	4	1	2	2	4
2	2	5	3	3	5	4	4	1	5
3	3	5	2	2	5	5	3	1	2
3	2	5	6	1	5	1	3	2	4
1	2	5	6	2	2	1	3	3	3
2	3	1	6	6	1	4	4	3	1
2	3	2	2	1	2	4	1	3	3

Domino:

Seite 209
Inseln verbinden:

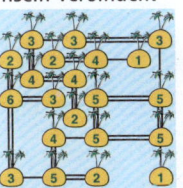

Leuchtturm:

Seite 210
Größer > Kleiner:

2	5	4 > 3	1
3	4	1	5	2
4	1	5	2	3
1	2	3	4 < 5
5	3	2	1	4

Kakuro:

Seite 211
Zahlen gesucht:
3 4 7 9 5 6 0 0 3 7 7 5 5 8 ③ 1 7 6 1 1
4 3 8 5 0 6 8 7 2 8 4 3 9 2 4 7 3 2 5
8 1 2 5 0 ⑦ 5 4 8 7 8 9 2 8 5 7 5
4 9 3 1 ⑧ 6 2 3 8 7 1 5 7 9 8 6 2

Gebiete:

3	4	5	2	6	1
6	5	4	3	1	2
1	2	3	4	5	6
2	3	6	1	4	5
5	1	2	6	3	4
4	6	1	5	2	3

Seite 212
Pünktchen-Sudoku:

5	4	2	3	6	1
3	2	5	6	1	4
1	6	3	4	5	2
6	3	1	2	4	5
4	1	6	5	2	3
2	5	4	1	3	6

Verflixte Wabe:

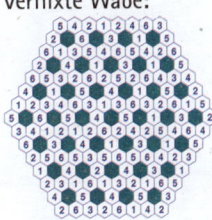

Seite 213
Hitori:

Sudoku:

1	5	6	3	7	4	9	2	8
7	4	3	2	9	8	6	5	1
9	8	2	1	5	6	7	3	4
8	1	4	6	3	7	5	9	2
2	7	9	5	8	1	3	4	6
3	6	5	9	4	2	1	8	7
5	2	8	7	6	9	4	1	3
6	9	1	4	2	3	8	7	5
4	3	7	8	1	5	2	6	9

386 Lösungen Seite 214 bis 223

Seite 214
Räderwerk:

Fotoausschnitt:
Fehler in Ausschnitt 3
(Fehler in der roten Schale unten rechts)

Seite 215
Fotopuzzle:
9, 4, 6, 2, 8, 3,
5, 1, 7, 12, 10, 11

Seite 216
Rundweg:

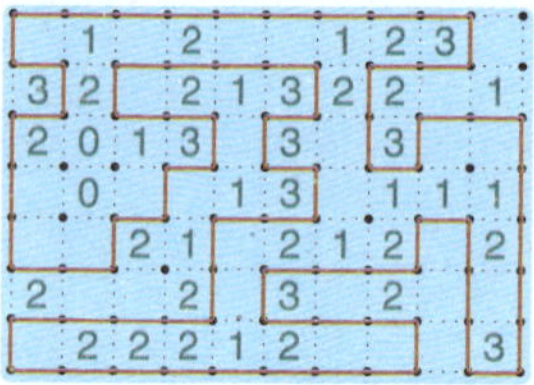

Schiffe versenken:

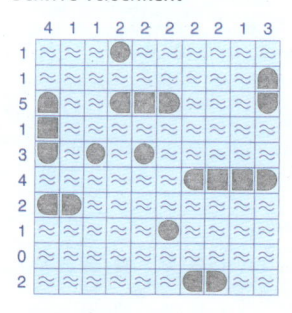

Seite 217
Zahlenlabyrinth:

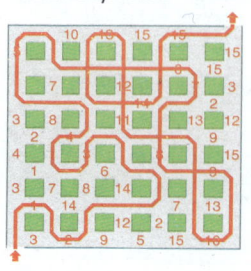

Camping:

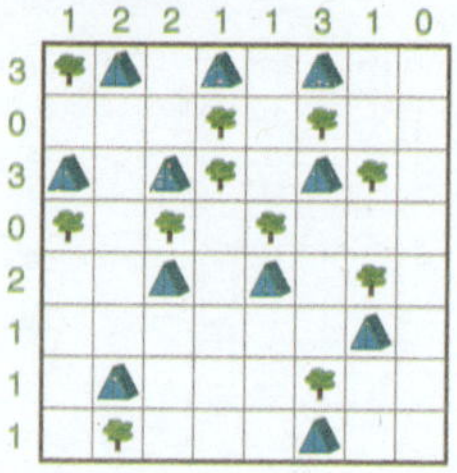

Seite 218
Rechenproblem:
2 (Die obere Zahl wird durch 2 geteilt und zur linken Zahl addiert und ergibt dann die rechte Zahl)

Magisches Quadrat:

11	4	24	7	19	= 65
22	25	2	6	10	= 65
8	15	5	17	20	= 65
1	12	18	21	13	= 65
23	9	16	14	3	= 65

Seite 219
Römisches Rätsel:

Weintraube:
1, 5, 7
1, 6, 12, 7
7, 18, 19
25, 37
62

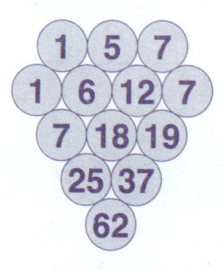

Seite 220
Hanjie:

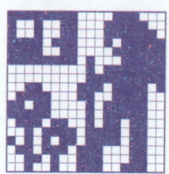

Sikaku:

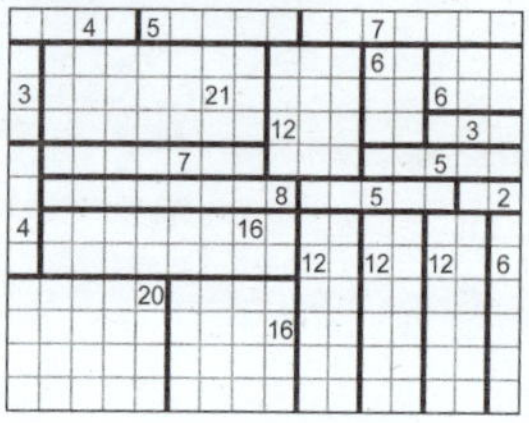

Seite 221
Doppel-Sudoku:

Seite 222
Labyrinth:

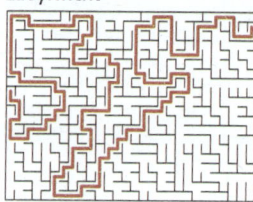

Symbolisch:
Quadrat C

Seite 223
Haushalt auf einem Blick:
4 Kombinationen

Seite 224 bis 233 Lösungen 387

Seite 224
Abgewogen: Ein rotes Quadrat

Pfeilschnell:

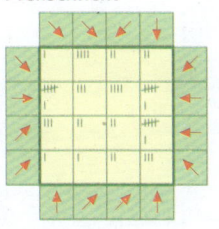

Seite 225
Magnetisch:

Speichen:

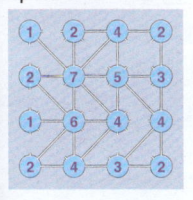

Seite 226
Puzzle: Teil 1 und Teil 3

Faltproblem: Würfel D

Seite 227
Schnittfläche: Das rote Set

Richtiger Weg:

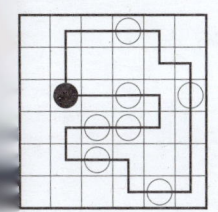

Seite 228
Fillomino:

Domino:

Seite 229
Inseln verbinden:

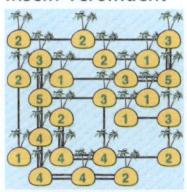

Leuchtturm:

Seite 230
Größer > Kleiner:

Kakuro:

Seite 231
Zahlen gesucht:

Gebiete:

Seite 232
Pünktchen-Sudoku:

Verflixte Wabe:

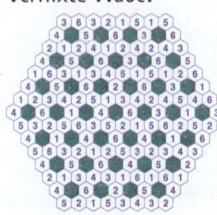

Seite 233
Hitori:

Sudoku:

Lösungen Seite 234 bis 243

Seite 234
Herbstlaub:

Fotoausschnitt:
Fehler in Ausschnitt 1
(das Fenster neben der Tür)

Seite 235
Fotopuzzle:
6, 7, 2, 3, 4, 11,
9, 1, 5, 12, 8, 10

Seite 236
Rundweg:

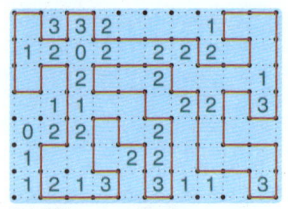

Schiffe versenken:

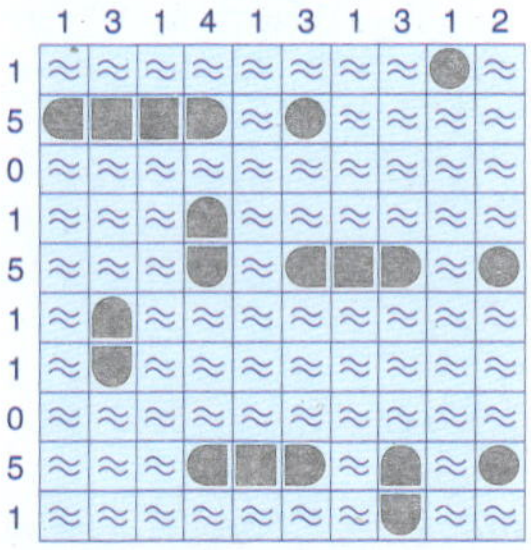

Seite 237
Zahlenlabyrinth:

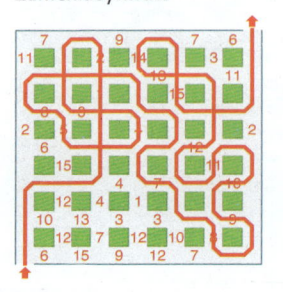

Camping:

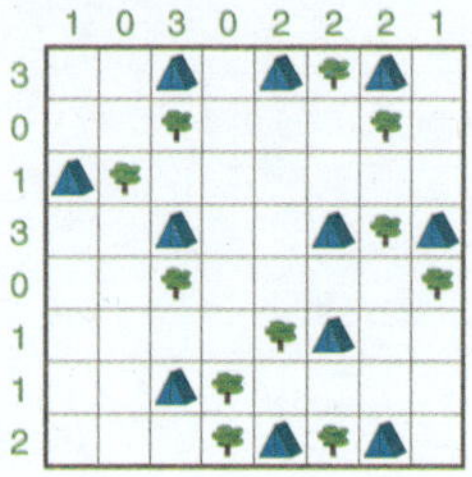

Seite 238
Pyramide:

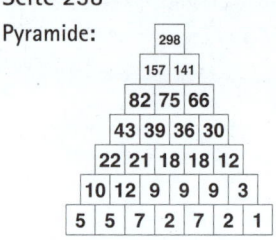

		298		
	157	141		
82	75	66		
43	39	36	30	
22	21	18	18	12
10	12	9	9	3
5	5	7	2	7	2	1

Magisches Quadrat:

11	23	4	13	14	= 65
3	9	17	20	16	= 65
22	1	19	2	21	= 65
24	7	10	18	6	= 65
5	25	15	12	8	= 65

= 65 = 65 = 65 = 65 = 65

Seite 239
Römisches Rätsel:

Weintraube:
2, 8, 6
2, 10, 14, 6
12, 24, 20
36, 44
80

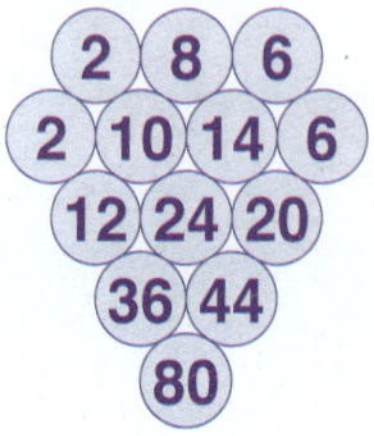

Seite 240
Hanjie:

Sikaku:

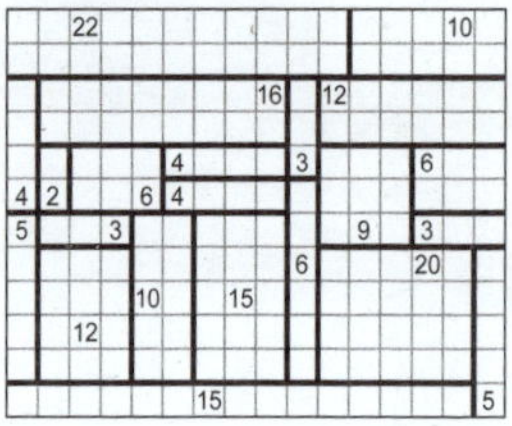

Seite 241
Doppel-Sudoku:

Seite 242
Labyrinth:

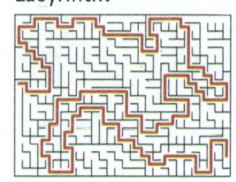

Fehlersuche:
1 und 2

Seite 243
Spinnereien:
77 Spinnen

Seite 244 bis 253 Lösungen 389

Seite 244
Grundstücksteilung:

Pfeilschnell:

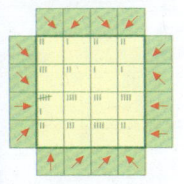

Seite 245
Magnetisch:

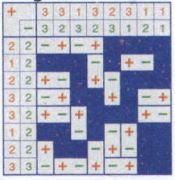

Speichen:

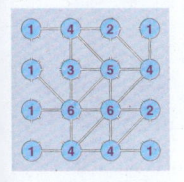

Seite 246
Würfel ergänzen: A und F
Faltproblem: Würfel B

Seite 247
Tretmobil: Sie werden gegeneinanderarbeiten. Der vordere Fahrer müsste rückwärts treten, der hintere vorwärts, um das Tretmobil vorwärts zu bewegen.

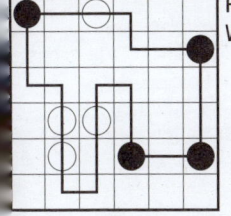

Richtiger Weg:

Seite 248
Fillomino:

Domino:

Seite 249
Inseln verbinden:

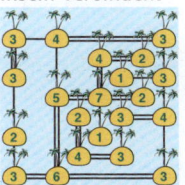

Leuchtturm:

Seite 250
Größer > Kleiner:

Kakuro:

Seite 251
Zahlen gesucht:

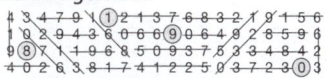

Gebiete:

Seite 252
Pünktchen-Sudoku:

Verflixte Wabe:

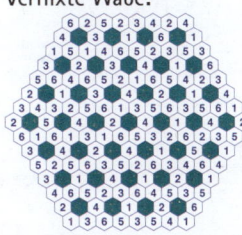

Seite 253
Hitori:

Sudoku:

390 Lösungen Seite 254 bis 263

Seite 254
Achterbahnfahrt:

Fotoausschnitt:
Fehler in Ausschnitt 3
(Dach ist höher)

Seite 255
Fotopuzzle:
11, 3, 4, 9, 2, 10,
6, 1, 8, 12, 5, 7

Seite 256
Rundweg:

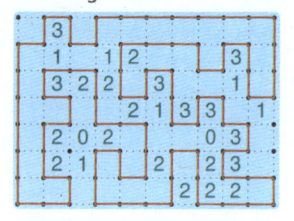

Schiffe versenken:

Seite 257
Zahlenlabyrinth:

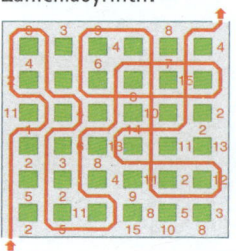

Camping:

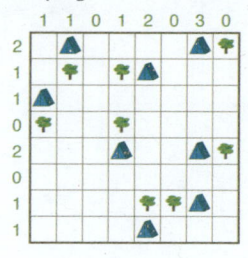

Seite 258
Pyramide:

364
191 173
100 91 82
52 48 43 39
27 25 23 20 19
14 13 12 11 9 10
9 5 8 4 7 2 8

Magisches Quadrat:

20	15	21	2	7	= 65
1	10	24	19	11	= 65
25	12	3	17	8	= 65
5	22	13	9	16	= 65
14	6	4	18	23	= 65

= 65 = 65 = 65 = 65 = 65

Seite 259
Römisches Rätsel:

	I	II	III	IV
I	2	0	2	1	1
II	2	0	1	2	1
III	1	2	2	0	1

	I	II	III	IV	0	3	0	2	2
2	0	1	2		I	IV	III	I	IV
2	2	1	0		II	II	I	II	I
0	0	3	2		III	IV	IV	IV	III
1	2	1	1		II	I	II	II	IV
1	2	0	2		IV	III	III	IV	II

Weintraube:

4 5 3
4 9 8 3
13 17 11
30 28
58

Seite 260
Hanjie:

Sikaku:

Seite 261
Doppel-Sudoku:

7	1	3	2	6	4	9	8	5
9	8	2	3	5	7	1	6	4
4	6	5	8	9	1	2	7	3
2	9	7	5	8	3	4	1	6
8	4	6	7	1	9	5	3	2
5	3	1	6	4	2	8	9	7
3	5	4	9	7	8	6	2	1	4	3	5
6	2	9	1	3	5	7	4	8	9	6	2
1	7	8	4	2	6	3	5	9	8	1	7
			5	8	9	1	7	6	2	4	3
			2	1	7	4	9	3	6	5	8
			3	6	4	2	8	5	7	9	1
			7	5	2	9	1	4	3	8	6
			6	4	1	8	3	7	5	2	9
			8	9	3	5	6	2	1	7	4

Seite 262
Pfeile:
A2, B3, C1

Symbolisch:
Quadrat E

Seite 263
Vitaminreich!: Die Karotte
(Brokkoli = 13, Tomate = 18,
Karotte = 19, Paprika = 12,
Gurke = 18, Aubergine = 12)

Seite 264 bis 273 Lösungen 391

Seite 264

Gewichtsproblem:
Ein junger Löwe wiegt 7 kg, ein Koalabär 3 kg

Pfeilschnell:

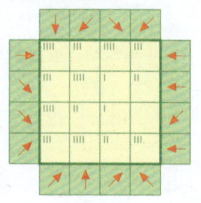

Seite 265
Magnetisch:

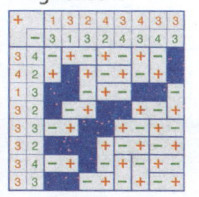

Speichen:

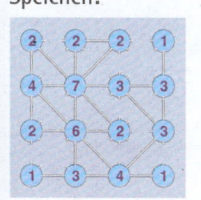

Seite 266
Quadratisch:
33 Quadrate

Faltproblem: Würfel A

Seite 267
Kreise vergleichen:
6 und 19

Richtiger Weg:

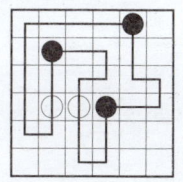

Seite 268
Fillomino:

Domino:

Seite 269
Inseln verbinden:

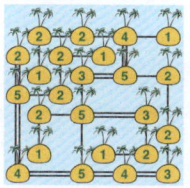

Leuchtturm:

Seite 270
Größer > Kleiner:

Kakuro:

Seite 271
Zahlen gesucht:

Gebiete:

Seite 272
Pünktchen-Sudoku:

Verflixte Wabe:

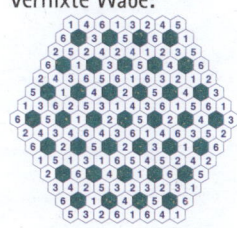

Seite 273
Hitori:

Sudoku:

Lösungen Seite 274 bis 283

Seite 274
Tadsch Mahal:

Fotoausschnitt:
Fehler in Ausschnitt 3
(ein Gänseblümchen mehr)

Seite 275
Fotopuzzle:
4, 9, 1, 5, 12, 3, 11,
2, 7, 6, 10, 8

Seite 276
Rundweg:

Schiffe versenken:

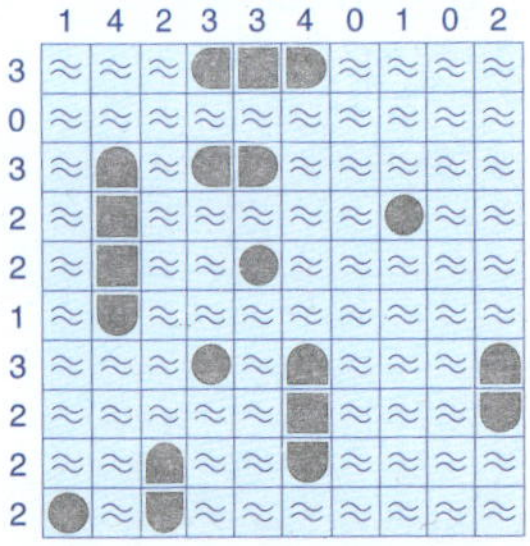

Seite 277
Zahlenlabyrinth:

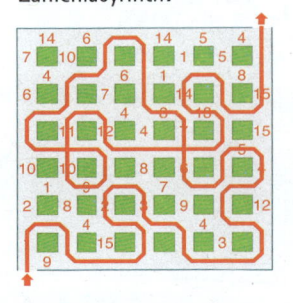

Camping:

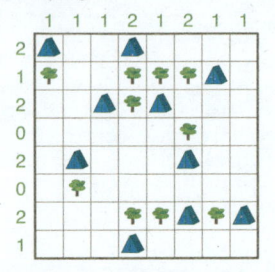

Seite 278
Pyramide:

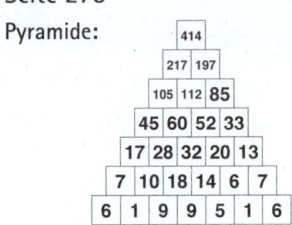

			414			
		217		197		
	105		112		85	
45		60		52		33
17	28		32		20	13
7	10	18		14	6	7
6	1	9	9	5	1	6

Magisches Quadrat:

20	19	4	1	21	= 65
16	7	23	5	14	= 65
15	13	9	25	3	= 65
8	24	11	12	10	= 65
6	2	18	22	17	= 65

= 65, = 65, = 65, = 65, = 65

Seite 279
Römisches Rätsel:

	I	II	III	IV
I	0	1	2	0	1
II	0	1	1	2	3
III	3	1	1	2	0
I II III IV	2	2	1	1	1
1	2	1	IV	II	I
1	2	0	IV	I	IV
0	2	2	III	II	III
2	1	1	IV	I	II
0	1	2	2	III	IV	II

Weintraube:

6, 8, 8
6, 14, 16, 8
20, 30, 24
50, 54
104

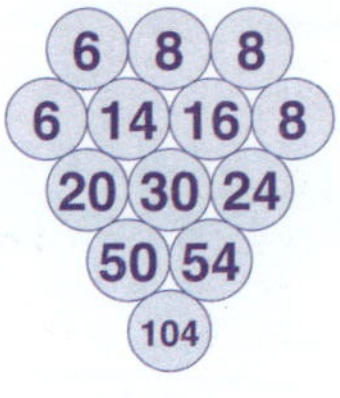

Seite 280
Hanjie:

Sikaku:

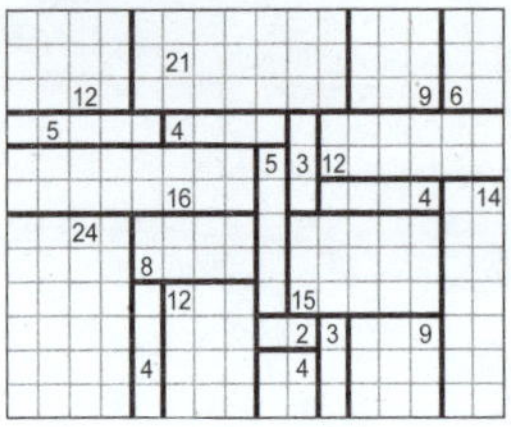

Seite 281
Doppel-Sudoku:

Seite 282
Labyrinth:

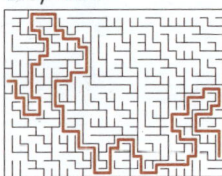

Deckungsgleich:
Bild A

Seite 283
Alle Vöglein sind schon da!:
95 Singvögel

Seite 284 bis 293 Lösungen 393

Seite 284
Bootsbau: Nr. 2 und Nr. 7

Pfeilschnell:

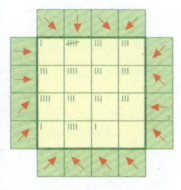

Seite 285
Magnetisch:

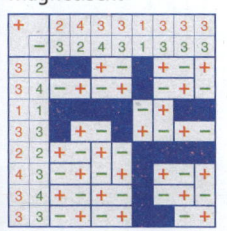

Speichen:

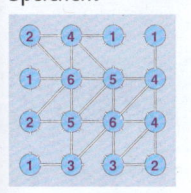

Seite 286
Zahnräder: Acht Mal

Faltkunst: Pyramide C

Seite 287
Schilderwald: Achtung Schnee- oder Eisglätte (dritte Reihe, viertes Schild von links)

Richtiger Weg:

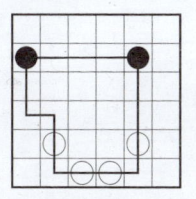

Seite 288
Fillomino:

Domino:

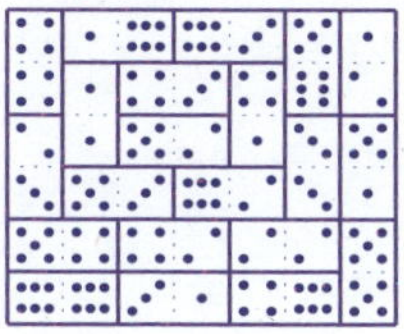

Seite 289
Inseln verbinden:

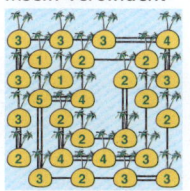

Leuchtturm:

Seite 290
Größer > Kleiner:

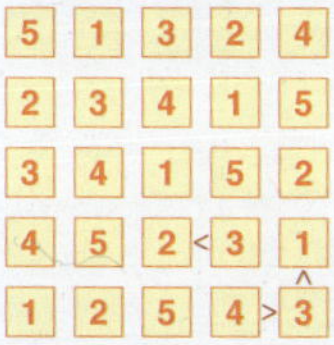

Kakuro:

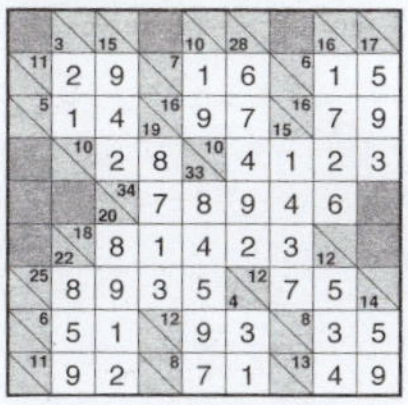

Seite 291
Zahlen gesucht:

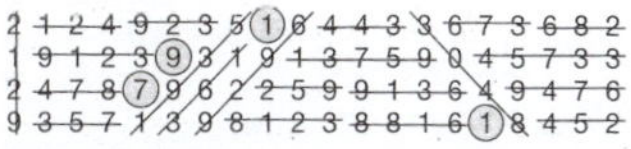

Gebiete:

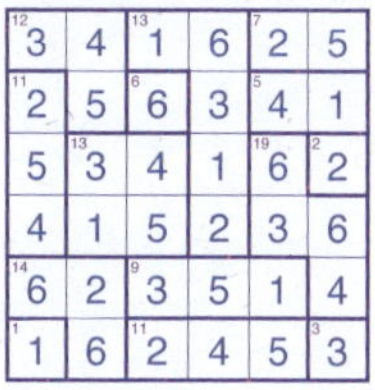

Seite 292
Pünktchen-Sudoku:

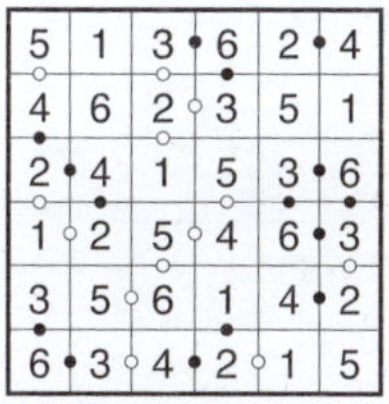

Verflixte Wabe:

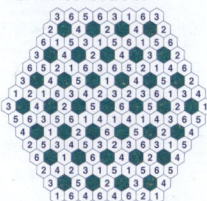

Seite 293
Hitori:

Sudoku:

Lösungen Seite 294 bis 303

Seite 294
Strichcode: Muster G

Fotoausschnitt:
Fehler in Ausschnitt 2
(der Dachüberstand ist größer)

Seite 295
Fotopuzzle:
12, 1, 10, 9, 4, 11,
2, 7, 8, 3, 6, 5

Seite 296
Rundweg:

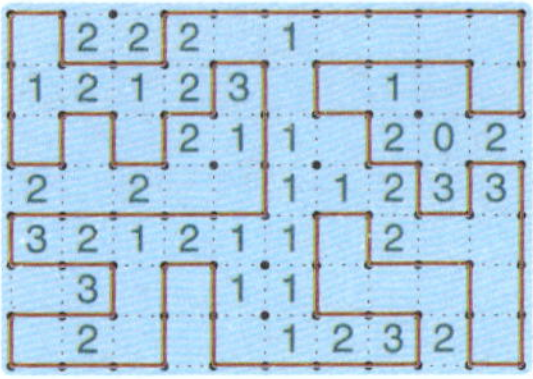

Schiffe versenken:

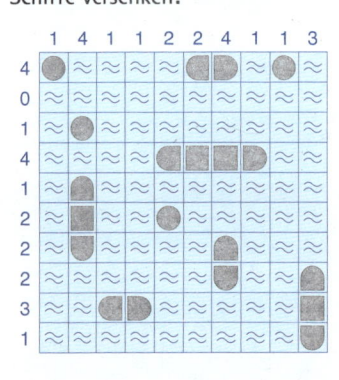

Seite 297
Zahlenlabyrinth:

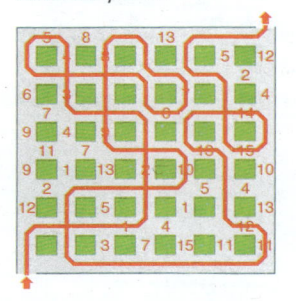

Camping:

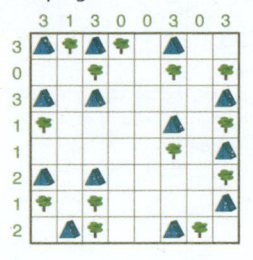

Seite 298
Sternzahlen:
Eine Möglichkeit:

Magisches Quadrat:

20	13	7	3	22	= 65
4	25	9	17	10	= 65
8	21	2	18	16	= 65
14	5	23	12	11	= 65
19	1	24	15	6	= 65

= 65 = 65 = 65 = 65 = 65

Seite 299
Römisches Rätsel:

Weintraube:
1, 1, 9
1, 2, 10, 9
3, 12, 19
15, 31
46

Seite 300
Hanjie:

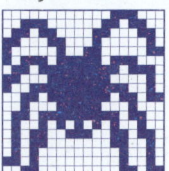

Sikaku:

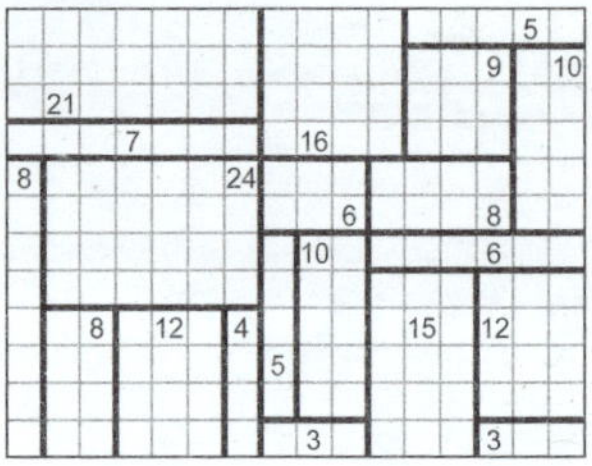

Seite 301
Doppel-Sudoku:

Seite 302
Zahnräder:
Abwechselnd gegen den Uhrzeigersinn und im Uhrzeigersinn

Teilungsproblem:

Seite 303
Blütenzauber:
66 Blüten

Seite 304 bis 313 Lösungen 395

Seite 304
Codeknacker:

Pfeilschnell:

Seite 305
Magnetisch:

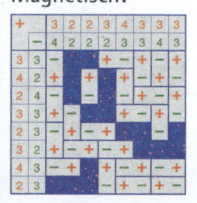

Speichen:

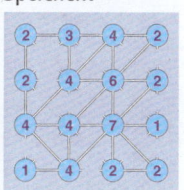

Seite 306
Unvollständig:
A und D

Faltproblem:
Würfel D

Seite 307
Puzzle:
A=39, B=4, C=30

Richtiger Weg:

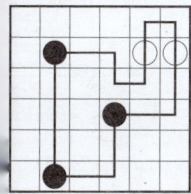

Seite 308
Fillomino:

Domino:

Seite 309
Inseln verbinden:

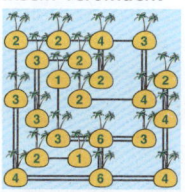

Leuchtturm:

Seite 310
Größer > Kleiner:

Kakuro:

Seite 311
Zahlen gesucht:

Gebiete:

Seite 312
Pünktchen-Sudoku:

Verflixte Wabe:

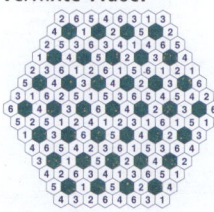

Seite 313
Hitori:

Sudoku:

Lösungen Seite 314 bis 323

Seite 314
Spiegelbild:
Figur B

Fotoausschnitt:
Fehler in Ausschnitt 1
(der Schatten der Bahn ist größer)

Seite 315
Fotopuzzle:
8, 3, 4, 10, 2, 12,
6, 11, 1, 5, 7, 9

Seite 316
Rundweg:

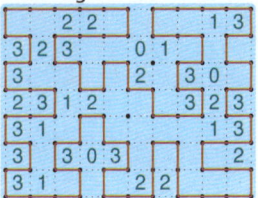

Schiffe versenken:

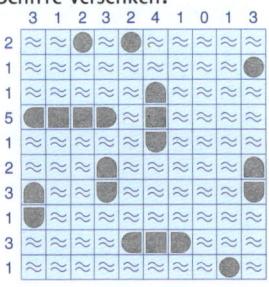

Seite 317
Zahlenlabyrinth:

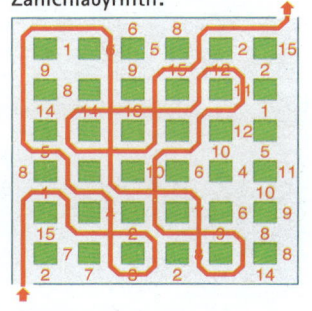

Camping:

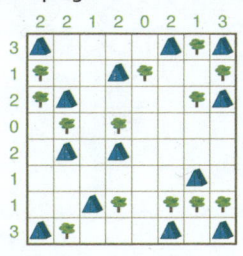

Seite 318
Rechenproblem:
6 (Die obere Zahl wird mit der rechten Zahl multipliziert und ergibt durch 4 geteilt die linke Zahl)

Magisches Quadrat:

14	9	13	5	24	= 65
3	7	17	16	22	= 65
21	19	11	6	8	= 65
25	12	4	23	1	= 65
2	18	20	15	10	= 65

= 65 = 65 = 65 = 65 = 65

Seite 319
Römisches Rätsel:

	I	II	III	IV
I	0	3	2	2	2
II	2	1	1	0	2
III	2	0	0	2	0
	1	1	2	1	1
1	2	1	1	II	I	IV	III	II
2	0	1	2	III	IV	I	IV	I
2	3	0	0	II	I	III	I	II
2	1	2	0	III	II	I	II	III
2	0	0	3	IV	III	IV	I	IV

Weintraube:

1, 2, 1
1, 3, 3, 1
4, 6, 4
10, 10
20

Seite 320
Hanjie:

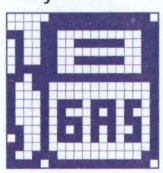

Sikaku:

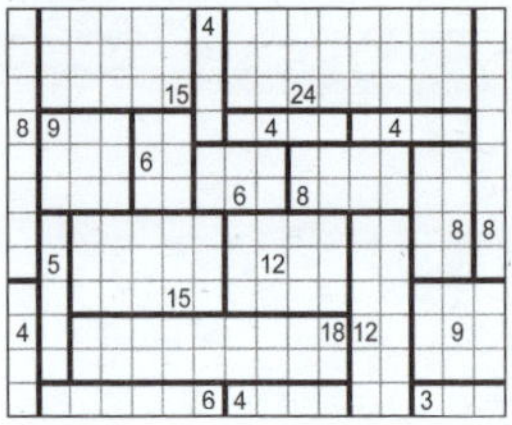

Seite 321
Doppel-Sudoku:

9	1	4	7	3	2	6	8	5
5	8	3	9	4	6	7	1	2
7	6	2	5	1	8	4	9	3
8	4	1	6	2	5	3	7	9
2	5	9	1	7	3	8	4	6
6	3	7	8	9	4	5	2	1
3	9	8	4	5	1	2	6	7	3	9	8
4	7	5	2	6	9	1	3	8	5	7	4
1	2	6	3	8	7	9	5	4	6	2	1
			7	1	5	6	4	9	8	3	2
			9	2	8	7	1	3	4	6	5
			6	4	3	5	8	2	7	1	9
			5	3	6	4	2	1	9	8	7
			1	9	4	8	7	6	2	5	3
			8	7	2	3	9	5	1	4	6

Seite 322
Labyrinth:

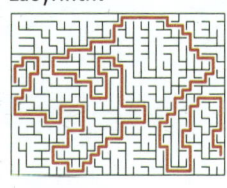

Fehlersuche:
1 und 3

Seite 323
Unterwasserwelt:
Der Seestern
(runde Schnecke = 11, Seestern = 16, gedrehte Schnecke = 15, Muschel = 10, Fisch = 9, Anker = 11)

Seite 324 bis 333 Lösungen 397

Seite 324
Maschinenproblem: Gegen den Uhrzeigersinn

Pfeilschnell:

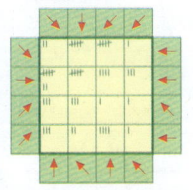

Seite 325
Magnetisch:

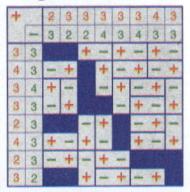

Speichen:

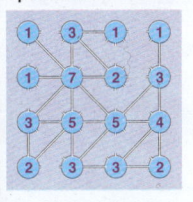

Seite 326
Würfel ergänzen: 16 kleine Würfel

Kreise: Aus den gelben Teilen

Seite 327
Formfehler: Figur F (Alle anderen enthalten Formen mit insgesamt jeweils 13 Ecken)

Richtiger Weg:

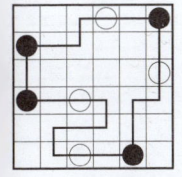

Seite 328
Fillomino:

5	5	5	5	1	5	2	2	5	1	2	2	1
3	2	2	1	4	5	5	1	4	5	5	5	1	2
3	3	1	3	3	3	5	4	4	4	5	4	4
1	2	2	5	1	5	2	1	2	2	5	5	5	1
3	1	5	5	5	2	4	4	4	4	1	3	3
3	1	2	2	3	3	3	4	4	4	3	1
4	4	1	2	2	4	1	6	1	3	1	2	2
2	4	1	4	4	4	6	6	3	1	5	5	5
2	1	3	1	2	2	6	4	2	3	2	1	5
1	2	2	3	2	3	2	3	3	4	4	5	5
3	3	1	2	3	1	4	4	1	2	2	1	5

Domino:

Seite 329
Inseln verbinden:

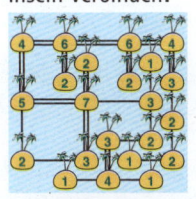

Leuchtturm:

Seite 330
Größer > Kleiner:

5	2	3	1	4
3	5	1	4	2
2	3	4	5	1
1	4	2	3	5
4	1	5	2	3

Kakuro:

Seite 331
Zahlen gesucht:
5①3 5 8 4 1 3 8 4 7 5 3 8 7 8 1 0 6
3 8 6 6 1 0 7 9 ⑨ 8 1 2 7 1 9 2 2 4 0 6 4
9 4 1 0 1 0 1 8 3 6 1 4 3 ⑧ 9 8 2 0
4 1 ⑨ 7 1 5 3 1 8 8 3 6 7 5 2 1 1 ⑦ 3

Gebiete:

6	5	2	3	4	1
2	6	3	5	1	4
3	1	4	6	5	2
4	3	6	1	2	5
5	4	1	2	3	6
1	2	5	4	6	3

Seite 332
Pünktchen-Sudoku:

6	4	5	3	1	2
4	6	1	5	2	3
5	2	6	1	3	4
2	3	4	6	5	1
1	5	3	2	4	6
3	1	2	4	6	5

Verflixte Wabe:

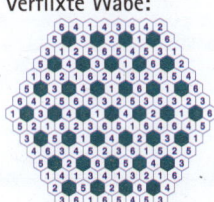

Seite 333
Hitori:

Sudoku:

3	5	9	4	2	7	8	6	1
7	6	2	3	1	8	5	4	9
4	8	1	9	5	6	2	7	3
6	1	7	8	3	9	4	5	2
2	9	4	1	6	5	7	3	8
5	3	8	2	7	4	1	9	6
1	4	6	7	8	3	9	2	5
8	7	5	6	9	2	3	1	4
9	2	3	5	4	1	6	8	7

398 Lösungen Seite 334 bis 343

Seite 334
Scharf umrissen: Fläche D

Fotoausschnitt: Fehler in Ausschnitt 3 (Fehler im grünen Dach)

Seite 335
Fotopuzzle:
7, 3, 10, 6, 8, 1, 12, 2, 4, 11, 9, 5

Seite 336
Rundweg:

Schiffe versenken:

Seite 337
Zahlenlabyrinth:

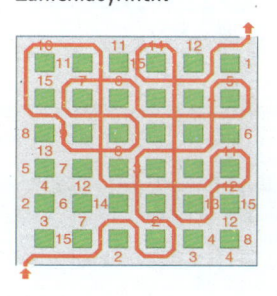

Camping:

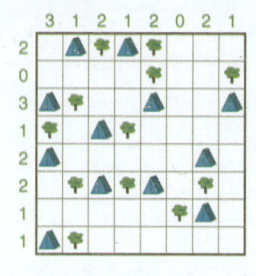

Seite 338
Sternzahlen: Eine Möglichkeit:

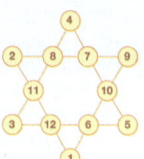

Magisches Quadrat:

23	15	14	10	3	= 65
13	1	19	11	21	= 65
4	22	9	6	24	= 65
8	25	7	20	5	= 65
17	2	16	18	12	= 65

= 65 = 65 = 65 = 65 = 65

Seite 339
Römisches Rätsel:

Weintraube:

3 3 7
3 6 10 7
9 16 17
25 33
58

Seite 340
Hanjie:

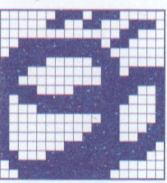

Sikaku:

Seite 341
Doppel-Sudoku:

Seite 342
Pfeillabyrinth: Ecke A

Fehlersuche: 2 und 3

Seite 343
Buntes Treiben: 21 Hirsche

Seite 344 bis 353 Lösungen 399

Seite 344
WG – International: 13 Studenten

Pfeilschnell:

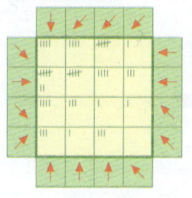

Seite 345
Magnetisch:

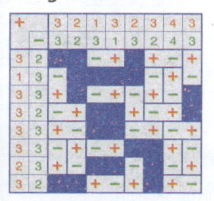

Speichen:

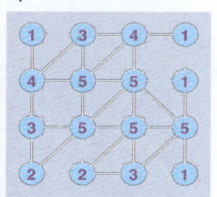

Seite 346
Gewichtsproblem: 270 kg

Tangram: Aus den grünen Teilen

Seite 347
Molekülketten: Molekülkette B

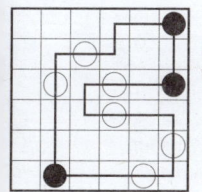

Richtiger Weg:

Seite 348
Fillomino:

Domino:

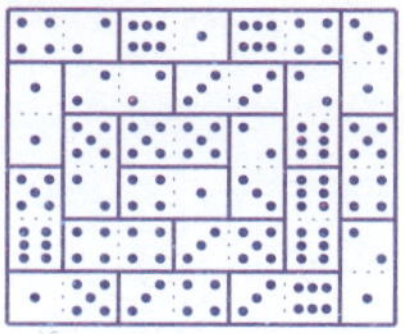

Seite 349
Inseln verbinden:

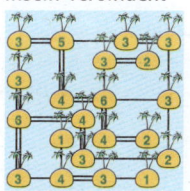

Leuchtturm:

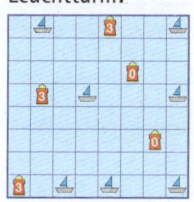

Seite 350
Größer > Kleiner:

1	<	3	>	2	4	5
2		5	>	4	1	3
3		2		1	5	4
5		4	>	3	2	1
4		1		5	>	3	>	2

Kakuro:

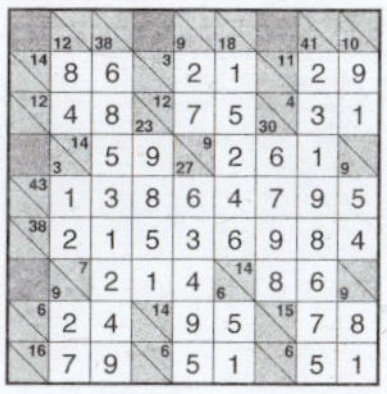

Seite 351
Zahlen gesucht:
7 4 9 2 3 9 1 3 8 5 7 2 2 4 3 3 9 6 7 9
8 2 7 2 1 9 4 3 2 1 9 6 8 9 9 4 4 7 5 9
1 6 7 4 6 9 7 8 7 1 2 1 5 9 7 1 3 7 6
1 3 2 8 9 6 1 2 8 1 6 1 2 8 5 6 2

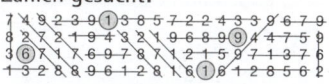

Gebiete:

Seite 352
Pünktchen-Sudoku:

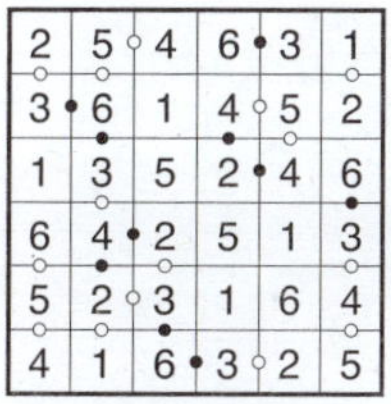

Verflixte Wabe:

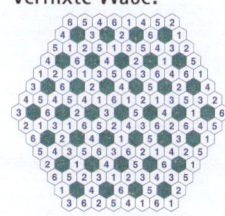

Seite 353
Hitori:

Sudoku:

400 Lösungen Seite 354 bis 364

Seite 354
Unordnung im Regal:
Fach Nr. 10

Fotoausschnitt:
Fehler in Ausschnitt 2
(Fehler im Muster oben links)

Seite 355
Fotopuzzle:
7, 11, 1, 8, 3, 10,
12, 2, 4, 9, 6, 5

Seite 356
Rundweg:

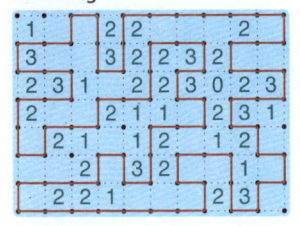

Schiffe versenken:

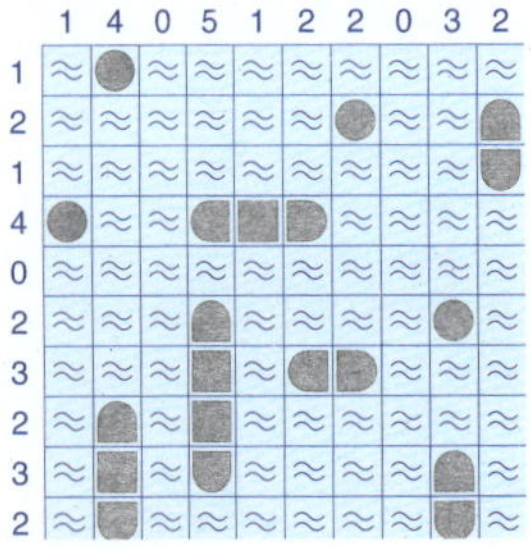

Seite 357
Zahlenlabyrinth:

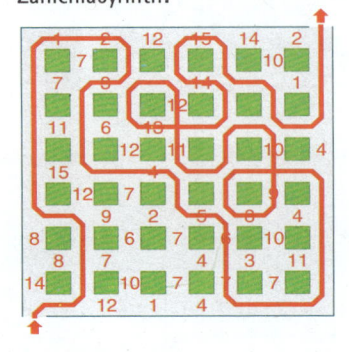

Camping:

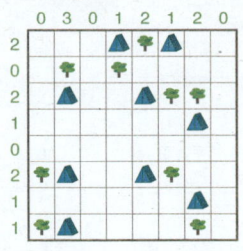

Seite 358
Rechnen und Raten:

1	4	1	+		5	1	=	1	9	2
	×				−				+	
		2	×		4	7	=		9	4
2	8	2	+			4	=	2	8	6

Magisches Quadrat:

23	20	14	3	5	= 65
1	12	7	24	21	= 65
22	2	10	25	6	= 65
11	18	15	4	17	= 65
8	13	19	9	16	= 65

= 65 = 65 = 65 = 65 = 65

Seite 359
Römisches Rätsel:

Weintraube:
5, 1, 2
5, 6, 3, 2
11, 9, 5
20, 14
34

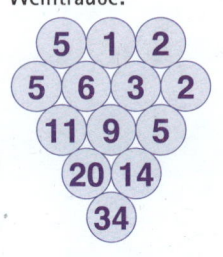

Seite 360
Hanjie:

Sikaku:

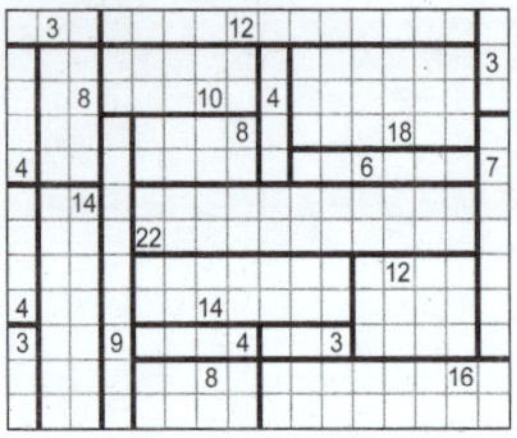

Seite 361
Doppel-Sudoku:

Seite 362
Würfel ergänzen:
17 kleine Würfel

Knoten:
4 Knoten (2, 3, 5 und 7)

Seite 363
Wärmequelle: 31 Kerzenständer

Seite 364
Fotopuzzle:
3, 7, 12, 4, 2, 11, 6, 10, 5, 1, 9, 8